THE ART OF GATHERING HOW WE MEET AND WHY IT MATTERS

プリヤ・パーカー 著
PRIYA PARKER
関 美和 訳

最高の集い方

記憶に残る体験をデザインする

プレジデント社

最高の集い方

THE ART OF GATHERING

by PRIYA PARKER

Japanese translation published by arrangement with Priya Parker c/o The Zoe Pagnamenta Agency through The English Agency (Japan) Ltd.

目次

イントロダクション

INTRODUCTION

わたしたちの誰もが人生の長い時間を、人と集うことに費やしています。仕事でも私生活でも、集まることによってその人の住む世界がかたちづくられます。人は何らかの目的を持って集います。さまざまな集いを通して、考え方、感じ方、世界への向き合い方に影響を受けるのです。

人が集まることの力をおそらく誰よりもわかっているのは政府です。集会の自由は、民主主義国家においてすべての人に与えられている基本的権利の一つになっています。独裁国家で最初に奪われるのは集会の権利です。なぜでしょう？　それは、人が集まり、情報を交換し、ひらめきを与え合い、これまでにないやり方で共に過ごすとき、特別なことが起きる可能性があるからにほかなりません。

それなのに、ほとんどの人は集まり方についてほとんど気にかけていません。人と人が、どんなふうに会するかによって、世界が変わるというのに。

人生とは人との集いそのものです。わたしたちは、家族で集まり、近隣で集まり、学校でも教会でも趣味のグループでも集まります。職場のミーティング、結婚式、町内会、カンファレンス、誕生会、製品発表会、取締役会、同窓会、ディナーパーティー、展示会、そしてお葬式。こうした会合のほとんどは退屈で、みんなそこから早く抜け出したくてうずうずしています。参加したからといって考え方が変わるわけでもなく、絆が生まれるわけでもないと思っているのです。

それは調査からもあきらかです。「集まりなんて、ほとんど時間の無駄」と、たいていの人は感じています。「たまに例外はあるけれど、カンファレンスに参加するといつも退屈し、失望し、そのうち怒りが湧いてくる」。国際開発の専門家で人気ブロガーでもあるダンカン・グリーンはガーディアン紙にそう打ち明けています[1]。つまらないのはカンファレンスだけではありません。ある業界誌の調査によると、社員が何より仕事の邪魔になると感じていたのは「無駄な会議」でした[2]。

友だちと一緒にいてもワクワクできないという人もたくさんいます。ある専門誌の調査では、回答者の七五パーセントが人間関係に満足していないと答えました[3]。一方で、ハーバード神学校とフェッツァー研究所によるミレニアル世代の帰属意識に関する調査では、宗教以外のコミュニティの重要性が高まっていることが指摘されています[4]。

誰もが集まることに辟易しているのに、わたしたちはあいも変わらず同じやり方で集まってい
ます。会議にしろ、カンファレンスにしろ、パーティーにしろ、いつもの決まりきったやり方で人を集め、集まった人たちが勝手に盛り上がってくれることを期待し、そこから奇跡のような結果が自然に生まれることを願っています。でも、そんな願いがかなうことはほとんどありません。

人が集まるイベントを企画する際、わたしたちが相談する相手はほとんど、何かの分野の専門家です。シェフ、マナー講師、花屋、プランナーといった専門家に相談していると、そのつもりはなくても「モノの手配」にしか目がいかなくなります。「人とどう向き合うか」という大きな問題が、「モノをどうするか」という小さな問題――スライド、招待状、音響装置、料理や飲み物――にすり替わってしまうのです。ついつい「モノ」に目が向いてしまうのは、自分たちが手配できるのはそこしかないと思い込んでいるからです。それは一面的な見方であって、間違っています。人と人を結びつけ、意味のある場にするために必要なのはモノではないのです。

わたしはシェフでもなければイベントプランナーでもありません。対話と紛争解決の分野で経験を積んできました。その体験から人の集まりについて考えるようになったのです。この一五年間、人が集うということについて研究し、会合を企画し、アドバイスを行ってきました。わたしの目指す集まりとは、参加者の人生やコミュニティの姿を変えるようなものです。

現在わたしはプロのファシリテーターとして仕事をしています。ファシリテーターとは、集団の関係性を構築し、人々が対話できる環境をつくるスキルを持つ人のことです。わたしの仕事は、

目的に適した人を集め、その目的に向かって参加者が一団となって考え、夢に向かって議論し、癒し合い、将来を見据えて信頼し合い、絆を築くお手伝いをすることです。そんな環境をつくるにあたってわたしが目を向けるのは、「人」です。人がどう関わり合うかが、すべての集まりの中心にあるのです。この視点を、本書を通じて読者のみなさんにお伝えできればと思っています。

集まった人がそこに「自分の居場所」を持てたと感じられることが、わたしの理想です。わたし自身、これまでの人生でずっと居場所を探してきたからかもしれません。わたしの母はインドのヒンドゥー教の聖地、バラナシーで生まれました。父はアメリカのサウスダコタ州出身です。バラナシーでは牛は聖なる動物ですが、サウスダコタの牛は主に食肉となります。父は牛の解体が得意でした。二人はアイオワで出会い、恋に落ち、結婚し、ジンバブエでわたしを授かり、アフリカとアジアの漁村で働き、恋が冷め、バージニア州で離婚し、別の道を歩きはじめました。その後、父も母もそれぞれ自分により近い価値観を持つ人と再婚しました。

両親が離婚したあと、わたしは二週間ごとに父と母の家を往復するようになりました。一方はベジタリアンで、進歩的で、いつもお香をたいているような、仏教とヒンドゥー教のニューエイジの家庭。もう一方は肉好きで、保守的で、週に二度教会に通っている福音派キリスト教信者の家庭です。その二つの家庭を行ったり来たりしていました。わたしが紛争解決の分野に進んだのは、当然の流れだったかもしれません。

バージニア大学に入学したわたしは人種問題に興味を持ちました。紛争解決という専門領域があることを知ったのは、その頃です。大学卒業後は国内外でコミュニティのリーダーを育成する仕事をしました。「サステインド・ダイアローグ（持続的な対話）」という手法で、集団での対話を導ける人材を育てることを目指しました。サステインド・ダイアローグは、人種も国籍も宗教もバラバラな人たちの関わり方を根底から変えることを狙った、集うための技術です。人々が集まってさまざまな違いを乗り越えようと努力するとき、奇跡のようなことが起きるのを目の当たりにして、わたしは紛争解決という手法に魅せられました。

それ以来、さまざまな状況のさまざまな問題を、この解決の手法を使って解決してきました。五つ星の超高級ホテルでも、公園でも、土間でも、大学の学生寮でも、会合を開きました。暴動の起きた西インドで、地域を立て直すために村人たちと集まったこともあります。ジンバブエでは政府の弾圧に立ち向かうNGOの活動家たちの会合を主催しました。アラブ改革派のリーダーと、欧米の政治家のあいだに入って、イスラムと民主主義の関係についての対話を取り持ったこともあります。新たな時代に対応した国家全体の貧困対策を再構築するため、アメリカの州政府と連邦政府のあいだで開かれるミーティングを企画したこともあります。テクノロジー企業、建築デザイン事務所、化粧品ブランド、金融機関でも人の集う場をつくり、未来に向けた複雑で難しい議論のファシリテーションを行ってきました。

わたしがいま住んでいるニューヨークでは、人が集まる機会が多くあります。ホストになることもゲストになることもありますが、どちらの立場になっても、ちょっとした工夫で人との触れ合いが深まるということを、ことあるごとに実感しています。家族や友人からも、よく相談を受けます。「仕事のディナーがあるんだけど、テーマを決めて話し合う方がいい？　それとも何も決めないで自由におしゃべりした方がいい？」「うちの教会に、あることないこと人にしゃべる困ったボランティアがいるんだけど、どうしたらいい？」などと聞かれることもあります。

取締役会でも誕生日パーティーでも、そこで何が起きるか、どのくらい盛り上がるかは、集まり方次第です。ほんのちょっと設定を変えるだけで大いに盛り上がることもあります。この本はよい集いを開くためのガイドブックでもあり、そのゴールを目指すための旅そのものでもあります。誰かと過ごす普通の時間を、どうしたら忘れられない瞬間に変えることができるのか？　人との集いを意味のある瞬間に変えるにはどうしたらいいのか？　そうした問題意識のある人に向けてこの本を書きました。

本書を通して、読者のみなさんが「集まること」をこれまでと違う視点で見るようになることを願っています。章の並びは、いつもクライアントや友人に伝えている順番通りにしました。この本に書いた原則にすべて従う必要はありません。あなたの企画する集まりの目的に合わせて、役に立ちそうなところを参考にしてみてください。

この本はわたしの経験のなかでこれまでにうまくいったことと、うまくいかなかったことが土台になっています。本を書くにあたって、一〇〇人を超える集いの達人たちにインタビューをしました。カンファレンスの主催者、イベントプランナー、サーカスの振付師、クエーカー教の集会牧師、DJ、オークショニア、キャンプのカウンセラー、葬儀ディレクター、編隊飛行競技の指導者、ユダヤ教のラビ、コーチ、合唱指揮者、舞台芸術家、コメディアン、ゲームデザイナー、茶道家、テレビ監督、プロの写真家、資産運用アドバイザー、ファンドレイザーといった人たちです。彼らのコツを教えてもらい、わたし自身のアイデアを検証してみました。

この本ではまた、さまざまな種類の集まりの事例も紹介しています。美術館のイベント、学校のクラブ活動、ビジネスのパートナー会合、誕生会、キャンプ、お葬式など。立場や状況は違っても、創意工夫さえあればよい集まりを企画できることを知ってもらうためです。この本を読んだみなさんに、自分にもできるかもしれない、と思ってもらえたらうれしく思います。事例はどれも実話ですが地名や名前は一部変えてあります。ありとあらゆる種類の人たちに話を聞いた結果、全員に共通していたのは、人が集まることによって、素晴らしいことが起こり得るということに対する確信でした。

みなさんがこの本を読み進める前に、どうしても言っておきたいことがあります。

- 上手に人と集まれる力は、誰にでもある。
- 社交的でなくても、むしろ、人見知りの方が質の高い集まりを開けることがある。
- ボスでなくても、管理職でなくても会合をうまく仕切ることはできる。
- 立派な家がなくても素敵なパーティーが開ける。

・集まりの極意とは、カリスマ性ではなく、面白いジョークを飛ばせることでもない。

集まりを企画する人が、深く考えて準備し、(目に見えない)仕掛けを組み入れ、好奇心を持って、広い心で、熱心に挑戦するとき、その会は盛り上がり、参加者を満足させるのです。

では、はじめましょう。

第1章

なぜ集まるのかを深く考えよう

DECIDE WHY YOU'RE REALLY GATHERING

なぜわたしたちは集まるのだろう？　一人では解決できない問題を解決するために。お祝いするために。喪に服すために。人生の転機を記念するために。何かを決めるために。お互いが必要だから。誰かの栄誉を称え、誰かを認めるために。会社や学校やコミュニティの絆をつくるために。誰かを迎え入れるために。そしてさよならを言うために。

でも、ここに大きな矛盾がある。人が集まるもっともな理由はたくさんあるからこそ、なぜ集まるかがわからなくなってしまうのだ。意味のある集まりを開くために欠かせない最初の一歩を、わたしたちはしばしば省いてしまう。その一歩とは、「はっきりとした、ゆるぎない目的を掲げること」だ。

この最初の一歩を省くと、惰性もしくは誤解に基づいて、会合の形式が決まってしまうことになる。すると、意味のない集まりとなり、一体感も生まれない。

職場では一日中会議に忙殺される。そのほとんどはメールやちょっとした立ち話ですむようなことだ。学校の教室は「先生が教える」という前提に基づいてデザインされている。世界のトップクラスの先生の授業がビデオで学べる時代、教室は仮説を検証したり、先生から個別に指導を受けたり、友だちと交流したりする場として使った方が有意義かもしれない[1]。非営利業界では寄付金集めのパーティーを開くのが習わしになっているが、パーティーを開くこと自体が目的化して、結局赤字になってしまうこともある。

反対に、集まって話し合った方がためになる場合——たとえば地元の公園を昔のように安全な場所にするための方法を考える、友人の会社を再建するための策を練る、売り上げが激減した事業を立て直すために話し合うなど——でも、直接会って解決するという方法を思いつかなかったり、関係者が忙しすぎて集まれなかったり、ということがある。さらに最近の傾向として「会って話そう」という誘いは、相手の時間を奪うことになる（から誘わない）と忖度する人も多い。自分が死んだら葬式はいらないという人が増えているのも、無理をしてまでみんなに集まってほしくないと考えるからだ[2]。

つまりは、なぜ、いつ集うのかということが、みんなわからなくなっている。いざ集まるとなると、何も考えず型通りにやってしまう。でもよい集いを開くには「目的」からはじめなければならない。

わたしたちはどんなときに集まるのだろう？　それはなぜだろう？

目的は分類ではない

最近あなたが参加したり主催したりした集まりを思い返してみてほしい。人脈づくりのイベント、読書会、ボランティア研修など、何でもいい。主催者にこうした集まりの目的を聞いてみると、おそらくおなじみの答えが返ってくるはずだ。つまり、そこで「何をするか」だ。

人脈づくりのイベントなら、同業者同士を引き合わせること。

読書会なら、みんなで一緒に本を読むこと。

ボランティア研修ならボランティアを育成すること。

教会の分科会なら、教会の信徒同士が少人数のグループで知り合うこと。

「そんなの当然だろう」と思うかもしれない。人脈づくりの交流イベントの目的は人脈づくりなのでは？　たしかにそうかもしれない。でも、それがすべてなら、巷にあるたくさんの交流イベントと変わらない。大勢の人たちがあてもなく歩き回り、ぎこちなく名刺を配り、誰彼かまわず早口で売り込みの文句を投げかける。でもそんな宣伝文句に聞き入る人などいない。むしろ相手は気まずくなったり、ソワソワしたりするかもしれない。そして、もう二度とこの手の交流イベントに行くのはやめようと心に誓うのだ。

なぜ集まるのかについてじっくりと考えなければ、時代遅れの形骸化された集まりに終わってしまう。そうなると、参加者の記憶に残るような、そして時に参加者の人生を変えるほどの何かを生み出す可能性まで手放すことになる。

たとえば、人脈づくりの交流イベントを企画する場合、主催者がこう自問してみたらどうだろう？　その集まりの目的は、参加者に事業パートナーやクライアントを見つけてもらうことなのか？　それとも、商品の売り込みをすることなのか？　あるいはアドバイスをもらうことなのか？　異業種の人たちを引き合わせ、できるだけたくさん知り合いをつくってもらうことなのか？　これからも会いたくなるような仲間をつくることなのか？　その答えによって、イベントのやり方が変わってくる。

会合の種類を目的だと勘違いしている人は多い。たいていの人は会合を企画する際、ルールや前提を自分で考えずに、誰かのつくった形式や中身にただ従っている。たとえば取締役会、ワークショップ、誕生会、政治集会といった会合の種類によって、やることはだいたい決まっていると思い込んでいる。だから、テンプレートを選ぶだけで、目的をじっくり考えたりはしない。異業種交流イベントのような軽い集まりのときもそうだし、裁判のような重大な場でも同じだ。

型破りの裁判所

ニューヨークのブルックリンにあるレッドフック・コミュニティ司法センターは、まさにその裁判の改革に乗り出した。それは、司法手続きを根本から変えるような一大プロジェクトだった。このセンターの設立は二〇〇〇年。貧困と犯罪に苦しんでいたコミュニティが、住民と警官との関係改善を目的につくったのが、このセンターだった。設立者たちは、これまでとは違う制度を設計し、ただ犯罪者を刑務所に入れるのではなく、犯罪によってあぶり出された病巣を治すことができないかと考えた。[3]

このセンターに着任した判事のアレックス・カラブレスは、従来の司法制度には二つの選択肢しかないと言う。「起訴か、不起訴か」だ。[4] 仕組みをすべて覆すことはできないが、これまでにないやり方が必要だと地域のリーダーたちは考えた。それにはまず、基本的な問いに答えなければならない。自分たちの理想とする司法制度の目的は何だろう？　その目的に合うような裁判の仕組みとは、どんなものだろう？

法廷では、お互いが敵を倒すために力を尽くす。法廷が敵対的なのは、真実を明るみに出すための場だからだ。しかし、レッドフック・コミュニティ司法センターの設立者たちの目的は違っていた。ただ犯罪者を罰するのではなく、被告、判事、弁護士、事務官、社会福祉士、地域住民など、関係者全員を巻き込んで、行動を改善することができないかと考えたのだ。「このセンターで扱う事件に、問題解決の手法をあてはめることにしたんです」と話すのは、プロジェクト・ディレクターでブロンクスの公選弁護士だったアマンダ・バーマンだ。「不動産事件でも、刑事事件でも、家裁の事件でも、問題は何かということと、それをみんなでどう解決できるかをいつも考えます」。

この新しい手法を取り入れるには、これまでにない法廷のデザインが必要だった。従来の法廷では被告人を問い詰めて真実を明るみに出すために、判事が威嚇的に見えるような設計になっていた。検察官と弁護士は反対側に向かい合って立っている。刑務官は仏頂面で社会福祉士と心理学者は心配そうな顔をしている。それぞれがそれらしい役割を演じている。内装も重々しく緊張感を高めるようにできていた。「これまでの法廷は、内部に暗い色の木が使われ、権力と重厚さと裁きの場という雰囲気が強調されていました」。

レッドフックの実験的な法廷は、まったく違う雰囲気が生み出されるようにデザインされている。廃校を再利用した法廷は、コミュニティの真ん中にある。部屋には窓から陽が注ぎ、明るい色の木が使われ、判事席のレイアウトも従来とは違う。「判事席は目の高さのところにあり、法廷に入ってくる被告と親密な関係が築けるようになっています。判事は被告を物理的にも心理的にも見下していないことが周囲にも見てとれるんです」とバーマンは言う。

ここで扱うのは三つの分署の事件だ。以前は民事、刑事、家裁という三つの別々の法廷に事件は送られていた。いまは事件の多くが担当判事であるカラブレスの法廷に送られる。カラブレス自らすべての事件を扱い、時間を割いてその履歴や関係者について調べる。多くの場合、被告には社会福祉士がつき、被告の人生の全体像を見極めるための臨床的な評価が行われる。初出廷の前にそうした包括的な人物評価が行われることもある。そこで、薬物の乱用、メンタルヘルスの問題、トラウマ、家庭内暴力その他の要因も調査する。この評価は、判事と地方検事と被告に渡される。審理を行うカラブレスは裁判官というより、厳しくも情けあるおじさんのような感じだ。カラブレスは一人ひとりに時間を割いて言葉をかけ、被告が判事席に近づくと握手で迎え入れることも多い。そして、彼らにじっくりと状況を説明する。「家賃を払えなければ立ち退かされると契約書に小さな文字で書いてありますね。でも誰もあなたを無理に立ち退かせたいわけではないんです。だから、このページの上の方に大きく一二月三〇日と書いておきましたよ」。その様子を見れば、ここにいる人たちが被告を支え、被告に人生を立て直してほしいと望んでいることがわかる。改善の見られた被告をカラブレスが褒めることもよくある。「よくがんばりましたね。コミュニティにとっても素晴らしいことです。大きな拍手を送りましょう」。すると、警官も含めてその場にいる全員が手を叩く。

この特殊な法廷のルールのもとで、カラブレス判事にはさまざまな支援のツールが与えられている。従来の懲役刑のほかに、前述の臨床評価と判事自身の状況判断に基づいて、コミュニティサービス、薬物治療、メンタルヘルス治療、トラウマカウンセリング、家族の調停などを行うことができる。「全員にできる限りのチャンスを与えます。一度ではなく、二度、三度と与えます。ですから、懲役にするしかない場合には、たいてい刑期が普通より二倍も長くなるんです」とカラブレスはニューヨーク・タイムズ紙に語っている。(5)

この司法センターからは、目に見える結果が出はじめている。第三者評価機関によると、成人の再犯率は一〇パーセント減り、少年の再犯率は二〇パーセント減った。(6) この司法センターで審理された事件のうち、罪状認否で懲役が決まるのはわずか一パーセント。「これまで二〇年間司法の場にいたが、やっと犯罪の根っこにある原因に取り組めるチャンスができたと感じている」。(7) この司法センターを描いたドキュメンタリー映画のなかで、カラブレスはそう語っていた。この取り組みが成功したのは、センターの企画者たちが「何のためにここに集まるのか」という、大きな目的を探り当てたからだ。コミュニティの問題をみんなで一緒に解決することが、彼らの目的だった。そして、その目的に合うような仕組みをつくった。同じように、わたしたちも人と集うときの目的をもう一度見直してみることができるはずだ。

もちろん、つい従来の形式に従ってしまうのは、法廷などの公的な集まりばかりではない。会合の種類と会合目的をはき違えてしまうのは、プライベートの集まりでも同じことだ。長いあいだ行われてきた慣習的な会合では特にそうだ。プライベートで集まるときにも、慣習に従ったり、ネットのアドバイスをうのみにしてしまうせいで、自分ならではの目的を意識的に決めるという手順を省いてしまう人は多い。たいていの人は、裁判とは何かを知ったつもりになっている。また、誕生会も、結婚式も、ディナーパーティーも、何のために開くのかを知っていると思い込んでいる。すると本来果たせたはずの目的が果たせなくなってしまう。なぜ人生のなかのこの年の誕生日にパーティーを開くのかを自らに問う手順を飛ばしてしまうと、必要な助言や支えや成長やひらめきを得る機会、そして周囲の人たちにも喜んでもらえる機会を失ってしまう。わたしにもそんな失敗がある。大切な人生のイベントから夫を締め出してしまったのだ。

なぜ「女子だけ」なのか

当時、わたしははじめての赤ちゃんを迎えようとしていた。そこで女友だちがベビーシャワー［妊婦を祝福し、お祝いを贈るパーティー。もともとは女性同士の集まりだった］を開いてくれると言う。そのときはなぜベビーシャワーを開くのかなんて考えもしなかった。特に珍しいイベントでもない。でも、意義ある集まりの大敵は「慣れ」なのだ。

日程が決まるとすぐに、段取りを話し合うことになった。

わたしはノリノリだった。問題は、夫もノリノリだったことだ。夫にベビーシャワーのことを話すと、自分も参加したいと言いだした。最初はふざけているのかと思った。でも夫は真剣だった。ベビーシャワーに絶対に入れてほしいと言う。

わたしはこれまでの人生でずっと女友だちを大切にしてきたが、そのとき最も優先すべきは、彼女たちではなかったはずだ。そのときわたしが、今回のイベントは何のためなのかをもっと真剣に考えていれば、別の答えが出ていたと思う。いちばん大切なのは、夫とわたしが新しい役割に備えることと、第一子を迎え入れ、結婚生活の新たな段階に備えることだった。わたしは母になろうとしていた。夫は父になろうとしていた。もしわたしがもっときちんと考えていたら、カップルから家族への転換に役立つような集まりにしたいと思ったはずだ。

ほとんどのベビーシャワーは、女性だけで集まってゲームをしたりプレゼントを贈ったり、赤ちゃんのために何かをつくったりするものだと「決まって」いる。でも、よく考えてみると、ベビーシャワーはもともと、赤ちゃんを迎える新しいカップルの経済的負担を少しでも減らすことが目的ではじまったものだ。女性同士で集まって母親を祝うという昔からの形式は、母親だけが子育てをするものとされていた時代のものだ。いまはその前提が違っているし、従来の形式は現実にそぐわない。だとすると、いまの目的に合ったベビーシャワーにするには、どうしたらいいだろう（「ベビーシャワー」という名前そのものも変えた方がいいのかもしれない）。

ベビーシャワーだけではない。結婚式、バーミツバ（ユダヤ教の成人式）、卒業式といった、親しい人たちが集まる儀式の多くは、長年同じことを繰り返しているうちに形式そのものに価値が置かれるようになった。それゆえ参加者の価値観や信条とずれていても、慣習と異なることはやりづらい。

たとえば最近のインドでは、伝統的なヒンドゥー教の結婚式の形式と内容をめぐって親子が衝突するケースが増えている。従来のしきたりでは、結婚式の締めくくりに花嫁と花婿が火の周りを七周しながら、一周ごとにお互いに向けて誓いの言葉を口にする。フェラと呼ばれるこのしきたりは、見た目にも華やかで、ヒンドゥー教の家族で代々受け継がれてきた深い意味のある慣習だ。インドの家庭では結婚式のこの場面の写真がよく居間に飾られていて、子どもたちはそれを見て育つ。

若いカップルのなかには、この誓いの言葉が古すぎると感じる人もいる。たとえば、一つ目の誓いの言葉では、花婿が花嫁に「食べ物を与える」ことを誓い、花嫁は「家庭と家事のすべてに責任を持つ」ことを誓う。「貞淑である」ことを誓うのは花嫁だけだ。花婿の七つの誓いのうち四つは子どもについての誓いだが、花嫁の誓いはすべて花婿への奉仕を誓うものだ。七つの誓いの前提になっている夫婦の理想形は、多くの若者が求めているものではない(8)。だが、若者がこの誓いの言葉を自分たちの価値観に合ったものに変えたいと言いだすと、両親はわが子が伝統を拒否したと見なし、深く傷ついてしまうことも多い。何世代も同じ形式が繰り返されるうちに、そのカップルの結婚式の目的には合わなくても、形式そのものが力を持つようになる。

組織でも同様だ。慣習的な集まりは、はじめから慣習だったわけではない。人々が集まるそもそもの目的は、何らかの問題を解決するためだったはずだ。たとえば、候補者の政策の違いを多くの市民に理解してもらうために集まる。営業チームに新製品を盛り上げてもらうために集まる。地域の新しい市民センターの建設資金を調達するために集まる。こうした目的のために集会が設計される。大統領選のディベートであれ、営業会議であれ、寄付金集めのパーティーであれ、何年も繰り返して行われるうちに、決まった形式ができあがった。そうなると集会の形式そのものが意味を持つようになる。たとえば、裁判官がいつも同じ小槌を使ったり、プレゼンターがいつも同じデザインのタートルネックを着たりといった「型」ができあがると、人々はそれを期待し、型通りにやることが安心感につながる。するとそのうち、型そのものが力を持ち、型が集団への帰属意識をつくり、個人のアイデンティティまで形成していく。「これが自分たちだ。これが自分たちのやり方だ」と感じるようになるのだ。

その型が集団の目的やニーズと合っていれば、型への愛着も強くなる。しかし、ニーズが変わり、目的に合わなくなってもまだ、同じ型にこだわるあまり、目的を破壊してしまうこともある。

ニューヨーク・タイムズの名物会議が変わった

ディーン・バケットがニューヨーク・タイムズ紙の編集長に就任したのは二〇一四年五月だった。当時、七〇年近く同じ形式で続いていた会議があった。そのしきたりは、報道局のニーズにも、読者のニーズにも合わなくなっていた。ニューヨーク・タイムズの「ページ・ワン（一面）」会議は、世界で最も影響力のある会議の一つだろう。はじまりは一九四六年。[9] この会議で、どの記事が翌日の朝刊の一面を飾るのかが決まるようになった。ニューヨーク・タイムズ紙の一面にどの記事が載るかは、世界の報道の潮流を左右した。

新聞の全盛期には、会議の目的はあきらかだった。会議の形式と進め方は、目的に合うように設定されていた。会議は一日二回。朝一〇時と夕方の四時だ。四時の会議のあとに上層部が翌日の朝刊に載せる記事の一覧を発表する。会議の場所はタイムズ本社ビルの三階会議室と決まっていた。重厚な円卓を二五人から三〇人のエディターが囲み、エディターはそれぞれ、自分の推す記事を一面に載せてもらうために売り込む。これが「オファー」だ。

「デスクはそれぞれ一押しのネタを持ち寄って、上層部に売り込み、こてんぱんにけなされ、それに何とか反論して、上からのお告げを待つんだ」とあるエディターは教えてくれた。

この会議が何十年と繰り返されるうちに、しきたりとしての風格を備えるようになり、参加できること自体が栄誉になった。若いエディターにとっては、この会議が通過儀礼になった。新人記者が入社すると、オリエンテーションの一部としてこの会議に招かれた。「四時の会議は伝説になった」とエディターのカイル・マッセイは書いている。

しかし、バケットが編集長に就任したときには、紙版の編集会議を最優先する必要はもはやなくなっていた。読者の大半は紙ではなくオンラインで読んでいたからだ。オンラインの一面と紙の一面は、まったく違う性質のものだった。ホームページには数十件という記事が並ぶ。しかし、そのホームページに何を載せるかさえ、大した意味を持たなくなっていった。二〇一四年のイノベーションに関する社内調査では、「ホームページを訪れるのは読者のわずか三分の一」ということがあきらかになった。[10] ソーシャルネットワーク経由で記事にアクセスする読者が増えたためだ。つまり、紙においてもホームページにおいてもエディターによる記事の編成には価値がなくなっていた。そもそも、紙版が家に届く何時間も前に、同じ記事がオンラインで流れていた。

ニューヨーク・タイムズはデジタル時代の新しい現実に適応する必要があった。「紙にここまで力を入れても、もう読者のためにならない。記者たちにとっても、いいことではない」とアシスタント・エディターを務めるサム・ドルニックは言う。「報道局の文化と価値観を変えるために、意図的に会議を変えた。紙版にかける時間を減らしたかったので、紙版を中心にしない会議が必要だった。会議のやり方を変えることで、価値観と考え方を転換しようとした」。

エディターの集まり方を変えること、つまりそこで話す内容、時間の配分、話す人を変えることは、報道局の文化をデジタル時代の新しい現実に近づけるための一手だった。バケットは、朝の会議を、すべてのプラットフォームを対象にしてその日のニュースをどう記事にするかを話し合う場にしたかった。この会議で現場の問題について話し合い、また報道哲学についての大きな話もしたいと考えた。

「理想は、この会議をその日に力を入れるべき記事が浮かび上がってくるような場にすることだった。優先順位が最初からはっきりしているときもある。テロ攻撃があったときなんかはそうだ。でもどこに力を入れたらいいかがわからないときもある」とバケットは言う。バケットは報道局の意識を記事の配置ではなく内容に向けたいとも考えていた。「プラットフォームに関係なくべストな記事を読んでもらいたいんだ」。

そこでバケットは、新しい目的に合うように会議の形式を変えた。まず会議室を変更し、物理的な環境を刷新した。歴史ある円卓は移動して、ガラス張りの新しいページ・ワン会議室をつくり、赤いソファを置くことにした。これまでよりくだけた雰囲気のなかで、報道についてより幅広い議論を行えるようにとの配慮からだった。二〇一七年の秋にわたしが会議を見せてもらったときには、まだ新会議室は建設中で、二階の臨時会議室が使われていた。会議室の真ん中に大きな正方形のテーブルがあり、その周りに十数個の回転椅子があった。トップエディターたちはテーブルの片側に一列に座り、それぞれのデスクのエディターたちが残りの三辺を囲んでいる。ワシントン支局長とは電話でつながっていた。壁に沿って椅子がずらりと置かれ、ほかのスタッフやゲストが座る。トップエディターたちの向かい側の壁にフラットスクリーンテレビが備え付けられ、そこに映し出されたホームページは数分おきに更新されていた。

バケットは会議の時間も変えた。世界のニュースが刻々と変わるなかで、朝の会議を一〇時に開くのでは遅い。そこで九時半からはじめることにした。午後は会議を二回に分けて、三時半から少人数で紙版の一面の記事を決め、四時から翌日の記事を打ち合わせるようにした。

会議のやり方を変えるにあたって、バケットは報道局の全員にその理由を伝えた。バケットが変えようとしていたしきたりは、長い間ニューヨーク・タイムズの人たちが慣れ親しんできたものだった。バケットはそのことをよくわかっていた。二〇一五年五月五日付のスタッフに宛てたメールに、彼はこう書いている。「朝はこれまでより早くスタートを切り、組織としての優先順位を決めることにした。午後の会議では紙版の一面について話し合わなくてすむ。そうすれば、プラットフォームではなく記事の内容に集中できるし、翌朝のデジタル版の記事を準備できる」(11)。

とはいえ、時間と部屋を変えるだけでは、昔の会議で刷り込まれた価値観を変えることはできなかった。会議の運営方法も変える必要があった。以前はまずネタの売り込みからはじまっていたが、わたしが参加したときには前夜の記事の視聴数の報告とその他の読者統計からはじまった。会議のはじめにエディターの考えではなく読者が何に注目しているかを持ってくることは、ニューヨーク・タイムズの文化が大きく変わったことをよく表していた。各デスクのエディターはいま追いかけているネタについて話す。すると編集部やほかのエディターがその記事に突っ込みを入れ、どこが注目点なのかを聞く。

彼らの質問から、現在進行形の新生ニューヨーク・タイムズの姿が浮かび上がっていた。たとえば、新しい税制についての記事には、こんな意見が出た。「読者が知りたいのは、今回の税制改正で金持ちはどうなるかってことだ」。また、出たばかりの健康調査についての記事を「緊急ニュース」に分類すべきかも話し合われた。「緊急ニュース」に分類されると、速報としてすべての購読者に流される。この質問の陰には、より大きな哲学的な問いがある。どんなニュースが「緊急ニュース」に分類されるべきなのか？　デジタル担当のエディターは、いますぐ流せる記事を、わざわざ三時まで待って流すのはなぜかと聞いていた。そう問いかけることで、ほかのエディターに、ニュースを流すタイミングについて、これまでと違う考え方をしてほしいと訴えていたのだ。

「いまこの瞬間に、またはこれから二時間のあいだに、ニューヨーク・タイムズがスマホでどんな体験を提供できるかをみんなに考えてほしいんだ」とデジタルプラットフォームを統括するクリフォード・レヴィは言う。「先のことを考えるのもいいけど、『いまここ』が何より大切だ。報道局の体質を根っこから変えるのが、僕たちの長期目標だ」。もちろん一晩では変わらないだろう。だが、毎日の会議は体質改善のための強力なツールになる。

とはいえスタッフはいまだにこの会議を「ページ・ワン」と呼んでおり、改革は道半ばだ。

あなたにも、新しいニーズや現実に合わなくなった古い形式の会議が思い当たるはずだ。とにかく型通りにやれば何とかなるだろう、と考えているかもしれない。月次のスタッフ会議なら、毎月同じことを繰り返すだけなので、これまでと同じやり方で問題はない。だがその型は誰かがその人自身の問題を解決するために思いついたやり方で、あなたはそれを借りているだけだ。その型にはつくった人自身のニーズや目的が反映されている。自分のニーズや目的に合った型をつくり出し、望んだ結果を手にするためには、実験を重ねるしかない。

特殊性と独自性

一九九〇年代のアメリカで人気ナンバーワンだったシチュエーションコメディ『となりのサインフェルド』は、「どうでもいいことしかやらない番組」として有名だった。何の目的も考えずに人が集まるとき、それはまさに「どうでもいいことしかやらない集まり」になる。たいていの人は集まりに意味を持たせるべく、何らかの目的を掲げてみせる。でも、本書の読者にはさらに深く徹底的にこの目的を考えてほしい。

たいていの集まりに掲げられている目的は一見もっともらしいが、それは当たり前でつまらないということの裏返しでもある。「新しい社員が家族的な組織に溶け込めるように歓迎会を開きます」とか、「この一年を振り返るために誕生会を開くことにした」とか、わざわざみんなで集まるほどの意義のある目的だろうか。

考えてみてほしい。この会はほかの会とどう違うのか？　強烈な主張があるのか？　ゲストの（ホストの）心をザワつかせるような仕掛けはあるか？　あれもこれも盛り込んで全員を満足させようとしていないか？

仕事の会議やポーカーの集まりやカンファレンスにそんな要素を求めても仕方ないと思う人もいるかもしれない。どうして集まりに「強烈な主張」が必要なのか？　世紀の戦いに挑むわけでもないのに、単なる会議でおおげさなのでは？　それはごもっともだが、やはり「強烈な主張」

は必要だ。集まりとは「自分の主張を宣言する場」と考えてみてほしい。そうすれば、その集まりならではの目的がはっきり見えてくる。すべての人を喜ばせるような集まりで、魂が揺さぶられることはない。何かを切り捨てる勇気が感じられる集まりは、参加者の魂を揺さぶるイベントになる可能性が高い。何かを切り捨てることは、誰かに疎外感を与えることではない。

では、どうしたら、人が集まる価値のある何かを見つけられるのだろう？　斬新で大胆で意義のある目的には、どんな要素があるのだろう？

絶対に欠かせない要素の一つは、特殊性だ。的が絞られていて特殊であればあるほど、またその範囲が狭ければ狭いほど、そこに注がれる情熱は強くなる。わたしは仕事の経験からこのことを知ったが、あるクライアントがそれをデータで裏付けてくれた。

「ミートアップ」はオフ会を企画するオンラインのプラットフォームだ。世界中の人がミートアップを使ってさまざまな目的で何千というオフラインの会を企画している。これまでに数百万もの人たちがミートアップを使って集まった。どうしたらオフ会がうまくいくのかをミートアップの創立者たちが調査したところ、意外な発見があった。最も人気があったのは、すべての人のあらゆる望みを満たすような、総花的な会合ではなく、特殊で的が絞られた集まりだった。「特殊であればあるほど、うまくいく可能性が高い」とミートアップの創業者でCEOのスコット・ハイファーマンは話す。

ミートアップのプラットフォームでオフ会を呼びかけるには、まず、グループ名を決めて、それが何のためのグループかを説明する文章を掲載しなければならない。説明文だけでなく、名前もグループの特殊性がわかるようなものにした方がいい。ハイファーマンはグループ主催者にそうアドバイスしている。そうすれば「目的がよりはっきりと目に見えるようになるし、参加者は自分にぴったりのグループがあった！と思える」からだ。イスタンブールであれ、ロンドンであれ、トレドであれ、グループの主催者がグループ名を書き込むときに、それがどんなグループかを知らせる形容詞が多ければ多いほど、「相性ぴったりの」メンバーが集まりやすい。

たとえば、「ＬＧＢＴカップルのハイキング会」「犬とハイキングする会」「犬とハイキングするＬＧＢＴの会」よりも、「犬とハイキングするＬＧＢＴカップルの会」の方が、目的にぴったりの人が集まるし、長期的に会がうまくいきやすくなる。ハイファーマン曰く「誰がするか」と「何をするか」は切り離せないからだ。人は特殊な集まりの方が自分の居場所を見つけやすい。

一方で「あまりに特殊すぎると、合う人がいなくなる。だから、特殊すぎず、総花的すぎず、うまい具合に一体感とアイデンティティと温かみと所属感を感じさせるように、バランスを見極めた方がいい」。

もう一つの要素は独自性だ。この集まりは、いつものディナーやカンファレンスなどと、どこが違うのだろう？　わたしは以前京都で参加した茶会の先生に「一期一会」という千利休の有名な言葉を教わった。「この出会い、この瞬間は、人生で二度と訪れない」という意味だ。その意味を、先生はこんなふうに説明してくれた。「またお会いすることがあるかもしれませんが、一年もすれば、あなたもわたしも新しい経験をし、違う人間になっているでしょう。お互いに変化を経た次の出会いは、新しい体験になるはずです。だからこそ、いまこの瞬間をいとおしむ必要があるのです」。どんな集まりも「一期一会」だ。それを心に留めておけば、人々と集まっているその瞬間に集中しやすくなるかもしれない。

この考え方は、ユダヤ教の「過越の祭」の本質に近い。伝統的な過越の祭の夕食では、習わしとしてこう自問することになっている。「今晩は、いつもの晩と何が違うのだろう？」

人と集まる前に自問してみよう。この集まりは、あなたが開くほかの集まりとなぜ違うのだろう？　ほかの人が開く同じような種類の集まりとどう違うのだろう？　この集まりにあって、ほかの集まりにないものは何だろう？

会の目的は、賛否の分かれるようなものの方がいい。もし、あなたの結婚式の目的が愛を祝うものだと言えば、誰も文句はつけない。でもそれでは何も主張していないのと同じことだ。その目的に反対する人などいないのだから。結婚式で愛を祝うのは当たり前すぎて、それを目的にしても特別な式にはならない。人を集めるときには悩みや衝突はつきものだ。招待客、会場、一晩にするか二晩に分けるかなどといった決断を下すのに、文句のつけようのない目的では指針にならない。たとえば、これからあなたが新しい家庭を築くにあたって、両親に感謝することを結婚式の目的に据えたとしよう。この目的なら、決断を下す際の指針になる。最後に残った一席に招くのは、卒業以来会っていない大学の友人ではなく、両親の古い友達になるだろう。逆に、新郎と新婦がお互いの親しい友人と知り合うことが目的なら、答えはあきらかに違ったものになる。

「なぜ集まるのか」の見つけ方

クライアントや友人が集まりの目的をなかなか決められずに困っているとき、わたしはこんなふうに助言している。

「何のために集まるか」ではなく「なぜ集まるのか」を考えてみてほしい。「なぜ」を考えるためのコツをいくつか紹介しよう。

●ズームアウト（俯瞰する）

たとえば、化学の教師があなたの仕事の目的は何ですかと聞かれて「化学を教えることです」と答えたとしよう。この目的は「授業をどうデザインするか」の指針としては使えない。もし答えが「若い人たちに、一生にわたって化学との関わりを持ってもらうこと」であれば、新しい可能性が生まれる。これはワクワクするような授業の第一歩になるだろう。

●掘って、掘って、掘り下げる

ここで、人が集まる理由を並べてみよう。

・毎週月曜は部会と決まっているから。
・湖畔のバーベキューは家族の伝統だから。

ここからさらに深く掘り下げてみよう。最後の最後に自分の信条なり価値観なりにたどりつくまで、自問し続けてほしい。

では、「何」から「なぜ」へと視点を変える例として、ご近所の持ち寄りパーティーを考えてみよう。

・なぜご近所さんで持ち寄りパーティーを開くのだろう？
↓楽しいし、毎年開いている会だから。
・どうして毎年この会を開いているのだろう？
↓夏のはじめにご近所で集いたいから。
・どうして夏のはじめにご近所で集いたいのだろう？
↓一年のいい区切りになるし、子どもたちも親も学期中は慌ただしいので、学校が休みに入ったところでもう一度近隣の人たちと結びつきを深めたいから。
・なぜそれが大切なのだろう？

↓時間の余裕がある夏ならみんなが集まれるし、そこで改めてコミュニティの存在を意識することで絆が生まれ、近隣の絆が暮らしやすい環境につながるから。
↓そうすればコミュニティがより安全な場所になるから。
↓知らない人を怖がらなくていい場所で、子どもを育てたいから。

なるほど。だんだん答えに近づいてきたようだ。

このように「なぜ」と問い続けることで、心のなかを深掘りして気づいたことが、会合をデザインするときの役に立つ。以前、書籍のイベントを企画していた編集者にアドバイスを頼まれたことがある。彼女に、このイベントの目的は何か、このイベントから何を得たいのかを聞いた。するとこんな答えだった。「この書籍を、今年の秋いちばんの本にしたい」。

これだけではイベントをデザインする指針にはならなかっただろう。それに、正直なところ、本人以外には響かない目的である。そう思って、さらに突っ込んで聞いてみた。どうしてこの本がこの秋いちばんの本だと思うの？　この本のどこがすごいの？　彼女は一瞬考えて、パッとひらめいたようだった。「この本は、誰の視点で読むかによって、話がガラリと変わって見える。そこがすごいの」。

なるほど。

これなら深い意味があるし、この洞察をもとにイベントをデザインすることができる。

社会があなたの集まりに何をしてくれるかではなく、あなたの集まりが社会に何をできるかを考えよう。

わたしはよくクライアントや友人に「あなたの集まりが、世の中のどんなニーズを満たすのかを俯瞰して考えてほしい」と迫る。その集会がどんな問題の解決に役立つのか？　もちろん、商工会議所や教会の集まりにそこまで考えろと迫るのはやりすぎかもしれない。でもたとえば、あなたの周辺で、文化や背景の異なるグループがお互いをまったく知らず、率直に話し合わないことが問題になっているのだとしたら、その解決を目的にして、あえて背景の異なるグループがぶつかり合うような集まりをデザインしてもいい。

●逆算して考える

集まりを企画するときは、そこからこれまでと違う何が生まれるのかを考え、結果からさかのぼって考えてみよう。数年前にメイミー・カンファー・ステュアートとタイ・ツアオはまさにそうやって会議のやり方を変えた。ステュアートは同族会社で働きながら育った。家業はハンドソープで有名なピュレルという会社だ。会議は「一日のなかで最高に楽しい時間」だったとステュアートは言う。社会に出てはじめて、ほかの会社の会議は最低だとわかった。それがきっかけで、ステュアートは会議での人々の行動を研究し、どうしたら会議を改善できるかを勉強しはじめた。

そして、ミーテオ（Ｍｅｅｔｅｏｒ）という会社を立ち上げ、企業クライアント向けに会議改善のアドバイスを行うことにした。

どんな会議も、「こうしたいと思う結果」が出るように設計するべきだとステュアートとツァオは考えた。結果から逆算して会議をデザインしなければ、会議の内容はプロセスで決まってしまう。たとえば「四半期の業績について議論する会議」では、そこから何を得たいのだろう？新規のプロジェクトを決めて、仕事を前に進めること？チームとして一丸となること？戦略と次の一手を打ち出すこと？いろいろなアイデアを自由に募ること？何かを生み出すこと？どんな結果を出したいのかをはっきりさせることで、会議の焦点が決まる。結果から逆算すると、もう一ついいことがある。望ましい結果がわかれば、自分がその会議に参加すべきかどうかがわかるのだ。会議の主催者なら、そもそも会議が必要なのかどうか、メールですませられるかどうかもわかる。

結果に目を向けるのは、ビジネスでは当然に思えるかもしれないが、家族との集まりで「結果を考える」ことに違和感がある人もいるだろう。しかし、仕事でなくても、集まりは参加者の貴重なリソース、つまり時間を使うことになる。人の貴重な時間を使う以上は、その集まりによってゲストにもあなた自身にもどんな変化をもたらしたいかをじっくり考える責任がある。「こうなってほしい」とはっきり打ち出さなくてもいい。ただ、結果に目を向けることで、なぜ集まるのかがよりはっきりと浮かび上がるはずだ。同じ感謝祭の夕食でも、家族のわだかまりを解くために普段は言いにくい話題を話し合うことを目的にする場合と、大変な一年をねぎらうことを目的にする場合とでは、まったく違う夕食会になる。

●目的がない場合

どんなに考えても集まりの本当の目的がわからない場合には、この本で話題にしているような「意義のある」集まりを企画する必要はないということだろう。それなら気楽にただ集まればいい。意義ある集まりでないのなら、ゲストにわざわざ時間を割いてもらうべきではないのかもしれない。逆に、特殊で独自性があり、賛否の分かれるような目的があるときは、その目的がイベントをどう行うかの指針になるだろう。

目的のない集まりから、何らかの目的を持った集まりに移行する際のポイントを、次ページの表にまとめた。

「あれもこれも」という誘惑

特別な目的なしに集まる理由は、目的がはっきりしないからだったり、そもそも目的をどう見つけたらいいかがわからないからという場合が多い。たとえ大胆な目的があったとしても、多くの人は二つの相反する思いを抱えて葛藤する。一つは「あれもこれもやりたい」という欲求。も

集まりの種類	分類と目的が混同されている段階（目的ではないことに注意）	ありきたりで退屈な目的（目的を探そうと努力はしている）	特殊で独自性があり賛否両論ある目的（選択肢は複数）
企業のオフサイト会議	オフィスを出ていつもと違う環境で時間を共にする	次年度に目を向ける	・社員がお互いに率直になれるような企業文化を育て実践する ・なぜいまそれをしているのかを問い直し、合意を形成する ・営業とマーケティングの関係にひびが入っていて、それがすべてに悪影響を与えていることに目を向ける
新学期がはじまる直前の集まり	親と子で新学期に備える	学校のコミュニティに新しい家族を迎え入れる	・その学校で教えている価値観を、家庭でも続けるように親を啓発する ・親同士の絆を深め、集団としての意識を持たせる
教会の少人数グループ	巨大規模の教会で親密なグループをつくる	信徒すべてに居場所を感じてもらう	・理想と行動が一致するようなグループをつくる ・どう見られるかを気にせず悩みを打ち明けられるような、信頼できるサークルを持つ
誕生会	誕生を祝う	一年の区切りをつける	・自分の一番いい部分を引き出してくれる人たちに囲まれる ・一年の目標を決めて、周囲の人たちにそれを約束する ・自分が怖いと思っている何かをしたり、危険な何かに挑戦する ・兄弟姉妹との結びつきを深める
親戚の集まり	親戚一同で集まる	全員がスマホから離れて時間を共に過ごす	・大人になったいとこたちが、妻や子ども抜きで絆を築く機会にする ・祖父の死に孫世代が集まり、若い人たちの価値観に沿ったより寛容な親族の結びつきをつくる
ブック・フェスティバル	読書を楽しむ	本を通してコミュニティをつくる	・本と読書の楽しみを通して人種を超えたコミュニティを築く

う一つは「自分の目的を押し付けていいのか」という謙虚さだ。知人の女性がディナーパーティーを企画したときもそうだった。その女性を、ここではSさんとしておこう。

Sさんは、自分が開こうとしていたディナーパーティーのことで悩んで、わたしのところに相談にきた。そのディナーが普通の夕食会でないことはわたしにも伝わった。でも、なぜそのディナーパーティーを開きたいのかを本人がはっきりと自覚できていなかった。

なぜディナーパーティーを開きたいのかと聞くと、最初はこんな答えだった。「あのご夫妻がいつもわたしたちを招いてくれるから、お返しにと思って」。

つまり「返礼」が目的ということだ。悪くはないが、それではあまり中身がない。そこで、もっと突っ込んで話をするうちに、無意識の目的らしきものがいくつか浮かび上がってきた。「親しい仲間たちのあいだで持ち回りでディナーパーティーを開いているから」「人生のなかでハッとするような深い会話を交わしたいから」「夫の新しいビジネスチャンスをつくる助けになるから」。

どれも大切な理由だったが、すべてを満たすパーティーは無理だ。癒しが目的なら、夫のビジネスに役立つ人を呼ぶのはおかしいし、昔からの親しい仲間に楽しんでもらうのが目的なら、刺激的な会話にはならないだろう。お決まりの輪の外から新しい視点を持ち込める人がいた方が、会話は深まる。Sさんはあれやこれやの中途半端な目的を、一つのディナーパーティーに詰め込もうとしていた。そんなにたくさんの目的を一度の集まりで果たすことはできない。

Sさんは、自分が目的のあるディナーパーティーを開きたいと思っていることに薄々は気づいていた。だからこそわたしに相談にきたのだ。そのことに気づいたあとでも、この機会にいくつものことを同時にやりたくなってしまっていた。

わたしはSさんにさらに深く問いかけながら、たくさんの可能性のなかから一つに的を絞らせるようにした。ゲストが最後に何を得たら、このディナーパーティーの目的が達成できたことになると思う？　話しているうちにどんどんとアイデアが湧いてきて、Sさんの気持ちは盛り上がっていった。

それからまもなくしてSさんは、「マンネリを打ち破る」とうテーマにたどりついた。Sさん夫婦が若い頃には、夫の仕事を通してしょっちゅう新しい友だちをつくっていた。夫が起業し、子どもたちが大学に入学し、自分たちも歳をとるにつれて、仲間と集まる機会も減っていった。いつも同じ人たちと似たような会話を繰り返していることに、Sさんは気がついた。もちろん、なじみの友だちと過ごす時間は楽しい。でも、それだけではワクワク感がなく、新しい体験もできない。Sさんが今回のディナーパーティーに望んだのは、これまでにない新鮮さだった。そこで、夫の新しいビジネスチャンスの手助けや、仲間へのお返しは脇に置いて、今回は新しい人たちと意義のあるつながりをつくることに集中しようと決めた。

大きな目的ができたSさんはワクワクすると同時に怖くなった。なぜかというと、最初に計画していたディナーパーティーは目的がないだけにプレッシャーもなく気楽だったからだ。でも今回は、大きな目的を果たすために全力投球しなければならなくなる。

「自分の企画するパーティーに目的を掲げるなんて、何様のつもりだろう？」そう考えてしまう人は多い。「自分の考えを人に押し付けるなんて、ずうずうしいのでは？　国賓の晩餐会や企業の慰安旅行でもあるまいし。傲慢すぎると思われないだろうか？　家族の集まりや友だちとのディナーパーティーや朝食会くらいで目的を掲げるなんて、おおげさすぎると思われるのでは？」出しゃばりと思われたくないという気持ちから、つい控えめになるのは当然だ。クールで、小さなことを気にしない人間と見られたいと思う人は多い。ただ、人と集まるということはホットなことなのだ。おおげさにすることを躊躇するもう一つの理由は、人は押し付けを嫌がるだろうと思っているからだ。でもじつは、目的をはっきりと打ち出してくれた方がゲストとしてもありがたい。

　さて、ディナーパーティーの大きな目的をはっきりと自覚できたSさんは、あれもこれも一度にしたいという誘惑を退けることができた。そして、「わたしごときが……」という思い込みも捨てることができた。これまでとは違う新鮮なパーティーにすると決めたSさんは、結局、三組のカップルを招くことにした。一組目のカップルの男性の方は、Sさんの夫が最近仕事を通じて知り合った人だった。もう一組は若いカップルで、夫の元生徒たちだった。最後の一組はもともとディナーに招待するつもりのカップルだった。

　わたしは三番目のカップルが気になって、なぜ常連を呼んだのかとSさんに聞いてみた。「それって義理ですか？」

Sさんが常連のカップルを呼んだのは、親しい内輪の友人に対しても、いつも同じ仲間同士でつるんでいる必要はないのだということを知らせたかったからだった。そうであれば新しい目的に合う人選だ。

Sさんはその夜の招待客と何か一つのトピックについて話をしたかった。「マンネリを打ち破る」というこの会の目的に合うようなテーマを通して、参加者一人ひとりの内面を理解したいと思った。そこで「あなたにとって母国とは？」というテーマを選んだ。Sさん夫婦が移民だったからだ。

まずはSさんの夫がこう切り出した。「母が最近他界して、母を訪ねるときにしか母国とのつながりがなかったことに、いまさらながら気づきました。それから、わたしにとっての母国の考え方も変わったと感じたんです。いまの政治的な風潮のなかでは、何をもってアメリカ人だと言えるのかもよくわからなくなってきましたよ。あなたにとって、母国とは何ですか？」

招待客にはアメリカで生まれたアメリカ人もいれば移民もいた。全員でその問いについて考えた。すると、ハッとするような深い会話が生まれた。このトピックはSさんが望んでいた目的にぴったりで、新しい友だちの経験も聞けたし、最近の社会的な出来事にも話が及んだ。みんなが笑い、問いかけ、時には涙ぐんだ。それはこのテーマが普遍的でありながら、同時に自分ごとであり、全員の心に響いたからだった。

数日後、Sさんは招待客の一人から感謝のメールを受け取った。「あの夜の素晴らしい問いかけについていまだに考えています。家に帰る途中、夫とずっと話し合っていたんです。いま、子どもともそのことについて話しているんですよ。感謝しています」と書かれていた。

目的は堅苦しいものでなくてかまわない。深刻なものでなくていい。哲学的でなくてもいいし、社会的な意義などなくてもいい。スコットランドで開かれるゴールデンレトリバー・フェスティバルには、数百匹の犬と飼い主が参加する。このフェスティバルは、笑ってしまうほどどうでもいい目的を堂々と掲げている。それは、「ゴールデンレトリバーという犬種を開発した一九世紀の貴族、ツイードマウス卿を称える」というものだ。人々が半裸のコスプレで町を練り歩くコニーアイランドのマーメイドパレードにも「夏の始まりを祝う」というはっきりとした目的がある。

目的を持つということは、なぜ集まるのかを知ることであり、その目的のもとに集まってくれた参加者に敬意を示すことでもある。

中途半端な思いが壊すもの

人が集まるときの目的には、ワクワクするようなコンセプト以上の意味がある。目的は、その集まりにおける大小さまざまな判断の指針にもなる。会合を主催するということは、次から次へと選択をするということだ。会場、時間、食事、食器、式次第、テーマ、講演者など、ホストはすべてを決めなければならない。なぜ集まるかがわかっていれば、すべての選択がよりたやすくなる。特に、その「なぜ」が特殊で興味深くて賛否が分かれるようなものなら、なおさらだ。

目的をあなたの企画する会合のお守りにしてほしい。集まりに何を組み入れるか、入れないかは目的が決めてくれる。些細なことでも、迷ったときは目的に立ち返り、目的に沿って決めよう。次章からは、大胆な目的を持って、集まりをよりよく、より意義深くするための決断をいくつか見ていくことにする。

この章を締めくくるにあたって、わたしが以前関わったブック・フェスティバルの話をしたい。目的があっても努力が中途半端だったり、目的に沿った判断ができなかったりしたときに何が起きるかがわかるだろう。

このブック・フェスティバルは、アメリカのある大都市で毎年開かれている。本好きの創始者の夢を実現した催しで、はじめのうちはその存続自体が目的だった。そのうちに毎年数千人の来場客が訪れるまでに成長したので、主催者たちは新しい目的が必要だと感じはじめた。もう存続自体を心配する必要はない。では、何のためのブック・フェスティバルだろう？　このフェスティバルは何の役に立つのだろう？　どんな意義があるのだろう？

主催者たちはこのような問いを抱いて、わたしに相談にきた。フェスティバルの今後の原動力になるのは、どんな目的だろう？　ある人が「地域の人たちをつなぐこと」という目的を思いついた。本を仲介としてこの都市の人々をつなぐことができないか？　このフェスティバルを通じて読書好きをよき市民へと導くことができないか？

それは悪くない方向性に思えた。これなら特殊で独自性があり賛否の分かれるテーマだし、フェスティバルの設計の指針にもなりそうだった。

ためしにこの方向性に沿ってブック・フェスティバルを計画してみることになった。このフェスティバルの目的が、本を通じてこの都市に住む人たちをより強く結びつけることだとしたら、どんなふうにフェスティバルは変わるだろう？　何を足し、何を引いたらいいだろう？

わたしはある提案をした。セッションの冒頭で本と著者を紹介するのをやめて、来場者同士が知り合えるような短いクイズを二分程度でやってみたらどうだろう？　はじめに司会者がこの都市か本に関する質問を三つほどする。そして来場者にそのうちの一つについて、知らない人と話し合ってもらう。なぜこの街で暮らしているんですか？　ここで生まれたから？　それともたまたま？　子ども時代に影響を受けた本は？　どうしたらこの街がもっとよくなると思いますか？

セッションのはじめにそんな質問をすることで、聴衆はお互いを意識するようになる。

普段は他人と話すことはなくても、ここでは話すことができる。またこの会の後には知らない人と話すことに少し抵抗がなくなるかもしれない。すると集団にアイデンティティが生まれる。それは、この都市に住む本好きな人たちのコミュニティという意識だ。問いかけがなければそんなコミュニティが成立することにも気づかないかもしれない。

しかし、このアイデアが出たとたんに、心配する声が上がった。「著者の時間を無駄にしたくないんです」と言う人がいたのだ。ここで、それまで隠れていた暗黙の了解が頭をもたげた。表向きは「コミュニティをつなぐ接着剤としてのブック・フェスティバル」というコンセプトを全員が気に入っていた。しかし、少しでもほかのことを犠牲にするとなったとたんに、警戒心が頭をもたげたのだ。たとえばセッションの構成を変えなければならなかったり、ほかの時間が少なくなったりするようなら、「コミュニティをつなぐ接着剤にする」というフェスティバルの目的は後回しでもいいということだった。つまり、彼らには心の準備がまだできていなかったのだ。自覚はなかったかもしれないが、本や読書を推奨し、著者を称えるということが、彼らの内なる目的だった。だから、参加者である市民をつなぐためのほんの二分間でも、著者を待たせることをいやがったのだ。

心の準備もないのに大胆な目標を中途半端に掲げると、こういうことになってしまう。わたしがこの本で提案するのは、まず目的を決めてその目的に心からコミットすること。そうすれば、おのずと取捨選択ができる。

なかでも、最初に決めなくてはならないのが、「誰を招くか」と「どこで開くか」だ。

第2章

あえて門戸を閉ざす

CLOSE DOORS

パート1　誰を招くか

招待者を厳選しよう

あなたが掲げた目的はどのくらい揺るぎないものだろう？　目的にぶれがないかが最初に試されるのは、招待者のリストづくりだ。ここが、あなたの理想を実践に移す最初のチャンスになる。ブック・フェスティバルの主催者たちは、「地域の人たちをつなぐこと」という目的を掲げていながら、来場者を巻き込むことに反対した。あなたが自分の理想にどこまで真剣にコミットしているか、そして大きな目的のために招待者をどれだけ絞れるかが、ここで試される。大胆で斬新な目的を高らかに唱えていながら、誰を招いて誰を招かないかを決める段階になると、プレッシャーに負けてしまう人たちを、わたしはこれまでに何人も見てきた。目的のある集まりの障害になるもの、それは「みんなに来てほしい」という隠れた願望だ。誰も怒らせたくないし、とりあえず友好な関係を保っておきたいという思いは、誰しも持っている。

人を招くのは簡単だ。誰を招かないかを決める方が難しい。わたしは子どもの頃から「人が多く集まれば集まるほど楽しい」と聞かされてきた。オランダには「たくさんの魂が集まると、喜びが増える」ということわざがある。フランスでは「バカもたくさん集まれば笑いが増える」と言うらしい。ここではあえて、定説に反論したい。目的に合わせて特定の人に「門戸を閉ざす」ことができるようになったとき、はじめて目的を持った集まりを開けるようになる。

もちろん、わたしも人を排除するのが楽しいわけではないし、目的に合わない人を招いてしまうこともしばしばある。それでも、深く考えて「招かない人」を決めるのは、どんな集まりにも欠かせないポイントだ。「どなたでも歓迎」という態度は、招く側が会合の目的を自覚しておらず、招待客に何を持ち帰ってもらいたいか、ということにも無自覚であることを示している。

以前に自分を招いてくれた人に義理を感じて、招き返すという場合もあるだろう。ただ、いつもそうしているから、というだけのこともある。「マーケティングのチームも呼ばないと。声をかけなかったら恥をかかせてしまう。いつも参加しているのだから」。あとで問題になったら困るので、とりあえず呼んでおこうという場合もあるだろう。大騒ぎしそうな人ならなおさらだ。

ある幹部会議の目的が、創業者のあとを継いで就任した新CEOによる体制を確立することだとしても、創業者が参加したいと言ったらまず断れない。自分とパートナーの両親とのはじめての顔合わせの場に、たまたま泊まりに来ていた叔母が飛び入りさせてもらえると思い込んでいれば、「叔母さんは来ないで」とは言いづらい。

招待すべきでないと思っている人に対して、面と向かって断りにくい場合には、成り行きに任せる方が簡単だし、相手の気分を害さなくてすむ。でも実際には、むしろ招かない方が相手への思いやりである場合もある。そういうことを理解しているのが、集いの達人だ。

招かない優しさ

以前、少人数の仲良しグループで一緒にトレーニングをしていた。あるとき、誰をグループに入れるか入れないかで揉めたことがある。わたしたちは週二回、六人で朝早く公園に集まって、トレーナーと一緒に運動していた。困っていることがあればお互いにアドバイスし合ったり、その週の出来事を話したりする、とても充実した時間だった。あるとき、メンバーのうちの一人が長期旅行に出ることになった。レッスン料はすべて前払いで、返金はされない。旅行中のレッスン料を無駄にしたくないと考えた彼女は、友人に代理出席してもらおうと思いついた。それをメールで伝えられたグループのメンバーは、びっくりしただけでなく、モヤモヤした気持ちになった。でも、その違和感をうまく説明することができなかった。

モヤモヤした原因は、代理出席というやり方がこのグループの目的を損なうことになるからだとみんなも薄々は気づいていたが、ここに問題があった。そもそもみんなで集まる目的を話し合ったことがなかったのだ。メンバーの一人がこう言ったとき、モヤモヤの原因が浮かび上がってきた。

「これってただのトレーニングじゃないのよね」

そこで、この集まりが何なのかが見えてきた。運動しながら気の置けない友だちと親密な時間を過ごすことが、このグループの暗黙の了解だった。一緒に時間を過ごすことが真の目的であって、トレーニングはただの名目にすぎない。忙しい毎日のなかで、自分たちの選んだ仲間と定期的に安定したつながりを持ちたいから、わたしたちは集まっていたのだった。

このことをメンバーで話し合い、これがグループの目的だということをみんなが認めたとき、代理出席の件をどう扱うかはおのずと見えてきた。そこで、代理は認めないことにした。知らない人が入ると親密さが損なわれるかもしれないし、打ち明け話もしにくくなるからだ。それに、一度しか参加しないかもしれない参加者にいろいろ教えていると、トレーニングの時間も無駄になってしまう。そんな話をしているうちに、このグループにとっていちばん大切なのは「一緒に時間を過ごすこと」だとわかった。このグループの場合は、知らない人が入ると楽しくなるどころか、むしろ気まずくなってしまうのだ。「どなたでも歓迎」は、一見オープンで寛容な行為だが、安心して心を開いて付き合える仲間を求めてこのグループに参加している人にとっては、決してありがたい行為ではなかった。

とはいえ、「行ってもいいですか」と聞かれて「来ないでください」とはなかなか言いにくい。いろんな忖度が働いてしまう。でも、八方美人的なやり方では誰も満足させることはできない。「来るもの拒まず」の方針でものごとを進めてしまったせいで、誰をなぜ参加させるのかについて毅然とした決断ができなかった例を、わたしはこれまで数多く見てきた。

もちろん「来るもの拒まず」をその会の目的とするなら、誰を招くかの基準もゆるくてかまわないし、むしろゆるい方が目的に合っている。しかし、そうでない場合には、門戸を開きすぎると会の目的を傷つけてしまうかもしれない。

バラク・オバマは叔母さんからこう言われたことがあるそうだ。「みんな家族だってことは、誰も家族じゃないってことよ[1]」。集まりにも同じことが言える。つまり、「誰でも招待されているってことは、誰も招待されてないってこと」なのだ。

先ほどのトレーニングのグループの一件で、わたしは新しいメンバーを招かない側についた。でも、数年前にも別のグループで同じようなことがあって、そのときは新しいメンバーを入れた方がいいと唱える側だった。

彼女は連れてこないでください

ある研修プログラムで出会った仲間たちと、年に一度集まって遊びに出かけていた時期がある。ここではその会を「ビーチに戻る会」と呼ぶことにしよう。親しくなった仲間で、厳しい研修の合間を縫って骨休めのためにビーチに繰り出したのが会のきっかけだった。研修では毎日追い詰められていたので、その憂さ晴らしにソフトボールをしたり、バーベキューをしたり、ビールが先かワインが先かで言い合ったり、夜遅くまで「ダンスバトル」で盛り上がったりした。二年連続で集まり、みんながこの週末を楽しみにしていた。集まりたいから集まっていただけだが、全員が同じ思いを共有していたと思う。あえて言葉にするなら、一緒に時間を過ごし、羽を伸ばし、絆を感じることだった。でも、誰もそんなにはっきりした目的意識はなかった。そこに、ある出来事が起きた。

会ができて三年目になる頃、グループのうち二人に恋人ができた。相手はどちらもグループ外の人だ。二人とも、この会に恋人を連れてきたいと言った。そこでメールや対面で話し合いを重ね、結局連れてこないでほしいということになった。一人は諦めて恋人抜きで参加することにした。まだ付き合って間もないし、恋人も気にしないだろうと考えたらしい。しかし、もう一人のメンバーは遠距離恋愛の最中だった。しかも、当人は兵士で、もうじき従軍することが決まっていた。恋人と過ごす残り少ない週末であり、彼は研修仲間と一緒にいる自分の姿を恋人に見せたいと思っていた。自分にとって意義のあるものを、彼女にも知ってほしいと思ったのだろう。そこで、彼はもう一度、彼女を連れてきたいとみんなに頼んだ。最初わたしたちは、その週末に借りていた家がそれほど広くないので、彼女の泊まる場所がないと言って断った。すると彼は、彼女と泊まる場所を別に借りて、昼間はメンバーと一緒に過ごすからと申し出た。それでもやっぱり、何となくよくわからない理由でダメということになってしまった。結局、彼は参加しなかった。メンバーにとっても後味のいいものではなかったが、この一件のおかげで、メンバーの多くが自覚していなかった、「ビーチに戻る会」の本質と目的が浮かび上がってきた。揉めごとによって集まりの目的があきらかになることはよくある。

「ビーチに戻る会」の母体となった研修グループには独特のノリと雰囲気があり、それがある種の魔法を生み出していた。でもわたしたちも知らなかったことがある。メンバーのなかに一人、同性愛者がいた。親しい人はそのことを知っていたが、公にはしていなかった。「ビーチに戻る会」は、ゲイの彼にとってありのままの姿にでいられる数少ない場所だった。この集まりにそんな切実な一面があったことを、まったく知らないメンバーもいた。本人だけでなく、彼を大切に思っている人や、ありのままの彼と気楽なひとときを過ごしたい人たちにとって、この会は大事な存在になっていた。また、この会が彼の癒しになっているということが、ほかのメンバーにもそれとなくいい影響を与えていた。「ビーチに戻る会」は、秘密がバレるのではないか、キャリアの先行きに支障が出るのではないかなどと心配せずに、みんなが安心して「ありのままの自分に戻る会」でもあった。言葉にはしていなかったが、メンバーのなかでは暗黙の了解ができていた。だから会の運営メンバーは、外の人が入れば会の性質がガラリと変わってしまうと判断したのだ。そんなわけで、どんな理由であれ、本人以外の人の参加は望ましくなかった。

数年後、ゲイのメンバーは公にカミングアウトして、同性愛者の権利向上に関わる仕事で活躍している。「ビーチに戻る会」の仲間たちは、その彼に安全で自由な居場所を与え、見守り続けていたのだ。当時、わたしは恋人でさえ連れてこられないというのは厳しすぎではと思っていたが、いまになってみると呼ばなくて正解だったとわかる。新しいメンバーを入れれば、それまでの絶対的な安心感が損なわれていたはずだ。外の人を入れなかったからこそ、みんながありのままの姿でひとときを過ごすことができたのだ。

この件を思い返して、はっきりとわかったのは、はじめから明確な目的が掲げられていない集まりは、あとになって誰を入れるか入れないかの問題で揉めることになるということだ。

副市長でも「お断り」のバー

わたしは「誰を入れるか入れないか」という観点から、目的を考えるべきだと言っているわけではない。誰を入れて、誰を入れないかの線引きをはっきりさせるまでは、集まりの目的がはっきりしない場合もよくあるということだ。そこで「誰を招かないか」を考えれば、目的があぶり出される。熟慮の上で招待者を限定することで、集まりが特別なものになることも多い。「誰を招かないか」は、この集まりが一体どんな会なのかを参加者に伝えるメッセージにもなる。

そのことを教えてくれるのが、わたしの知人で、集いの達人でもあるノラ・アバウステイトという女性の父親の話だ。

ノラの亡き父オスマンは、トルコに生まれ、一九五七年にドイツのギーセンという小さな町にやってきた。化学の博士号をとるためだ。当時、ギーセンには学生が気楽に集まれる場所がなかった。そこでオスマンはギーセン初の学生専用バーを開いた。バーの名前はエジプト産のフンコロガシにちなんで「スカラビー」とした。これが大当たりで、それまでは群れる場所のなかった学生たちがいっせいにスカラビーに集まった。オスマンはそんな学生のために、この店ならではのルールをつくって気楽で自由な雰囲気を守り通した。たとえば、ビールを瓶から飲むのは不作法でグラスに注いで飲むべきだとされていた時代に、スカラビーでは瓶のままビールを出していた。しかし、スカラビーが伝説のバーになったのは、不作法だったからでも学生が群れていたからでもない。

スカラビーに入店するには、入り口でガードマンに学生証を見せなければならなかった。学生でないのに入りたがる人もいたが、入店を断っていた。このルールは特に話題になっていたわけではなかったが、ある日スカラビーに副市長がやってきたとき、大騒動になった。ガードマンが副市長の入店を拒否したのだ。副市長は無理やり入ろうとした。オスマンはルールを守り、副市長を入店させなかった。リスクも伴う対応だったが、副市長を入れなかったことでスカラビーの評判は高まった。スカラビーは単なる学生専用バーではない。はっきりとした目的を持ち、その目的のために闘うバーだった。それから六〇年。スカラビーはいまも学生で賑わっている。

「座持ちするタイプ」は入れるべきか

では、どうやって「広い心を持って」門戸を閉ざせばいいのだろう？

クライアントが大規模で込み入ったイベントを開くときにはいつも、この問題に突き当たる。そんなとき、わたしはこう聞いてみる。

・イベントの目的に合う人、そしてその目的の達成を助けてくれる人は誰ですか？
・イベントの目的を脅かす人は誰ですか？
・イベントの目的には合わないけれど、招待せざるを得ない人は誰ですか？

最初の二つの問いに答えると、イベントの本当の目的が見えてくる。目的に合う人で、目的の実現を助ける人を招くのは当然だ。目的を脅かす人を排除するのも難しくない（とはいえ、大人の事情で結局そういう人を招くはめになることもある。でも、そこにいるべきでない人が誰かは主催者がいちばんよくわかっている）。

目的が試されるのは三番目の問いだ。目的と関係のない人は？　ボブを招いてもいいのでは？どんな集まりにも、この「ボブ」がいる。マーケティングのボブ。恋人のお兄さんの友人のボブ。いま自分のところに遊びにきているおじさんのボブ。ボブは人あたりがよく、集まりの邪魔になることはない。つまり、座持ちがいいタイプだ。だいたいどこに行っても歓迎される。パーティーにワインを持ってきてくれたり、ほかのゲストにかいがいしく気を遣ってくれたりもする。あなた自身もボブになったことがあるかもしれない。わたしが「ボブ」になることもある。

深く考え、意図を持って誰かを「お断り」するということは、勇気を振り絞って「ボブ」を呼ばないということだ。それには、考え方を変える必要がある。つまり、目的にそぐわない人は、邪魔にはならなくても会にとってはマイナスだと考えた方がいい。なぜなら、その人が来ればあなた（もほかの優しい招待客）もその人に誠意を持って接するだろう。そのことで、本来の目的に向けられるべき時間と注意が奪われてしまう。とりわけ少人数の集まりの場合には、一人ひとりがグループに大きな影響を与える。目的に合わない人を意図的に入れないことはすなわち、その会で誰を大事にするべきか、そして何を大切にすべきなのかを見極めることにほかならない。大事にするべきは招待客で、大切にすべきは目的なのだ。

しばしば問題になるのは、主催者が複数いて、それぞれにボブがいる場合だ。誰が「ボブ」かについて意見が分かれたら、さらにもう一つの問いに答えてみるといい。それは、「この集まりはそもそも誰のための集まりか」という問いだ。

以前に、ある政治運動に関わっている、世代の違う四〇人のリーダーたちが海辺のリゾートで会談するという企画を手伝った。主催者は別々の組織から来た四人で、わたしはその四人と招待客のリストをつくった。最初のリストができたあとで、何人か追加してほしいというリクエストがあった。よくあることだ。招かれてはいないけれど来たいという人や、招待客が連れてきたい人などだ。ある大物寄付者からも友人を連れてきたいと頼まれた。主催者の一人は、もしその寄付者の頼みを聞かないと本人が欠席するのではないかと心配していた。別の主催者は、その友人は「ボブ」だから排除すべきだと言っていた。わたしはこう聞いた。「この集まりはそもそも誰のための集まりでしょう?」今回の集まりは、四〇人のリーダーたちのためのものだった。この四〇人のリーダーがビジョンを共有できれば、彼らの政治運動に大きな突破口が開かれる。主催者が目的をよりはっきりと自覚するにつれ、この会議に参加するリーダー一人ひとりの主張を会議全体の統一テーマと結びつけることができれば、夢の実現に近づくとわかった。そのためには、リーダー同士がお互いに深く関わり合えるような会議にしなければならない。今回は、参加者が親しい友人を連れてくれば、友人の方に気持ちが向いてしまい、ほかのリーダーとの関わりが薄れてしまうかもしれないと主催者は考えた。そこで、主催者は本人以外の参加を断った。

わたしがファシリテーションを務めた、あるブラジル企業の集まりでも同じようなことが起きた。それは未来の都市建設についてチームで深く考える会で、世界中から一二人の専門家を招き、これまでにない手法を使って、近代的で大胆でサステナブルな都市を建設するにはどうしたらいいかを考えることになっていた。開催間際になって、クライアントから一〇人の経営幹部をオブザーバーとして会議に参加させてもいいかと打診があった。もし参加させると、全体の人数がほぼ倍になってしまう。

ここでまた、「この集まりはそもそも誰のための集まりか」と問い直した。答えは「クライアント」だ。では、会の根底にある目的は何だろう？　このクライアントが自らの政治手腕を使って実行できるような、大胆なアイデアを打ち出すことだ。すると追加の一〇人はボブではないことがわかってきた。経営陣がアイデアが生まれる場面を見守り、素晴らしいアイデアに心を躍らせたら、この会の目的の実現に役立つとわかったのだ。上層部が熱を入れれば、あとの段階を助けてくれる。そこで一〇人の経営幹部を会議に入れることにした。

オブザーバーの数が会議参加者より多くなるため、物理的な設定も変えることにした。オブザーバーの役割に焦点を当て、人数の多さをむしろ利点にしようと考えたのだ。椅子を二重の輪のかたちに並べ、大きな輪のなかに小さな輪が入るようにした。内側には一二人の専門家に座ってもらい、わたしはファシリテーターとしてたまに口を挟み、活発な議論を促した。外側の輪にはクライアントとゲスト経営陣に座ってもらい、携帯電話は禁止してしっかりと議論を観察し話し合いに耳を傾けてもらうことにした。人数が増えたことで外側の輪でも熱気が感じられ、内側の人たちにも気合いの入る環境ができた。全員が彼らのアイデアに熱心に聴き入っていた。

賢く排除すれば多様性が生まれる

ここで「ちょっと待った」と思う人もいるかもしれない。このご時世に誰かを排除するなんて許されるのか、と。どんな人も排除されないインクルーシブな世の中を目指して、わたしたちはこれまでずっと闘ってきたのでは？　たとえ深い考えや正当な意図があったとしても、誰かを排除すれば多様性《ダイバーシティ》が犠牲になってしまうのでは？

多様性を活かすも殺すも、使い方次第だ。大都市のブック・フェスティバルには多様な人々が集まるが、聴衆は静かに壇上の会話を聞いているだけだ。そこでは参加者の多様性がまるで活かされていない。参加者がお互いに話し合える時間ときっかけをつくれば、より深く面白い洞察が絞り出されるはずだ。「ビーチに戻る会」では多様性がうまく活かされていた。研修では自分を隠していた男性が、そこではありのままの自分を出していた。それができたのは知らない人を排除していたからだ。

「広い心で門戸を閉ざす」ことは、雑多な人々のなかに多様性を埋もれさせず、むしろ違いを際立たせ、多様性を活かす手法にほかならない。

ジャドソン・メイナーの例を考えてみよう。ジャドソン・メイナーはオハイオ州にあるユニークなコミュニティで、住んでいるのは音楽大学の学生と引退した高齢者だ。一九二〇年代に建てられたホテルを現代風に改装したマンションは、かつてはどこにでもある高齢者のコミュニティだった。ここで実験がはじまったのは、二〇一〇年のことだ。[2] 近くのクリーブランド音楽院周辺で住宅が不足していることを、コミュニティの運営理事会が聞きつけた。理事会はクリーブランド音楽院から五人の学生を呼んで一二〇人の高齢者と同居させることにした。家賃がタダになる代わりに学生たちはリサイタルを開いたり、アートセラピーの授業を行ったり、高齢者と一緒に時間を過ごしたりする。音大生がいることで、高齢者が癒され、孤独や認知症や高血圧が和らぐことを運営側は期待した。それは、若者と交わることで高齢者の健康が増進するという研究から出てきた発想だった。[3] 一方で学生たちは、音楽家なら誰もが望むものを手に入れることができる。自分の演奏に熱心に聴き入ってくれる聴衆だ。それに、無料の住まいという素敵なおまけもついてくる。こうした統合型の居住実験は、すでにオランダでもはじまっていて大いに期待されていた。[4]

この実験は、思慮深く対象を限定すれば多様性を活かすことができるという、見事なお手本になった。ジャドソン・メイナーを閉鎖的だと言う人はいない。普段は交わる機会のない若者と高齢者を同居させることが、このコミョニティの存在意義になっている。しかし、この目的を達成するには、誰を、なぜ迎え入れるかをはっきりと定義しておく必要があった。理事長のジョン・ジョーンズは、年齢の違う人たちがただ同じ場所にいるだけでなく、その違いが確実に活かされる環境をつくろうと努力した。
「どんな人がここに合うのか？　彼らは正しい理由でここに住みたがっているか？　純粋な興味を持って、このコミュニティに溶け込みたいと思っているか？　この場所を、単なる学生向けの無料宿泊所にはしたくなかったんです」[5]

　この試みを記録したドキュメンタリーのなかで、ジョーンズはそう語っていた。高齢者を助けたいだけのボランティアをこの実験に選んでいたら、おそらくうまくいかなかっただろう。また、学生なら誰にでも門戸を開いた場合も成功しなかったはずだ。あるいは、別の場所に住む音大生が、時間があるときに立ち寄るかたちでも、いまほどの効果は上がらなかったはずだ。もし誰にでもこの場所を開放していたら、住人の年齢差を活かしてお互いが恩恵を受けることはできなかっただろう。この学生たちがちょうどいい年齢で、人生のちょうどいい時期にここにいるからこそ、高齢者の助けになれるのだ。ある高齢者は若い人と一緒にいると「生き返った気持ちになれる」と言っていた。[6]またある学生は「自分のおじいちゃんとおばあちゃんがそばにいるような気がする」のがいいと語る。「僕の四倍も生きてきて、何でも経験している人が身近にいて、その話を聞けるなんてすごいことだよね」と言う学生もいる。[7]そして、お互いの最初の接点になるのが音楽だった。

　ジャドソン・メイナーの事例が教えてくれるように、参加者を限定することは、似たような人だけの少人数の会にするということではない。誰でも彼でも入れてしまうと浅いつながりしか持てなくなることもある。あれもこれもと接点が多すぎて、結局どのつながりも意義あるかたちで活かすことができなくなるからだ。参加者を限定することで、これまでになかった特殊なつながりに目を向けることができる。ジャドソン・メイナーで高齢者と若き芸術家が深くつながることができたように。

多様な人たちと特殊な点でつながるという発想にわたしがはじめて出合ったのは、大学時代に異なる人種の間で対話を促す活動をしていたときだった。当時わたしは、サステインド・ダイアローグという手法を大学に持ち込む手助けをしていた。サステインド・ダイアローグは、紛争地域で難しい交渉に関わってきた、アメリカ人のベテラン外交官が開発した少人数のグループによる対話の技術だ。

わたしはパッと見では人種がわかりづらい外見なので、大学ではよく「あなたどこの国の人？」と聞かれていた。わたしのいたバージニア大学はそれまでも人種紛争の舞台になってきたが、わたしの在学時にも激しい人種衝突が起きていた。そこで、サステインド・ダイアローグの手法を使って対話を促せないかと考えたのだ。

それから数年にわたって、わたしと仲間たちは、少人数での対話の会を二〇回以上開いた。一二人から一四人の学生が隔週で三時間ほど集まり、人種問題を深く話し合い、自分と違う人種の学生と知り合いになった。わたしは学生モデレーターとして、ほかのモデレーターたちと毎週報告会を行い、学んだことを共有していた。

グループの構成を変える実験をしたところ、最も活発で実のある熱い議論が交わされるのは、歴史的に対立を抱えた二つの人種だけで構成されたグループだとわかった。いわゆる一般的な「多文化」グループでは、そこまで実のある対話にならなかった。一方で、白人と黒人、アラブ人とユダヤ人、共和党員とLGBTといった、特定の関係に焦点を当てた対話には、毎年継続的に多くのメンバーが参加し、最も熱い議論が交わされた。こうしたグループでは、ただの興味深い会話ではなく、根本的な変革が起きていることが感じられた。当事者でない学生たちも参加したがったが、焦点がぼけないように、グループには入れなかった。

適正規模について

参加者を厳選する理由とそのメリットは理解したとしても、いざ実践しようとすると、壁に突き当たる。

どうやってお断りすればいいのか？

集まりの目的を説明するのが、いちばん正直な断り方だ。この集まりには独自の目的があって、今回は相手にとって最適な集まりでないことを伝えるといい。

もう一つの断り方は、人数に制限があると伝えることだ。そう伝えても嘘にはならない。どんな集まりにも適正な規模がある。「こうすれば会が盛り上がる」といった方程式は存在しない。

はっきりとした基準があるわけではない。とはいえ、人数によって参加者が集まりから得られるものは違ってくる。

さまざまな人と活発な会話を交わせるような会にしたければ、八人から一二人がちょうどいい。八人より少ないと意見に多様性がなくなる。一二人より多いと、全員が話すのは難しくなる。ほんの数人だからと余計に詰め込んでしまうと、関わりの質が変わってしまう。その会で何らかの決定を下さなくてはならない場合は、船頭は少ない方がいいだろう。最高裁のような決定機関が奇数人で構成されるのは、必ずどちらかに決定を下すためだ。

わたしの経験からすると、集まりの規模には、目安になるマジックナンバーがある。ファシリテーターによってこの目安は違うし、ここに書いたのはあくまで目安だが、わたしの場合は六人、一二人から一五人、三〇人、一五〇人だ。

六人のグループ

このくらいの人数なら、親密な打ち明け話や膝を突き合わせた議論ができる。わたしの主催する「若手経営者の会」では、六人のグループでお互いの問題解決を助け合っている。とはいえ、六人では多様な視点が足りないし、一人ひとりの負担が重くなる。全員がかなり頑張らないと、集まりが盛り上がらない。教会ではよく、六人程度の小グループで毎週夕食を共にしたり、祈りや苦労や喜びを分かち合う。そうすることで、教会がより身近な場所になる。

一二人から一五人のグループ

次のマジックナンバーは一二人だ。一二人ならまだ親密な信頼関係がつくれる規模だし、かしこまった会でもカジュアルな会でも、一人のモデレーターがグループをまとめることができる(大人数のミーティングでは、頭数を一二で割ってファシリテーターが何人必要かを判断することが多い)。また、この人数であれば多様な意見も出るし、新鮮味とともの珍しさも感じられる。

サステインド・ダイアローグでは、一グループはいつも八人から一二人だった。アーサー王の円卓の騎士は一二人。イエス・キリストの使徒も一二人だ。アメリカ大統領の閣僚の数は、省庁の新設に伴う一五人と副大統領だ。わたしの経験では、スタートアップでも頭数が一二人を超えるあたりから、人間関係の問題が出はじめる。わたしはこれを「テーブル超え時点」と呼んでいる。一つのテーブルを囲めなくなるところまで組織が拡大する時点からだ。それまで予想もしなかった問題が起きるのがこのあたりだ。以前、クライアントのテクノロジー企業でちょうどこの瞬間が訪れ、それまで仲良しだったグループのあいだに衝突や不信が起きるのを見た。社員が一〇人ちょっとだったときには、それぞれがそこら辺にある椅子に座ってテーブルを囲み、何でも話し合っていた。社員が二〇人になると、会議に参加できない人が出てきた。少人数の方が会議はまとめやすいが、一体感はなくなった。

三〇人のグループ

この規模になると、そのつもりはなくてもパーティーっぽい雰囲気になる。これより少ないとかなり親密な会になるが、三〇人を超えるあたりで、会の性質が変わる。ガヤガヤ感と活気が生まれ、何かが起きそうな雰囲気になる。一つのテーマを議論するには人数が多すぎるが、経験豊富なファシリテーターがいて会場の設定が適切なら、議論がうまく運ぶ。

一五〇人のグループ

次の区切りは一〇〇人から二〇〇人だ。カンファレンスの主催者にちょうどいい人数はどのくらいかと聞くと、一〇〇人から一五〇人と答える人が多い。正確な人数はそれぞれ違っていても、「このくらいなら参加者全体に親密さと信頼が行き渡るし、大観衆という感じはしない」。「スパーク・カンファレンス」は、メディアのリーダーたちが主催する実験的な集会だ。当初は一〇〇人を招待したが、七〇人程度の方がより親密な集まりになることがわかってきた。参加者がアドリブで議題を決める「アンカンファレンス」という会合は、一〇〇人程度がちょうどいい。知人のベルギー人のホテルオーナーは、結婚式の招待客は一五〇人までがいいと言っていた。一五〇人なら全員が一度にお互いを見渡せるので、ある種の一体感を持って動ける。人類学者によると、一種族の自然な人数もだいたいこのくらいらしい。一五〇人の集団なら全員が顔を合わせることが可能で、集団としての意図と努力が生まれる。人類学者のロビン・ダンバーは、安定的に関係を維持できる友だちの数は一五〇人だと言っている。これが、いわゆる「ダンバー数」だ。もちろん、これより人数が増えても、小さなグループに分かれれば問題なく集まれる。

参加者が一五〇人を大きく超えると、「芋を洗う」がごとき会になる。野外音楽フェスティバル、ワールドカップ、タハリール広場、一〇〇万人の大行進、メッカへの巡礼、オリンピック。このような会では親密さやつながりは重要ではなく、莫大な数の群衆がエネルギーを発散して盛り上がることが目的になる。

パート2　どこでやるか

会場が行動を変える

さあ、目的は決まった。招待客のリストもできた。

ところで、会場はどうしよう?

会場を決める際には、値段や利便性、規模などについてはあれこれと悩むのに、目的に合うかどうかを考えない人は多い。たまたま場所を提供してもいいと申し出てくれた人がいれば、そこに決まることもある。

利便性で場所を決めてしまうと、目的よりもロジスティクスが優先されることになる。でも、本来ならロジスティクスは目的達成の手段であるはずだ。

どこでやっても同じじゃないか、と思う人もいるかもしれない。友だちが部屋を使っていいと言ってくれたんだから、それでいいのでは？

ここで、考えてほしい。人は場所に合わせてそれらしく行動するものだ。たとえば、法廷や会議室や宮殿では、自然と堅苦しくなる。海や公園やクラブでは開放的になる。仲間のプロファシリテーターであるパトリック・フリックは、「目的に役立つ環境を選ぶべきだ」と言う。偉い人たちの集まりをファシリテーションする場合、取締役会議室を会場にすると、「自分の裁量がなくなってしまう」と言っていた。なぜだろう？「この部屋に入ってくると、みんな必ず同じパターンで行動してしまうからだ。ＣＥＯはいちばん上座に座り、いつもの刷り込み通りに振る舞う。肩書で座る場所が決まっているし、話す順番も決まっている」。

コメディアンのサインフェルドも、「コメディが成功するか失敗するかは場所で決まる」とインタビューで語っていた。「場所が八割の仕事をしてくれる。クラブでお笑いをやっていると、それを見た金持ちからパーティーの余興を頼まれることがある。彼らの自宅に行ったり、どこかの変なパーティールームでお笑いをやらされたりする。すると、まったく受けないんだ。場所が八割なんだ。受けるかどうかはね[8]」。

ウィンストン・チャーチルは、「何を信じるかを決めれば、どんな人生を生きるかが決まる」

と言った。その言葉を借りると「どこでやるかを決めれば、どんな自分を演じるかが決まる」ということだ。招待客のリストをつくるときに、目的に合うのは誰かと考えて選ぶのと同じで、会場を決めるときにもまた、厳選したゲストがありのままの自分を出せる場所を選ぶようにしよう。

では、どうしたら目的にぴったりの場所が見つかるのか?

目的が目に見える場所

まず手始めに、集まる理由が目に見えるような場所を探してみよう。参加する人たちが没入できる環境をつくるのだ。

ボストンに本社のあるジェントル・ジャイアント・ムービング・カンパニーのラリー・オトゥールCEOは、新入社員を歓迎する際に、理念が目に見える場所を使った。ラリーは新入社員をボストン周辺のジョギングに連れ出し、最後にハーバード大学の講堂前でかけっこをさせた。社内でオリエンテーションを行うのではなく、この場所に新入社員を連れ出したことが、この会社の企業文化を表していた。ここで働くには、体力がなければならない。また、スポーツのように全員が協力し支え合い、楽しく仕事をしてほしい。ジェントル・ジャイアントは毎年、ボストンで働きたい職場のナンバーワンに選ばれている。

目的が目に見える場所といっても、特別なところに行く必要はない。部屋のレイアウトを変えるだけでいいこともある。ここで、ニューヨーク近代美術館の教育部門の責任者、ウェンディ・ウーンの例を挙げよう。ウェンディの仕事は、この世界的な美術館を一般の人たちに親しみやすくすることだ。美術館でいちばん偉いのはキュレーターとされている。美術館のためにキュレーターがいるのではなく、キュレーターのために美術館が存在するように見えてしまうことすらある。一般の人たちに美術館を楽しんでもらいたいと思っても、キュレーターはむしろ美術界や専門家内で高く評価されるような展示をしようとすることもある。そうではなく、美術館を普通の人々の暮らしと経験に結びつくような、親しみのある存在にすることがウェンディの目標だ。ときには、キュレーターと衝突することもある。そんなときには、キュレーターの意見が絶対ではないことを思い出させ、美術館は一般市民に身近な存在にならなければならないと訴えるのがウェンディの役目なのだ。

ウェンディは仕事の一環として、美術館で教育に携わる仕事を目指す大学院生に授業を開講している。授業を行うのはこの美術館内にある教室だ。初回の授業では、午後三時きっかりに教室のドアが開く。部屋の真ん中には白い椅子が乱雑にうずたかく積み重ねられている。学生たちはそこで困惑し立ち止まる。みんな周囲の学生を見回し、それからウェンディを見る。ウェンディは黙って学生を観察するだけで、何のヒントも与えない。

そのうち学生たちはお互いに話をはじめる。少しずつ、学生たちはその場に慣れてきて、おしゃべりを楽しみながら、絡まった椅子を降ろして並べていく。そのあいだ、学生たちは何の指示も受けずに椅子をどうするかをそれぞれが決めなければならない。どこに置いたらいい？　どのくらい近づけて並べようか？　列にする？　それとも輪にする？　並べ方が気に入らない人がいたらどうする？

「上手に集まるにはお金も特別な道具もいらない」とわたしが言うのは、こういうことだ。オシャレな会場でなくてもいい。ウェンディの教室は、ありきたりの部屋だ。この街には素敵な場所が山ほどあるが、この教室には何の特徴もない。椅子を絡み合わせて乱雑に積み上げただけで、ウェンディは目的をかたちにしている。彼女の目的は未来の教育者たちに、美術館に聖域はないということを教えることだ。ニューヨーク近代美術館にあればアート作品と勘違いしてしまいそうな、うずたかく積まれた椅子であっても、触れたり動かしたりしていいのだ。

ウェンディのもう一つの目的は、アートとは人が参加したときに生まれるものであること、そして人と触れ合ってはじめて美術館に命が宿ることを教えることだ。「教えと学びの伝統的な上下関係を壊したいんです。人やモノや心のスペースをどうデザインするかで、人間がアイデアやコンテンツ、あるいはほかの人間との関わり方が変わります。学生たちにはこうした関わりの場をデザインし、そのデザインによって来場者が積極的に美術と関われるようにすることを学んでほしいのです」とウェンディは言う。この授業を通して、ウェンディはどうやって関係性をつくり出していくか、つまりウェンディの理想とする参加型の美術館をどう実現するかを教えていく。

そこで、初日はお金をかけることなく備品だけを使って、自分の言いたいことをかたちにして見せ、強烈な印象を学生たちに残している。

わたしにはウェンディのような才能はないけれど、深い目的がかたちとして表れるような空間や場所をクライアントが選べるように助言している。人生を振り返りこれからの生き方を模索する人たちのワークショップなら、サンティアゴ巡礼路の途中にある一二世紀に建てられた南フランスの修道院。建築会社が都市の未来を語るなら、ロサンゼルス全体が見渡せるハリウッドヒルズ。コメディアンがもう一段上のネタを書きたいなら、人気風刺サイトのザ・オニオン。そんなふうに場所を選ぶ。わたしはこれまで、クライアントが場所に感化され、場所のおかげで目的を体感する場面を何度も見てきた。

ではここで、あなたが参加する会合について考えてみよう。次の営業研修では社員がそれぞれ地下鉄のホームで大道芸人とまる一日一緒に過ごすことにしてみては？　そこで大道芸という究極の営業を体験し、共感力を養ったらどうだろう？　次の大学の同窓会を墓地で開いてみては？　若い日に語り合った理想を実現するには急いだ方がいいことを同級生と確認し合ったらどうだろう？

だが、残念ながら、たいていの集まりは目的が目に見えるような場所では行われない。どういうわけか、そんな場所を避ける傾向さえあるようだ。以前、海洋保護を訴える組織のミーティング企画に関わった。その組織は、アメリカ東海岸の狭苦しいオフィスから離れて、サンディエゴの近くでチームミーティングを開こうとしていた。スケジュールを見せてもらうと、会議でぎちぎちに詰まっている。いつみんなで海に行くのかと訊ねると、「いや、やることが多くて海に行く時間がないんです」と主催者は答えた。スタッフたちは海を愛しているからこそ、人生をこの組織に捧げているはずだ。海のそばや海のなかで過ごせば、疲れ切ったチームメンバーも生き返るし、組織の目的を思い出すこともできる。今回のミーティングでは、残念ながらそれができなかった。

古城の法則

「フランス人と古城で会議を開くな。フランス人が図に乗って、自分たちが万能だと勘違いしてしまうから」

これがいわゆる「古城の法則」といわれるものだ。

目的がはっきりと決まった集まりでは、望ましい振る舞いを増やし、望ましくない振る舞いを減らす必要がある。グループの絆を強めることが目的なら、相手の意見を聞く姿勢を増やし、批判的な態度は減らした方がいい。古くさいアイデアや考え方から抜け出すことが目的なら、逆の方がいいかもしれない。参加者の振る舞いに大きな影響を与えるのが、会場の選択だ。賢い主催者なら、望ましい行動を引き出し、望ましくない行動を抑えるような会場を選ぶ。この「古城の法則」を知らなかったある銀行家は、大金を儲け損なった。そのうえ古城を貸切にするために莫大なお金を使うことになってしまった。

「死ぬ日までずっと、あの場所のせいで案件が流れたことを悔やみ続けるだろう」と言うのは、今はベイエリアに住む投資家のクリス・ヴァレラスだ。二〇〇一年、ヴァレラスはシティグループのマネージングディレクターとして、テクノロジーグループを率いていた。ヴァレラスのチームは、ニュージャージーに本社のある通信会社、ルーセントのアドバイザーとなり、フランスの巨大企業アルカテルとの合併交渉に臨むことになった。二〇〇億ドルを超える超大型案件だ(9)。合併の条件は複雑で、交渉はおよそ一年にわたり、ようやく合意にこぎつけそうだった。しかし、最後の顔合わせが残っていた。両社の経営陣が面と向かって、最終的な確認作業を行うことになった。

この会談の前までは、両社ともに納得できる筋書きが表向きには保たれていた。この案件は「対等合併のはずだった」とヴァレラスは言うが、アルカテルの方が圧倒的に規模が大きく「力が強い」ことは、誰の目にもあきらかだった。ヴァレラスによると、この会談の前までは、両社ともに対等なパートナーという体裁で交渉が進められてきた。ようやく合意というところまでたどりつけたのも、対等合併の立場が尊重されていたからだ。しかし、この流れに水を差したのが、会場の選択だった。

もともとは、ニュージャージーの空港そばの目立たないホテルで最終の顔合わせを行う予定だった。この場所なら「会談が誰にも知られることはない」はずだった。メディアに詳細を嗅ぎつけられないことが何より優先された。それは、案件が流れた場合にどちらかが恥をかかないためでもあり、また「情報が市場に漏れて、株価に悪影響が出ることを避ける」ためでもあった。それなのに、最後の最後で、アルカテルの経営陣の一人が病気になり、フランスで会談を行いたいと申し出があった。そこで、パリから西に車で一時間ほどのメニュル城に会場が変更になる。メニュル城はアルカテルの子会社が所有していた。「アルカテルはこの城を研修や会合でよく使っていたし、社内の戦略会議や経営会議にはもってこいだった。でも、合併交渉となると話は別だ」とヴァレラスは言う。

ルイ一三世時代に建てられたこの城には五五の部屋があり、ペルシャ絨毯が敷かれ、部屋は金で縁取られ、シャンデリアが下がり、有名なフランス人将校の肖像画が飾られていた。描かれた人物の一人は、思い上がったアングロサクソン人を罠にはめたフランス将校らしい。経営陣、取締役、銀行家、会計士、弁護士など数十人が両社から参加して、一日一八時間、三日続けてこの城で交渉し、最終合意を詰めた。そして、ウォール・ストリート・ジャーナルが買収価格も含めた合併のニュースを報道した後になって、最後の最後でルーセントの会長だったヘンリー・シャハトは合併を断り、交渉の場から立ち去った。

当時の報道によると、交渉中止は戦略上の理由からということになっている。取締役の割合で合意に至らなかったのが、理由とされていた。しかし、そこには感情的な要因もあった。「アルカテルがルーセントの買収に失敗した本当の原因は、相手のプライドを傷つけたからだ」とニューヨーク・タイムズは報じた。[10]「ルーセントの経営陣は怒鳴り声を上げていた」とＢＢＣは報道している。[11]「それは、アルカテルが自分たちを対等な合併相手として見ていないと感じたからだった」。

それまで一年間ずっと相手の立場を尊重してきたアルカテルが、なぜ急に態度を変えたのだろう？　本当のところはわからない。しかし、ヴァレラスに言わせると、「古城がフランス人の鼻持ちならない面を引き出したから」らしい。

「わたしたちは宴会場で交渉していた。そこでは、アルカテルの幹部の尊大さと傲慢さがぷんぷん漂っていたんだ。ニュージャージーだったら絶対に見せないような、偉そうな態度でこちらを支配しようとしていた」。アルカテルの経営陣は、「われわれが買収したあかつきには」などと言いはじめ、そんな言葉に「ルーセントの経営陣はカチンときた」とヴァレラスは言う。ルーセント側はアルカテルの振る舞いに我慢ならなかった。そして、とうとうルーセントの会長が「これまでだ」と城をあとにした。それで合併はご破算になった。

それから一七年後、数々の合併案件を成立させてきたヴァレラスは「古城の法則」は絶対だと言う。「会談の場所が、心の底にあった感情を引き出してしまったし、その感情を強めてしまったことはほぼ間違いないと思ってるよ。対等合併なんてただの幻想だったってことがバレたんだ。アルカテルの経営陣がルーセントを下に見ていることがあそこではっきり態度に出てしまった」とヴァレラスは言う。

巨額買収案件の交渉に限らず、「古城の法則」はどんな集まりにもあてはまる。人間は環境に左右されるものだ。だからこそ、目的に合った場所と文脈で集まりを開かなければならない。もちろん、古城が集まりの目的にかなっている場合もあるだろう。だが、ルーセントとアルカテルの交渉では、もう一日だけフランス側が謙虚な態度を続ければうまくいっていたはずなのに、会場選びを間違ったばかりに獲物を取り逃がしてしまった。

その五年後、ルーセントとアルカテルは合併した。ルーセントのCEOは交替し、新任のCEOのもとでの合併だった。今回の交渉場所は古城を避けたに違いない。[12]

海のなかでお食事を

そんなわけで、集まる場所を上手に選べば、その集まりが何のために開かれるのかを目に見えるかたちで参加者に伝えることができる。場所が参加者の行動に影響を与え、望ましい振る舞いが促され、その集まりから多くの収穫が得られるようになる（古城の法則）。もう一つ、会場には別の力がある。会場が果たすべき役目と言ってもいい。それは、人々を日常から切り離すこと、すなわち、いつもの習慣から抜け出させるということだ。場所の選び方次第で、人々の目を覚まし、お決まりのパターンから脱出させることができる。わたしの場合はファシリテーターとして問いやエクササイズなどを通じて人々を日常から切り離す。同じことが、会場選びによってもできる。先ほどのウェンディの授業でも、ちょっとした遊び心と努力で日常を切り離すことができていた。普段は禁じられているはずの場所で何かをするといった単純なことでもいい。

イギリス人旅行作家のパトリック・リー・ファーマーは一九四〇年代にギリシャのカラマタを友人と旅したとき、いつもと違うことを思いついた。汗が滴り落ちるほどの暑さのなか、一行は波止場のレストランで食事が来るのを待っていた。そこでファーマーと二人の仲間は鉄製のテーブルを持ち上げて海中に運んだ。三人は腰まで水に浸かって、食事を待った。レストランのなかからウェイターが出てきて、「テーブルのあった場所が空になっているのを見て驚いた。そして、ファーマーたちを見つけ、面白がってすぐに食事を持って水のなかに入ってきた」[13]。レストランにいた客たちもこの光景を面白がって、腰まで海に浸かったファーマーたちにワインをおごってくれた。ニューヨーク・タイムズに載ったファーマーの追悼文には、「彼のテーブルはヨーロッパでいちばん活気があることで知られていた」と書かれていた[14]。

普通なら、海のなかでディナーパーティーなどやらない。だからこそ、ファーマーは海に入った。あなたも、とんでもなく意外な場所で、次の集まりを開いてはどうだろう。

もちろん、ウェンディの授業のように、何の変哲のない場所でも、非日常はつくり出せる。ここで、有名写真家のプラトンの例を紹介しよう。

プラトンは長年タイム誌の表紙の写真を撮ってきた。また、ニューヨーカー誌の写真も撮っている。プラトンの特徴は、毛穴が見えるほど被写体に近づいて写真を撮ることだ。ジミー・カーターからバラク・オバマまですべて、現職大統領時代に写真を撮ってきた。ヒラリー・クリントンとドナルド・トランプも、大統領候補になるずっと前から何度も撮っている。世界中の首脳も撮ってきた。アンゲラ・メルケル、トニー・ブレア、国連事務総長の潘基文。そして悪名高きウラジーミル・プーチン、ジンバブエのロバート・ムガベ、リビアのカダフィ、そしてイランのアハマディネジャド。権力者だけでなく、反逆者たちも撮ってきた。ミャンマーの活動家アウンサンスーチー、プッシー・ライオット、タハリール広場に集まった市民、そしてエドワード・スノーデン。セレブリティも撮ってきた。ジョージ・クルーニー、オノ・ヨーコ、そしてボノも。

プラトンがすごいのは、有名人を次々と撮影してきたことだけではない。プラトンは撮影現場で被写体に普段は絶対やらないようなことをさせる。とはいえ、国家首脳には広報官やイメージコンサルタントがついていて、一般大衆には自分が見せたい顔だけを見せるものだ。しかし、プラトンは、いつもは見せない顔を見せてもらうように仕向ける。そして、その人の素顔をカメラに納めることを狙うのだ。

プラトンは、被写体が有名人でも、可能な場合にはニューヨークのソーホーにある自分のスタジオで撮影を行う。だが、撮影場所を選べないことも多い。たった一〇分で国家首脳のいい表情を捉えなければならないこともある。しかも、撮影場所が狭いホテルの部屋だったり、大学講堂の舞台袖だったり、コンサートの楽屋だったり、国連のステージ裏だったりする。そんな場所では、思い通りに空間を設計できない。そんなとき、プラトンはいまにも壊れそうな白い木箱を持っていき、被写体を座らせる。「まず、『わたしのオフィスにようこそ』と言って迎え入れるんだ。ちょっとおかしいだろ？　だって僕の方が相手のオフィスに入っていくわけだから」とプラトン。これまで彼が撮影した被写体は全員、この古ぼけた白い木箱に座ってきた。もちろん、大統領の先入りチームがこの木箱を見て青ざめることもある。「大統領をこの箱に座らせるなんて、ありえない」。するとプラトンは、これまでこの箱に腰かけてきた著名人の名を挙げる。するといつもしぶしぶ従ってくれる。

プラトンは、この木箱を使って被写体をお決まりのパターンから切り離し、この木箱を通して目の前にいる被写体とつながる。大統領との時間が七分しかなくても、そのわずかなあいだだけはプラトンが空間と文脈を支配する。長年酷使してきた木箱がとうとう壊れてしまったとき、プラトンは助手に命じて、元の木箱と同じくらいくたびれて見える木箱を新たにつくらせた。この木箱は、一瞬だけ権力者を権力の座から降ろすような、象徴的なツールになった。

仕切り、広さ、混みぐあい

ここまで書いてきたことを参考にして、集まる場所を選んでほしい。場所が決まったら、次はもっと細かい問いに答える必要がある。部屋、テーブル、椅子、それらの大きさなどだ。ここで、仕切りと広さと混みぐあいについて少し説明しよう。

●仕切り

目的のある集まりを開きたければ「門戸を閉ざす」必要があるという話をした。参加者を厳選せよという意味だったが、物理的なドアを閉めることも同様に重要だ。物理的な仕切りでスペースが囲まれている方が会合はうまくいく。写真家や振付師はすべてのドアを閉め切ることが多い。それは「エネルギーが外に漏れ出さないため」だとプラトンは言う。

レストランには仕切りがない。テーブルには「お誕生日席」がなく、椅子は向かい合わせに並べられている。友人と五人でレストランに行ったとき、正方形のテーブルを三つくっつけて、三個ずつ向かい合わせに並んだ椅子に座った。その夜はなぜか話がはずまなかった。真ん中に座った人はテニスの試合を見るように視線を左と右に動かしていて、全員で一つのことを話すのが難しかった。わたしたちは自然に二つのグループに分かれて別々の会話を交わしていた。テーブルの端から何かが「漏れ出して」いるようだった。その夜は親密さが感じられず、居心地が悪かった。いま考えれば、テーブルを一つ外して、テーブルの端に二人が座ればよかった。そうすれば、囲いができて（わたしたちの身体が仕切りになって）、話しやすくなっただろうし、打ち明け話で盛り上がることもできただろう。

仕切りがあることで、参加者は安心でき、非日常的な世界も生まれやすい。広々とした草原で、草の上ではなくシートを広げてその上に座るだけでもいい。ガラス張りで外から丸見えの会議室を、一瞬だけ大きな紙で覆って、ちょっとした私的空間にしてもいい。会議のとき、誰も座っていない椅子があれば、それを外して隙間を埋めてもいい。ある秘密パーティーの主催者は、こんなことを言っていた。「ピクニックシートがあると、自然とそのシートの上で過ごしてしまう。シートの周りに柵があるわけじゃないのにね。シートが精神的な仕切りになるんだ。草の上よりシートの上がいいからってわけでもない。そこが自分の居場所として落ち着けるからだ」。

ゲームデザイナーのエリック・ジマーマンは、ロサンゼルスの展示会で仲間たちとある実験を行ってみた。ジマーマンたちは新しいボードゲームを開発し、その周りを四つの弓なりの仕切りで丸く囲い込んだ。そこに入ると、洞窟のなかでプレーしているような感覚になる。通行人たちはここに引き込まれ、展示会の終了時間を過ぎてもプレーし続けた。とうとう展示会の主催者は仕切りを取り払い、ボードゲームだけをそのままにしておいた。主催者が仕切りを片付けているうちに、プレーヤーは一人また一人とゲームに飽きてどこかに行ってしまった。ゲームそのものはプレーできる状態のままだったのに。

「ボードゲームはそのままにしておいたのに、仕切りを取り払うとみんなプレーを続ける気がなくなった。エネルギーが薄まったんだ」とジマーマン。仕切りがなくなると、別世界にいるという感覚も失われたのだ。

記憶に残る集まりを開きたいなら、部屋を変えるのも一つのやり方だ。ある研究によると、一晩のイベントで複数の体験が記憶に残ることがわかっている。パーティーの特別な瞬間をいくつか別々に印象づけたい場合には、一晩のうちにいくつか出し物を準備して、出し物ごとに場所を変えるといいかもしれない(15)。記憶の専門家であるエド・クックはこう言っている。「会話をぼんやりと覚えていて、何となく『楽しかった』で終わるのではなくて、場所を変えればそこで起きたことが具体的に記憶に残る。移動することでパーティーが旅のように感じられ、筋書きが理解できる」。

●広さ

会場の広さもまた、目的に合ったものでなければならない。友人の四〇歳の誕生日に招かれたときのことだ。そのパーティーには、すべての要素が揃っていた。会場は美しく、食事は美味しく、バーカウンターで飲み物が注文でき、生バンドの演奏があり、二〇〇人の招待客がいた。でも、なぜかわたしはその晩中ずっとキョロキョロしながら、パーティーのはじまりを待っていた。招待客が全員揃ったあとでも、その部屋がまだガランとしているように感じたからだ。客同士が離れた場所にぽつんと立っていて、部屋のなかを歩き回ってやっと誰かに会うという感じだった。わたしはパーティーが終わるまで数人の知り合いとだけしか話さず、知らない人には話しかけなかった。バンドの演奏がはじまっても、みんな一カ所に固まって、誰も踊っていなかった。何がいけなかったのだろう?

場所が広すぎたのだ。その部屋は体育館みたいに広かった。あまりに広すぎて、昔の知り合いにばったり遭遇することもなければ、新しい誰かと知り合うこともなかった。

また、あるときわたしは、二日にわたるブレインストーミングの会を行ったことがある。サンフランシスコにあるかつての陸軍基地で、いまは巨大な公園になっているプレシディオを、今後どのように活用していくかを考える会だった。会の夜の部は一般の人にも公開され、ゴールデンゲート国立保養地でイベントが開かれた。このイベントでは全国の博物館から講師が来て講演を行った。親しみやすい雰囲気にするため、イベントのはじめにカクテルを出すことにした。話の中身を目に見えるかたちにしようと思ったのだ。

人々が集まりはじめたところで、会の参加者だった建築家が、会場が広すぎてカクテルパーティーらしい活気が生まれていないことに気がついた。そこで彼女は機転を利かせた。昼間に使っていたフリップチャート立てを輪のように並べて、その部屋の一角を囲ったのだ。人々は会場に入ると、隅の方ではなくフリップチャート立ての内側の、教室風に椅子が並んだ場所に寄り集まった。数分もしないうちに、賑わいが生まれた。建築家には集まりにちょうどいい広さが感覚的につかめていたのだ。彼女の機転のおかげで、そのイベントはつまらない会にならずにすんだ。

毎週行われるスタッフ会議の場所は、自動的にいつも同じ部屋と決まっているはずだ。また、部屋のなかの配置も何も考えずにそのまま使っているだろう。部屋の真ん中にテーブルがあれば、そのままにしておくはずだ。四角いテーブルに向かい合わせに椅子が並べてあれば、椅子を動かそうとは思わない。そこで、椅子を動かせば、より親密な空気が生まれることも多い。次に集まりの会場に入ったときには、ちょっとした衝立でさえ、部屋の雰囲気をガラリと変えてくれることを覚えておこう。

●混みぐあい

先ほどの例で機転を利かせてくれた建築家は、適度な混みぐあいがどの程度かがわかっていた。その会のあとで、イベントプランナーや空間デザイナーが混みぐあいについての大まかな目安を持っていることを知った。イベントプランナーのビリー・マックは、集まりの種類別に招待客一人当たりの面積と活気の度合いを表にして、このルールに従ってパーティーを企画している。それが次の表だ。

「パーティー会場の面積を一人当たり面積で割れば、目標とする招待客の頭数がわかる」とマックは言う(16)。パーティー会場が四〇〇平方フィートで、洗練されたディナーパーティーを開きたいなら、二〇人を招待する。反対に、同じ会場でも騒がしいダンスパーティーにしたいなら、八〇人を呼ぶ。家に人が来ると自然に台所に集まってしまう。マックによると、それは群れの習性から混み合った場所にいたいという本能が働くから、ということらしい。

接待客一人当たり面積

	洗練された雰囲気	活気のある雰囲気	騒がしい雰囲気
ディナーパーティー	20平方フィート	15平方フィート	なし
カクテルパーティー	12平方フィート	10平方フィート	8平方フィート
ダンスパーティー 深夜のパーティー	8平方フィート	6平方フィート	5平方フィート

出典：Apartment Therapy Blog
https://www.apartmenttherapy.com/party-architecture-density-how-to-plan-a-party-5359.

第3章

裏方に徹しない

DON'T BE A CHILL HOST

さて、前章までで、はっきりとした大胆な目的を掲げ、その目的に合うように門戸を閉ざすところまでいった。次は主催者の役割を考えよう。主催者はどのように集まりを運営したらいいだろう？

それは優しさではない

会議を主催するクライアントや家族の集まりを開く友人に、主催者の役割は何かと聞くと、答えに窮する人が多い。主催者の役割について話すことは、その力について話すことで、主催者に力があると認めることになるからだ。主催者は裏方に徹するべきだと考える人は多い。

でも、船頭のいない船に乗りたい人がいるだろうか？　わたしは主催者が自分の手で舵をとり、力を使うべきだと考えている。

あるときわたしは、ワシントンDCで、国会議員や州知事たちと貧困対策について話し合う会議の企画を手伝った。主催者はわたしのアドバイスを取り入れて、会議前夜に親密な夕食会を開いて、一つのテーマについて話し合い、参加者同士が絆を結ぶ機会をつくることにした。深い会話を交わし、言いにくいことも言い、できれば意識を変えて、翌日の政策議論をより血の通ったものにすることが狙いだった。

夕食会の開催が決まったあとで、ある州知事が夕食会には行けないが翌日の会議には出席したいと申し出てきた。わたしは主催者にそのような特別扱いはできないと知事に伝えるように言った。その夕食会はオマケではなく、会議の核になる部分だ。参加者全員が固く結びつくことで、これまでとはまったく違った会議になり、新しい何かが生まれる可能性ができる。参加者が一人でもこのプロセスに参加せず一日遅れて来れば、その人の古い意識がグループ全体に影響してしまう。会議の主催者は四人で、みんな衝突を避けたがり、偉い人を怒らせるのではと心配して、わたしのアドバイスに抵抗した。

主催者たちは、州知事にどうするか決めさせる方がいいと思っていた。最後に主催者の代表の女性がわたしのアドバイスを聞き入れて、州知事にこう伝えた。夕食会と会議のどちらも参加するか、両方参加しないか、どちらかにしてほしいと。結局、その州知事はどちらにも参加しなかった。夕食会が終わり、親密な会話を通してグループ全体に変化が起きたのを見た主催者たちは、前夜の夕食会を経ずに会議だけに参加するとなぜ全体の雰囲気が壊れてしまうのかを理解した。

別の話になるが、ブルックリンのマンションの屋上で、引っ越し祝いのパーティーに参加したことがある。ディナーのあと何となく静かになり、ゲストはうろうろしはじめて、帰ろうか残ろうか迷っているようだった。わたしはホストの女性に「人狼」ゲームをしてみてはどうかと提案した。「人狼」はロシア人の心理学者が発明した集団ゲームだ。(1) このゲームならゲスト同士の絆が生まれ、活気が戻り、刺激にもなると思ったのだ。ホストの一人はゲームに乗り気で、みんなで何かやりたがっていた。でも、そのホストが周りを見回すと、どうかなという表情をしている人も何人かいた。その表情を見たホストは怖気づき、ゲームを諦めた。ホストとしての力を使って、みんなを引っ張っていく勇気がなかったのだ。何もしない方がリスクは少ないと感じたのだろう。そのあとすぐにゲストたちは小さなグループに分かれてしまい、全員で何かをするチャンスはなくなった。翌日、そのホストはやっぱりみんなでゲームをしておけばよかったとわたしに伝えてくれた。

知人のジャーナリストが、外国特派員時代の仲間十数人と一〇年ぶりに集まりを企画した。仲間たちは遠方からはるばるニューヨークのタイ料理店に集まることになった。幹事になったジャーナリストは、夕食中のどこかでそれぞれの積もる話を一旦やめて、全員に特派員時代の思い出を語ってもらおうと考えていた。その夜みんなが集まった目的に目を向ける時間をつくりたかったのだ。それなのに、最後の最後になって彼は諦めた。自分が指図すると、偉そうに見えないか、必死すぎると思われないか、その両方に見えてしまわないかと、心配になったからだ。

いまの世間一般のものの見方が、こうした状況の根源にある。それは、「自然体《チル》」がいいという感覚だ。これが、余計なお節介を焼かずに会を運営したいという考え方につながる。「チル」とは、肩の力を抜いて熱くならず、何事もあまり気にかけず、大騒ぎしないということだ。アラナ・マッセーは、「チルになるな」というエッセイで、チルとは「肩肘張らず、神経質にならないこと」だと書いていた。[2] たとえばそれは、「たいていのお葬式でとるべき態度」だろう。一方でそれは、「受け取るばかりで何も与えないこと」だとアラナは言う。

　ここでまず、わたしの考えを読者のみなさんにはっきりとお伝えしておきたい。

「自然体」は、集まりの主催者として最悪だ。正しく力を使うことは、主催者の責任である。主催者の裁量は場合によりけりだし、特定のやり方があるわけでもないが、集まりを主催するということは、裁量を持つことにほかならない。わたしがアドバイスする主催者の多くは、自分があれこれ細かく指示しない方がゲストが自由になれると思い込んでいる。しかし、そういう態度は喜ばれるどころかむしろ失望につながる。自然体と言えば聞こえはいいが、実際は責任を放棄しているだけだ。ゲストはあなたの王国にやってくることを選んだのだから、あなたがその場を支配することを望んでいる――それとなく、敬意を持って、巧みに仕切ることを。そうしないとしたら、それはゲストの満足感より、自分がどう見られるかを優先させているからだ。つまり自然体でいることはゲストより自分を気にかけている証拠なのだ。

「自然体」という無責任

主催者は自然体がいいという考えには、つまり、ゲストは放っていた方が自由に行動できるという前提がある。でも実際には、ゲストにゲストの世話をさせているにすぎない。わたしに相談にくる主催者の多くは、自分が仕切らない方が、押し付けがましさのない自由な集まりになると考えているようだ。しかし、仕切りのないところには、仕切りたがる人が入り込む余地が生じることを、彼らはわかっていない。仕切りたがり屋は集まりの目的に沿わないやり方で場を支配しがちだし、ゲストはあなたに言われるならまだしも、酔っ払いのおじさんにあれこれ言われたくはないはずだ。

自然体な主催者がなぜ問題なのか、非常にわかりやすく説得力のある例を見せてくれる大学教授がいる。

ロナルド・ハイフェッツは、ハーバード・ケネディスクールの人気教授で、リーダーシップの権威である。彼が教える「最難関のリーダーシップ」の初回授業は、何とも奇妙なかたちではじまる。ハイフェッツは教室に入ってくると出席をとるでも講義をはじめるでもなく、教室の前方にある黒い回転椅子に座って、少し退屈したようにボーッと床を見つめる。ハイフェッツの目の前には、数十人の学生が座っている。だが、ハイフェッツは挨拶もしない。咳もしない。助手がハイフェッツを紹介するわけでもない。彼はただ黙ってそこに座り、表情を動かさず、一寸たりとも動かない。

学生たちは何が起きるのかと待っている。授業の開始時間が過ぎても、ハイフェッツはまったく口を開かずそこに座ったままだ。だんだんと沈黙が重くのしかかり、緊張が高まっていく。ハイフェッツは何もせず、教授らしき役目も果たさず、授業を放棄しているように見える。リーダーシップの権威がなぜそうしているのかは、学生には理解できない。

教室内では次第に不安が高まっていくのが感じられる。クスリと笑う学生。咳をする学生。混乱しているが、誰もそれを口に出さない。学生たちはどうしていいかわからなくなる。教授が教室を支配しないと、ガードレールが外れたようになる。つまり、学生たちは自力で危険な道路を走らなければならなくなる。

誰かがおそるおそる口を開く。

「これって授業だよね?」

それをきっかけにあちこちで会話がはじまる。最初は遠慮がちに、そしてだんだん騒がしくなり、およそ一〇〇人の見知らぬ学生同士が、せきを切ったように話しはじめる。

「先生、あのままあそこにずっと座ってるつもりかな?」

「時間がもったいない」

「いや、何かオチがあるんじゃない?」

「じゃどうしたらいいの?」

「シーッ……これから話しはじめるんだよ」

「偉そうにしないでよ。別にしゃべってもいいじゃん？」

教授の指示がないと、学生同士で何とかしなければならなくなる。一〇〇人の学生の誰でもが、自由に話していい（し怒鳴っても、踊っても、笑っても、指図してもいい）ことになる。止める人はいない。だが、無言の圧力が学生たちを押しとどめている。いつものルールがないと、学生たちはお互いにどう反応していいかわからなくなる。勇気とカリスマ性のある誰かが理路整然とほかの学生に指示できるだろうか？　それとも、全員でああでもないこうでもないといつまでも揉め続けるか？

このざわざわは永遠に続くように感じられるが、実際には五分ほどだ。そしてやっと、ハイフェッツは学生たちに目を向けて、こう言った。「最難関のリーダーシップのクラスへようこそ」。学生たちはみんなほっと胸をなでおろした。

ハイフェッツは何が言いたかったのだろう？　初回の授業で、リーダーシップを放棄するとどうなるかを学生に見せたのだ。力を放棄してはいけない。それは誰か別の人間に場を支配させることになる。この場合は学生に責任を負わせるということだ。力を手放しても、学生の学びに役立つわけでもなければ、学生を解放することにもならない。彼らの心に混乱と不安を吹き込むだけなのだ。

主導権を発揮しよう

わたしのクライアントや友人が、会の主催者として主導権を発揮する気になってくれることもある。ただ、たいていは集まりのはじめに一度だけそれらしいことをすればいいと思っている。たとえば、会議の議題を確認したり、会のルールを話したり、グループゲームの指示をするといったことだ。それで、自分の仕事は終わったと思い込んでいる。そして「主催者らしい」仕事が終わったら、自分もお客さんの一人のようになってしまう。

しかし、集まりのはじめに一度だけ主催者らしく振る舞ってもまったく効果はない。人生のはじめに一度だけ身体を動かしても、運動したとは言わないのと同じことだ。目的と方向性と基本ルールを決めるだけでは、仕事を果たしたとは言えない。実行してもらわなければ意味がないのだ。主催者がやらなければ、ほかの誰かが勝手に自分の目的と方向性とルールを押し付けてくることになる。

パーティー上手な知人が開いた夕食会に招かれたときのことだ。十数人の客がテーブルを囲んだところで、ゲストの職業を当てっこしましょうとホストが提案した。彼女は別の会でこのゲームを見て、楽しそうだと思ったらしい。みんなも乗り気だった。そこで彼女がルールを説明した。その場にいるゲスト全員が一人ずつあてずっぽうで答えてみたあと（相手を知っていれば別だが）、当人が正解を言う。わたしたちは早速ゲームをはじめた。

はじめはうまくいっていた。ゲストはリラックスして笑い合い、ホストは夕食を並べるために立ち上がった。ホストの女性は、自分の仕事は終わったと思っていたに違いない。もう自動操縦モードで大丈夫。ホストはテーブルからは離れたけれど、すぐ近くにいた。ゲストを見捨ててどこかに行ったという感じはしなかった。でも、ホストはゲームをほとんど気にかけず別のことに注意を向けていたので、心理的に少し距離ができた。それが問題だった。ゲストの一人が、その隙につけ込んだのか、おそらくいつもの癖が出たのか、必要以上に出しゃばりはじめた。答えは一人一つと決まっているのに、いくつも答えている。誰も注意しないので、職業がわかったあとでも、その人に根掘り葉掘り質問し続けた。

ホストの不在につけ込んで、偽ホストがしゃしゃり出てきたのだ。結局この偽ホストのせいで、最初の二人に四〇分も時間を使ってしまった。この調子ではいつまでたっても終わらないし、面白くもなかった。問題は、このゲームやルールを熟知しているのは、ホストしかいなかったことだ。ゲストたちはこのゲームを聞いたことさえなかった。ホストがその場を離れてしまったので、ルールを強制したり、みんな平等に短く答えてほしいと指示する人がいなくなった。その隙に、われこそはと自分流のルールを押し付けてきた人がいた。この場合は、あるゲストが、自分がしゃしゃり出てほかの人のぶんまでしゃべった方が盛り上がるだろうと考えたわけだ。でも、それは大間違いだった。

その男性の態度をとてもよく言い表している言葉がある。政治哲学者のアイザイア・バーリンがその昔語った言葉だ。「狼の自由は羊の死を意味する」。

その晩はゲームのあとも、ホストが力を使い続けていないと起きがちなことの連続だった。ゲストの多くはいらだっていた。何人かが口を挟み、その男性やゲームが悪いとは言わないまでも、もうゲームをやめておしゃべりをしたらどうかと切り出した。一方で、まだ紹介が終わってない人も残っているから、ゲームを続けないと不公平になると言う人もいた。ホストの女性も席に戻ってゲームに加わったものの、特に口を挟むこともなく、結局わたしたちはその晩中ずっと職業当てゲームを続けることになってしまった。ゲストたちはうんざりして不機嫌になっていった。ホストがその場をきちんとまとめず、ゲストを守っていないことに対して、ゲストは不機嫌になることでしか抵抗できなかったのだ。

もしあなたが人を集めて何か特定のことをさせるなら、みんながルールをきちんと守るように導いてほしい。もしそれがうまくいかない場合には中断するなどしてゲストを気まずい状況から救ってほしい。

あなたが次に何かの主催者になったとき、主導権をとりたくないと感じたら、どうしてそう感じるのかをよく考えてみてほしい。何があなたを引き止めるのか？　やらなければならないことがある（食事を温めたり、座を離れて電話に出たり）なら、そのときだけ、ホスト役を引き受けてくれる人をあなたが任命すればいいだけだ。でも、ホストが主導権を発揮したくない最大の理由は、別のことで忙しいからではなく、自分が寛大な人間だと思われたいからだ。

以前にアドバイスした企業の例を挙げよう。この会社では、「寛大さ」を勘違いしたために、四半期ごとの会議が頭痛のタネになっていた。予定では三時間のはずが、なぜか七時間のマラソン会議になってしまうのだ。あらかじめ議題を決めても、幹部が集まると関係ないことを話しはじめる。本筋から逸れてそのときに数人が強く推したい話題になり、残りの人たちはどうでもいいので反対もしない。

もちろん、その会議を運営するはずの責任者はいた。問題は、この会社が「平等」を基本理念として掲げていたことだ。この会議の責任者は、最初に議題を並べるだけで、あとは成り行きに任せていた。しかし、最初に議題を並べても、誰かが緊急の課題を持ち出すと、その運営責任者は、同僚にいい顔をしたいばかりに、軌道修正することができなかった。ほかのみんなも、「平等」の理念に縛られて、口を挟むことができなかった。毎四半期の会議のたびに、重要な意思決定はほとんどできず、議題が先送りされることに、参加者はイライラしていた。運営責任者は自分では心が広いつもりでいたが、実際は保身でもあった。声の大きな同僚を押さえつけることが、みんなのためになったとしても、自分は敵をつくりたくないと心の底で思っていたのだろう。ルールを強制する人がいないせいで、その会議は年功や、成績や、押しの強さといった別の力に支配されてしまった。

成り行き任せの態度は、本当にゲストのためになるのだろうか？　議題のない会議は、若いアナリストの役に立つのだろうか？　事前に準備しておいた方が、経験豊富な専門家たちの議論に何か貢献できるようになるのでは？　誰とでも好き勝手に話してくださいと言われたら、口下手な人には話すチャンスがなくなってしまうのでは？　教師の会議で席順が決まってないと、新任教師はいつもテーブルの端の方に固まって座ってしまうのでは？

主催者が正しいやり方で主導権を発揮するのが、いい集まりへの第一歩だ。自分が場をつくると決めたら、一時間でも一日でも、きちんと統治してほしい。寛大な心で。

寛容でありながらも毅然として

ここでまた、疑問が湧いてきたかもしれない。もし自分がある集まりの統治者になるとしたら、どんな統治者になればいいのだろう？

「寛容でありながらも毅然とした仕切り」があると、参加者にとって意義のある集まりになる。具体的には、主催者が強い自信を持ち、ゲストを第一に考えるということだ。たとえば、ハイフエッツがわざと学生に経験させたような混乱や不安を取り除くために、主催者はその力を発揮しなくてはならない。あるいは、例の夕食会のように誰かが暴走してしまったときに他の人たちを守るために。そして、目的を脅かす偽ホストを排除するために。ゲストに最高の経験を提供するには、時には嫌われる勇気も必要になるのだ。

では、寛容で毅然とした仕切りの実例とはどんなものだろう？

わたしの頭に浮かぶのは、TEDの創始者であるリチャード・ソール・ワーマンの姿だ。カリフォルニア州モントレーでのTEDのステージで、ワーマンは何とハサミを手に、MITメディアラボの創始者でこの会議の常連でもある友人のニコラス・ネグロポンテに近づいていった。TEDでネクタイが禁止されていることは、よく知られている。それなのに、ネグロポンテはその日、ネクタイを締めていた。ワーマンはネグロポンテがトークをはじめる前に彼に近づき、芝居気たっぷりにネクタイを切り落とした。(3) TEDという集まりとその価値観を尊重するために、彼は主催者という立場を最大限に利用したのだ。

もう一つ思い浮かぶ例がある。コメディアンのエイミー・シューマーが、ヤジを飛ばした観客をぎゃふんと言わせた姿だ。ヤジを飛ばす客は、ホストの弱さにつけ込んで自分が上に立とうとする偽ホストと同じだ。エイミーの公演中に、観客の誰かがくだらないヤジを飛ばした。「そのブーツどこで買ったんだ?」エイミーはこう言い返した。「『あんたには手が届かない店だよ、オダマリ!』っていう名前のお店よ(4)」。彼女は面白おかしく、やんわりと力を使ってヤジを抑え、ほかの観客のために舞台を守った。

別の例も紹介しよう。デイジー・メディチは富裕層専門のファイナンシャル・アドバイザーだ。裕福な一族が集まって資産運用の判断や計画をする場をデイジーは寛容に毅然と支配し、全員が等しく言い分を出せるようにする。つまり、一族郎党の集まりで難しい話し合いのファシリテーターになるのがデイジーだ。また、血縁者に遠慮してあまり口を開かない義理の親戚や、自分の子どもに耳を貸さない年寄りに気づいてやんわりと対抗することも、「寛容で毅然とした仕切り」の範疇に入る。というのも、同族会社を売却したり、チャリティに財産を寄付したりすれば、将来にその影響を受けるのは一族の子どもや若者なのだから。

寛容で毅然とした仕切りはただのポーズではない。見せかけでもない。ゲストのために、よい結果を引き出すために使うものだ。寛容であれば毅然とした態度は許される。ただし、独裁者になってはいけない。次の三つの目標を念頭に置いて、毅然とした態度をとる勇気を持ってほしい。

ゲストを守る

ホストは何よりもまず、ゲストを守らなければならない。それがいちばん大切な力の使い道だ。ゲストをほかのゲストから守り、退屈から守り、ポケットの中でブルブルと震えているスマホの誘惑から守るのは、ホストの役目だ。誰でもノーと言うのはいやなものだ。でも、自分が誰を守り、何を守っているのかを理解すれば、ノーと言うのが楽になる。

アラモ・ドラフトハウスというテキサス州オースティンではじまった映画館チェーンがある。いまではアメリカの数都市で映画館を運営している。

「ゲストを守る」という点において、アラモに学ぶところは多い。

誰もが映画の上映中に後ろの人たちのおしゃべりが気になったという経験があるだろう。隣の人のスマホの青白い光が邪魔だと感じたこともあるかもしれない。でも、そんなとき、よっぽどのことがないと注意しないのは、言っても無駄だし、喧嘩になりでもしたらかえって周りの人に迷惑をかけてしまうと思うからだ。

アラモではそんなトラブルはない。アラモが運営する映画館の特徴は、座席が広く、映画の上映中にも食事や飲み物を注文できることだけではない。アラモは映画を楽しむために来た観客を第一に考えてくれている。多くの映画館は、お金を払って映画を見にきてくれる観客を放ったらかしにしているが、アラモは違う。観客が上映中にスマホを使ったりおしゃべりをしたりしないようにアナウンスするところまではほかの映画館でもやっているが、アラモでは禁止されていることをやってしまったらスタッフから警告を受ける。それに従わなければ、退出させられる。ほかの観客がルールを破っているのを見たら「警告カード」を自分のテーブルに置いておけば、スタッフが対応してくれる（食事の注文も同じカードでできるので、誰が警告したかはわからない）。このルールを執行するのは映画館のスタッフだ。

上映中にスマホでメッセージを送ったことで、アラモから追い出された観客がいた。彼女は映画館に電話して留守電に文句を残していた。「ほかの映画館でも、しょっちゅうメッセしてたけど、何も言われたことないわ。あんたたち、クソ」とグダグダと文句を垂れ流したあとで、こう捨て台詞を残した。「客を何だと思ってんの。こっちはカネ払ってんのよ！」(5)

アラモ側は、観客のために毅然とした態度をとったという自信があったので、この留守電を逆手にとった。これを広告にしたのだ。コピーの締めくくりは、こんな言葉だった。「アラモに戻ってきてくれなくて、ありがとう！　メッセ野郎！」この広告がバズった。アラモのティム・リーグCEOは、自社ルールについて、なぜこれを強制するのかをこう説明していた。

「映画館に足を踏み入れたら、あなたはすごく大勢のお客様の一人になる。照明が落ちて映画がはじまると、映画ファンなら誰でも現実を忘れてスクリーンの世界に没頭したいと思うものだ。スマホの光や、赤ちゃんの泣き声や、高校生のくだらないおしゃべりは、映画の世界からあなたを現実に引き戻してしまう。一九九〇年代の半ばにアラモ・ドラフトハウスを開いたのは、本物の映画ファンに夢のような体験をしてもらいたいと思ったからだ。その哲学はいまもまったく変わらない(6)」

おしゃべりとスマホ禁止だけが、アラモの特徴ではない。こうしたルールをきちんと守らせるために細かい施策を約束し、スタッフがそれを誠実に実行している点が、アラモの特別なところだ。しかも、観客を怒らせることも恐れない。スタッフは毅然とした態度でほかの観客を守り、人々がここに集まる大きな目的を守っている。

アラモは、通常の上映回とは別に、「みんなのアラモ」というプログラムを設けている。ここではおしゃべりもスマホもOKで、上映中に動き回ってもいい。このプログラムには通常回と違う目的がある。いつもとは反対に、どんな人でも受け入れ、子どもたち（よく泣く赤ちゃんも含めて）と障害のある観客に優しい映画館にするという目的だ。映画ファンのなかにも、ほかの観客とは違って特別な支援が必要な人がいる。だから、それぞれ別の目的に合うように、プログラムを二種類に分けたのだ。一方の目的は雑音や気の散ることから観客を守ること。もう一方の目的は、差別や不便さから観客を守ることだ。

このようなやり方でゲストを守るのは簡単なことではない。「シーッ」と言われた方は腹が立つが、守られている方はそれほどありがたみを感じないからだ。パネリストをとりまとめるモデレーターの役目をやれば、ゲストを守る難しさがわかるだろう。

CNNの政治評論家でこれまで数々の大統領の相談役になってきたデイビッド・ゲーゲンほどの優秀なモデレーターになると、チームのために憎まれ役を引き受けることにも慣れている。チームメンバーは知らないうちに彼に守られている。ゲーゲンがパネルディスカッションの司会をしているとき、質疑応答になるとよく聴衆にこうお願いする。「できればお名前をお願いします。質問は簡潔に。それから、必ず質問のかたちにしてください」。それでも、質問者が長々と意見を開陳しはじめることもある。すると、ゲーゲンは割り込んで、例のお願いを繰り返す。「質問のかたちにしていただけますか?……質問してもらえますか?……これは質問につながりますか?」この態度が一部の人には意地悪に見えるかもしれないが、じつは、入場料を払い、時には列に並んでまで国家元首や有名作家や政治活動家の話を聞きにきた聴衆を守っていることになる。みんな、ほかの聴衆の話を聞きにやってきたわけではないのだ。

ゲストを守るというのは、そういうことだ。グループ全体の体験を損ねる人がいたら、それを予測して割り込んだ方がいい。質問ではなく自分の意見を主張していることに、自覚のない人もいる。とはいえ誰しもはじめから悪者になりたいわけではない。たまたま悪い振る舞いが出てしまうだけだ。そんなときは優しく失礼のないように、でもきっぱりと排除するのがホストの役目だ。

数年前、エリザベス・スチュワートは、主催者は毅然とした態度をとらなくてはいけないということに気づいた。エリザベスはインパクトハブ・ロサンゼルスという起業インキュベーター兼コミュニティセンターの創立ディレクターだ。ビジネスの拡大を助け、起業家を育成するのがこの組織の目的だが、シェアオフィス内で横行していた営業行為は排除した方がいいとエリザベスは考えた。「自分たちを差別化するためには、よそにない基本ルールや規範をつくった方がいいと思ったの」。

そこで、会員の説明会では毎回、この場所のルールを紹介した。会員は、ほかの会員から助けを求められたり、仕事は何かと聞かれたときだけ、自分の「商品」について話してもいい。エリザベスは、会員が単なる消費者や投資家として見られないように、彼らを守り、ここが売り込みの場になることを防いだ。

「この場所は何よりもお互いが知り合う場であるべき。まず人ありきで、アイデアはそのあと。ルールはそのためよ。他人の心に土足で踏み込まないような文化をつくろうとしているの」

ゲストを守るといっても、厳しいルールを徹底的に強制すればいいというわけではない。ちょっとした行動を通して、それとなくゲストを守ることはできる。部屋の隅っこで一方的に自分の意見をまくしたてている人がいたら、そこからゲストを救い出す。出しゃばりの仕事仲間をジョークでたしなめる。スマホをいじらないでとやんわりと注意する。それだけで大きな違いが出る。

つまり、ゲストを守るということは、一人がみんなの体験を台無しにする権利よりも、みんなで素晴らしい体験を共有する権利を優先させることにほかならない。それは、たとえ自分が矢面に立っても、悪い警官役を喜んで引き受けることだ。ゲストが自分で自分を守らなくていいように、アラモ・ドラフトハウスのようにゲストのために悪役を引き受けることが、本当の心の広さなのだ。

肩書や学歴は棚上げに

もう一つ、主催者の力を使ってできる大切なことがある。それは、一時的にゲストの序列をなくすということだ。どんな集まりにも、必ず何らかの序列があり、想像であれ現実であれ、ステータスの違いが存在する。たとえば全社集会での新入社員と営業副部長では肩書が違うし、新学期初日の集いでの教師と親では立場が違う。しかし、ほとんどの集まりでは、参加者が肩書や学歴を捨てた方がうまくいく。それを実行するのはホストの役割だ。

トーマス・ジェファーソンのディナーパーティーの話をしよう。ジェファーソンは、アメリカという国は階級社会に対する大胆な反証だと思っていた。平等という理想は抽象的な概念であってはならないことを、彼は理解していた。そして平等の概念こそが彼とアメリカの指導者の生き方を決めることになった。アメリカにおける人々の集い方を決めたのも、この平等の概念だった。新しい国には新しいルールが必要だとジェファーソンは信じた。

ジェファーソンの新しい作法の一つは、ディナーの席次だった。ヨーロッパ社会においてディナーパーティーの席次は参加者の社会階級で決まる。当然、公式行事や外交行事でも社会階級によって席次が決まっていた。ジェファーソンはその伝統を廃止し、こう宣言した。

「政府の公式行事に他国の大使やその家族を招く場合、その他の招待客や自国の大臣の家族らも含めて、全員到着順に座ることにする[7]」

特権階級のなかには「ごちゃまぜ」の席次に腹を立てる人もいた。駐米イギリス大使のアンソニー・メリーもその一人だ。メリーと、「メリーと同じくらいカンカンに怒っていた大柄な妻」ともう一人の外交官は、三人でワシントンの社交界を去った。『トーマス・ジェファーソン百科事典』によると「その後の社交界は大荒れに荒れて、アメリカの外交と内政政策の行方さえ危うくなりかけたが、ジェファーソンはそれでもなお平等の原則をしっかりと掲げ続けた。『人が集うとき、誰もが平等である。外国人も自国民も、肩書があろうとなかろうと、仕事の場でもそうでなくても、全員が平等である[8]』」。ジェファーソンはこの考え方を、自分の集まりにも取り入れたかったのだ（ただし奴隷に対しては別だった）。

それから二〇〇年余り経って、もう一人のアメリカ大統領が、独自のやり方で人々を平等に扱おうとし、再び波風を立て、ネタにもされた。バラク・オバマ大統領は、質疑応答の場面で、男性が女性よりもはるかに頻繁に手を挙げ、また当ててもらえる回数も多いことに気がついた[9]。そこで実験をはじめてみた。ベネディクト大学での講演でも[10]、イリノイ州の労働者の前でも、ホワイトハウス付きの報道陣に対しても[11]、必ず「男性、女性、男性、女性」と交互に質問を受けることにした。女性の順番が来ても手を挙げる人がいないと、誰かが手を挙げるまで待った。

自由世界のリーダーでなくても、ゲストを平等な立場に置くことはできる。その場の力関係を感じ取り、何らかの手を打てばいい。そのいい例が、「オポチューニティ・コラボレーション会議」の創始者がしたことだ。

オポチューニティ・コラボレーション会議はメキシコのイスタパで二〇〇九年にはじまった。社会活動家を集めて「貧困問題への持続可能な解決策を見つける」ことが目的だった。ホストたちははじめから、反貧困分野にはやっかいな力関係が存在することがわかっていた。資金を与える側の国際機関が、資金をもらって現場で働く組織よりもはるかに力を持っていたのだ。この上下関係が、貧困対策の実行を妨げていると主催者たちは確信していた。オポチューニティ・コラボレーション会議のCEOであるトファー・ウィルキンスは、こう語っていた。

「従来の会議に出席すると、歯がゆくなってしまうんだ。貧困解決の助けになるどころか、邪魔になっているような気がしてね。昔からの上下関係が経済開発のやり方に影響している。貧困問題を解決しようと思ったら、まずこの上下関係を壊さなくちゃならない」

ウィルキンスたちは、資金の提供者と受け手の偏った力関係を是正するような集まりを企画しはじめた。三五〇人をメキシコに招いて、一週間を共に過ごす。会議のあいだは、平等の原則を徹底することにした。名札には大きな文字で下の名前を目立つように記し、苗字は小さな文字にした。組織名は絶対に入れないことに決めた。まずはじめに三時間の全体集会を行い、「コミュニティとしての一体感」が目に見えるようにした。ここでそもそも協力を妨げているのは何かをざっくばらんに話し合う。参加者はこの機会にお互いに本心をさらけ出し、権力者に対しても本当の気持ちをぶつける。資金を受ける側は、こんなことを言っていた。「資金提供のお願いにいくたびに、産婦人科で診察を受けるような気分になるの。何もかもさらけ出せって言われるから」。資金の提供者はこう返す。「気持ちはわかるし、ひどいとも思う。でもわたしたちも多くの人の命に関わる判断をしなくちゃいけないんだ。責任は重大だしストレスも大きい」。この会議では、共感を育むために、立場を入れ替えたロールプレイも行っている。

オポチューニティ・コラボレーション会議には、大きな目的がある。それは、貧困問題に取り組む人々がより効果的に貧困と闘えるような環境を整えることだ。対策が効果を上げるためには、これまで以上にお互いが打ち解け、協力し、何よりも対等になることが必要だと会議の主催者は感じていた。そこで、場所と参加者を決めたあと、主催者としての力を使って参加者を対等な立場に立たせることにした。貧困と闘うさまざまなグループをすべて対等な立場に立たせて、民主的にお互いの意見に耳を傾ければ、貧困対策の仕組みを変えることができるかもしれない。

大統領イベントや貧困対策の会議でなくても、集まりを民主化することはできる。パーティーでも社交イベントでも、平等の原則は役に立つはずだ。作家のトルーマン・カポーティはそのことを知っていた。カポーティが開いた「ブラック&ホワイトボール（黒と白の舞踏会）」があれほど盛り上がった理由の一端はここにある。

一九六六年一一月二八日、感謝祭明けの月曜日、カポーティは「親しい友人」五四〇人をニューヨークのプラザホテルに招いて、仮面舞踏会を開いた。それは、ニューヨーク社交界でも前例のないパーティーだった。豪勢なパーティーだったわけではない（午後一〇時からはじまり、真夜中にパスタと軽食が出た）。場所が異例だったわけでもない。この会の特殊な点は、参加者の顔ぶれとドレスコードだった。

カポーティが招いたのは王女や政治家、映画スターや作家だった。このパーティーはその頃夫を亡くしたばかりのキャサリン・グラハムを称えるために開かれたが、そのこと自体も珍しかった。グラハムはワシントン・ポストの社主だった夫の後を継ぎ、それから激動の二〇年間、ワシントン・ポストを経営することになる。だが、当時はまだそれほど名前を知られていなかった。カポーティはちょうど『冷血』を出版し、大ベストセラー作家になっていた。その夜の招待客のなかには、ジャイプールの女王や、イタリアのルチアナ・ピグナテッリ王女もいた。その一方で、カポーティが『冷血』の調査のために滞在していたカンザス州ガーデンシティの一般家庭の人たちもいた。カポーティは雑多な人たちをごちゃまぜにしたうえに、全員に仮面をつけさせた。「あのパーティには、何というか、とんでもなく民主的な雰囲気があったんです。あれほどの有名人を招待しておきながら、顔を隠させたんですから」と言うのは、この舞踏会を研究しているデボラ・デイビスだ。[12]

カポーティはパーティーが大好きだった。そのカポーティにとって、仮面は破壊の象徴だった。有名人が次々とやってきたが、ほんの一部でも顔を隠すことで対等な雰囲気が生まれた。それは当時の社交界にはないものだった（仮面を都合よく「忘れて」しまった客のために、カポーティは安物の仮面を配って、ルールを徹底させた。[13]アラモ・ドラフトハウスと同じで、主催者の力を使ったのだ）。翌日のニューヨーク・タイムズに招待客のリストが掲載された。これほど雑多な人々が同じ部屋に集まっていたこと自体が驚きだった。

ゲストをつなぐ

主催者が力を使ってできることの三つ目は、ゲスト同士をつなぐことだ。開会時には主催者とゲストの接点がゲスト同士の接点より多くても、閉会時には逆にゲスト同士の接点の方が多くなっていれば、その集まりは成功と言える。

ゲストを守ること、対等な立場に立たせることはもちろん、ゲストをつなぐことに反対する人はいないだろう。パーティーで誰かと知り合いたくないという人がいるだろうか？　でも、ここでもう一度自問してほしい。ゲストをつなぐために自ら進んで首を突っ込み、積極的に主催者としての力を発揮する意志があなたにはあるだろうか？　自分が笑いものになっても、少々やりすぎても、誰かをイラつかせても、ゲストをつなぐために行動する勇気があるだろうか？

以前、農場で一日がかりのカンファレンスのファシリテーターを務めたことがある。カンファレンスのトピックは「牧草牛の未来」。このカンファレンスには、牧草牛の生態系のさまざまな側面に関係する一二〇人の参加者が集まっていた。当時、アメリカで販売される牛肉のなかで、牧草牛の割合はまだまだ少なく、ここに集まった人たちはみんな牧草牛をもっと普及させたいと思っていた。参加者は牧場主、農場主、投資家、スーパーやデリの牛肉バイヤー、シェフ、消費者運動家などだ。だが、参加者たちはお互いを知らず、カンファレンスに参加する動機もさまざまだった。

このカンファレンスでは一日中、講演やパネルディスカッションや牧草牛の現状紹介などがぎっしりと詰まっていた。しかし、ばらばらの参加者がグループとしてまとまるには、コミュニティの一体感を築くことが欠かせない。その一日が終わる頃には、参加者同士が気軽に電話をかけ合える関係になっていてほしかった。そこで、それぞれが少なくとも参加者の四分の三と、少人数のグループで親密な会話が持てるような機会をつくることにした。そのためには一つの講演が終わるごとに参加者の座席を変えるしかない。とはいえ、いちいちテーブルを移動するのは面倒だし、参加者も短時間ごとに荷物を抱えて動くのは苦痛だろう。

それでも、やってみることにした。一つの講演が終わるたびに参加者は席を移動し、休憩ごとにも移動した。どんな人がここにいるかわからなければ、運動を盛り上げることはできません、とわたしは念を押した。参加者は全員違うテーブルを回ることになった。一〇人がけのテーブルで、参加者は自己紹介し、その日のトピックや講演について話し合った。みんなが持ち物を移動させなくてはならないし、知り合いと話す時間もないという文句も出るだろう。だが批判は覚悟だった。参加者に新しい知り合いができ、新しいつながりを喜ぶ姿を想像し、喜んでくれる未来の参加者たちの代表になったつもりで会の運営にあたった。目の前の参加者からの要求には、毅然とした対応をとった。

その日の終わりには、文句を言う人はいなくなっていた。むしろ、カンファレンスはお祭りのように盛り上がっていた。たくさんの参加者がこれほど多くの人とこんなに短時間でつながり合えたのははじめてだと言ってくれた。もちろん、講演を通して牧草牛について多くの具体的な情報を提供しながら、同時に目標としていた参加者同士のつながりも犠牲にせずにすんだ。

この話の教訓は、つながりは自然に生まれるものではないということにある。主催者は、望ましいつながりが生み出されるように、集まりを設計しなければならない。複雑で高度な手法を使わなくても、それはできる。以前に結婚式の招待客同士をうまくつなげたカップルの話を聞いたことがある。そのカップルは披露宴で、招待客にそれぞれ共通の趣味を持つほかの招待客を一人見つけるようにお願いし、会場の入り口にヒントを置いた。たとえば、「熱烈なスキーファンで、経営コンサルタントを辞めてスキーのインストラクターになった人」を探してほしいと頼むのだ。そうでもしないと、友達や家族がひとところに固まって、ずっと一緒にいることになってしまう。

イベントの前にゲスト同士のつながりをつくろうとする主催者もいる。現在TEDを運営するクリス・アンダーソンは、最近新しい試みをはじめた。バンクーバーでの大規模なカンファレンスの数週間前に、ニューヨークに住む講演者を集めて夕食を共にしたのだ。講演者たちはみな「一生に一度の」講演の原稿を暗記する最終段階にいた。夕食の前に講演者全員が個人的にクリス・アンダーソンとつながるか、講演者のなかの誰かとつながっていた。夕食のあとは、講演者同士がつながり合った。講演者たちには、足がすくむほど大勢の人前に立ってうまく話をするという共通の目標があった。ここで全員がその目標を共有する同志になった。辛く苦しい旅が少しだけ楽になり、講演者のあいだに親密な絆が生まれた。こうしてつながった講演者たちはいまでもたまに誰かの家に集まっている。

半分ドイツ人で半分エジプト人

主催者が力を使うのは、自分が上に立つためではなく、ゲストを守り、平等な立場に立たせ、ゲスト同士をつなげるためだ。そのお手本がノラ・アバウステイトだ。

ノラはニューヨークに住む起業家だ。ドイツ人の母親とエジプト人の父親（例の学生専用のバーを開いた、あの人物だ）のあいだに、ドイツの片田舎で生まれた。彼女は工芸家のコミュニティをつくることを一生の仕事にしてきた。工芸イベントの企画会社、クラフトジャムを起業し、仕事でも私生活でもしょっちゅう集まりを開いている。

つまり、ノラは集いの達人中の達人と言っていいだろう。彼女はわたしの知人のなかで誰よりも多くの集まりを主催したり、集まりに参加したりしている。そして誰よりも広い心で真剣に主催者の役目を果たしている。年に数回自宅に四〇人を呼んで食事を振る舞うことなど、彼女にとっては朝めし前だ。いまでは世界中を飛び回り大規模なカンファレンスの前夜に大人数の食事会を催している。たまたま週末にニューヨークに友だちが来たという誰かのために、ブランチを催すことも多い。自宅はいつも開放されていて、友だちの友だち（つまり他人）でも、ニューヨークを楽しめるように受け入れてくれる。ノラのやることなすことすべてが、寛容で毅然とした力の使い方のお手本になる。

ノラはゲストを守るために、ちょっとしたルールを決める場合もあれば、ピシャリと叱ることもある。きちんと座席の決まった正式のディナーでは、時間に遅れないでほしいと注意する。「ゲストは一緒に少しずつ集まりに気持ちを向けていくものなの。みんなが同じ場所にいることである種の熱気が生まれ、全員で盛り上がることができる。一人じゃなくて、みんながいるからこその体験があるはず」。遅れてもいいことにすると、時間通りに来たゲストを守ることができない。それと同じで、ほかのゲストを無視して知り合いの二人が隅の方でずっと話していると、ノラは遠慮なくこう注意する。「積もる話は二人きりのときにしてね」。そのパーティーで積もる話をする相手がいないゲストをノラは守っているのだ。知り合いのいないゲストにとって、パーティーを楽しめるかどうかは、ほかのゲストが知り合いでない人とも喜んで話してくれるかどうかにかかっている。

ノラはすべてのゲストに同じルールを課すことで、ゲストを平等な立場に立たせている。彼女の開いたあるパーティーでは、四〇人のゲストがそれぞれ一人ずつ順番に、その年にいちばん感動したことを一つだけ話すように頼まれた。持ち時間はわずか六〇秒。ノラはこのルールを容赦なくすべてのゲストに平等に強制した。義理の母親も、夫の仕事仲間も、高校時代の友達も、六〇秒が過ぎるとノラから「はい、時間」と言われ、話を切られる。

ノラはゲスト同士を結びつけることに、生きがいを感じている。彼女が開いたあるパーティーで、上階のメイン会場にゲストが列をなして階段を上がってくると、階段のいちばん上で満面の笑みを浮かべたノラがゲストを一人ひとり出迎えてこう言った。「わたしの大好きな友だち同士がお互いにここで出会えるのが何よりもうれしいわ。ディナーの前にみんなに一つやってほしいことがあるの。新しい友だちを二人つくってね」。ノラがきっぱりはっきりゲストにそう言ったので、ゲストたちは知らない人に話しかける努力を怠らなかった。知らない人と話しても恥ずかしくなかったのは、ノラがそうせざるを得ない状況をつくってくれたからでもある。

ノラはゲスト同士がお互いに気遣えるような仕掛けを前もって施しておく。大人数のパーティーでテーブルがいくつもあるような場合には、それぞれのテーブルでゲストに役割を割り振っておく。すると手持ち無沙汰にならず、ほかのゲストに話しかけるきっかけができる。たとえば「お水担当」に任命されたゲストは、全員のグラスに常に水が満たされていることをきちんと確認しなければならない。「ワイン担当」はワインが切れないように注意する。バンケット形式の別の会では、一つのテーブルに知らない人と隣り合わせに座るよう指定され、大皿が来ると「ほかのゲストのお皿に食事を取り分ける」よう指示され、「自分の皿は気にしてはいけない」と言われた。ノラは言う。「エジプトではまずお互いのお皿に食事を盛り合うの。そうすれば、全員が食べられるでしょ。自分のことは気にしなくていい」。

ノラは、温かみのある集まりにしたいとき、エジプト流が役に立つと思ったら、エジプト人っぽく振る舞うし、かしこまった場でドイツ流が役に立つと思ったらドイツ人っぽくするの、と話す。その夜のゲストたちは、少し珍しいものでも見るように面白がってキヌアサラダをお互いに取り分けながら、ほかのゲストに食事がきちんと行き渡るように見回していた。そんなふうにさりげなく指示するだけで部屋の雰囲気が変わった。ゲストは自分の皿を気にせず、リラックスした様子でほかの人たちを気遣いはじめた。ノラのちょっとしたルールによって、はじめて会う人たちのあいだにお互いを気遣う関係が生まれたのだった。

寛容に毅然と場を仕切るということは、ホストがゲストに責任を持つということだ。ホストは集まりのあいだずっとゲストを守り、ゲストの平等な立場を確保し、ゲストをつなげ続けなければならない。それがホストの役目だということをノラはよくわかっている。そんなノラのホストとしての責任感が裏目に出てしまったこともある。それはこともあろうに彼女の結婚式でのことだった。

ノラは何日もかけて招待客の席順を決め、それぞれのテーブルが完璧に調和されるように考え抜いた。エジプト風の少し低めのテーブルには、カラフルな絹のテーブルクロスをかけた。美しいテントを張って、その下にテーブルを配置した。テーブルごとの人数は少なめにして、盛り上がりよりも親密さを優先させた。ノラの夫はアメリカ人だが中国で働いていて、ノラ自身もさまざまな場所を転々としてきたので、ゲストは世界中からやってくる。そこで、違いはあってもどこか補い合う点のあるゲスト同士を同じテーブルにつけるようにした。ゲスト同士の関連性を考え、どのテーブルでどんな会話がはずむかまで、ノラは綿密に考え抜いた。そして、今回はドイツ流の伝統に従って、カップルはあえて別々のテーブルに離れて座るようにしたが、この席次に戸惑う人もいた。

その夜、手づくりの白黒のドレスを纏った美しいノラは、誇らしげにテーブルを順々に回って、ゲストに挨拶をした。彼女が心から夢見ていたことが、いま現実になったのだ。彼女の人生のバラバラの部分が一つになって、ここに集まった。でもそのとき突然、異変を感じた。「あるテーブルで、女性が夫の膝に座って、席が離れて淋しいって言っていたの。このテーブルだけ何か違うって感じた。そこだけ、すごく盛り下がっていたのがわかったから」。ノラはそのカップルに近寄って、女性をもとのテーブルまで戻らせた。そのカップルは驚き戸惑っていた。

決まった席からゲストが離れてしまったことが、どうしてそれほど気になったのだろう？「調和が乱れてしまったから」だとノラは言う。「あのカップルは自分たちのことしか考えていなかった。ほかのゲストのことなんて頭になかった。みんなでいるときには、全員がほかの人たちの気持ちを考えてあげれば、結局はみんなが満たされる。でも自分のことしか考えないってことは、契約を破るってことよ。あのテーブルのほかの人たちに失礼だから、わたしは腹が立ったの」。その瞬間にノラの頭にあったのは、テーブルを離れた女性ではなく、残されたゲストのことだった。もちろん、残されたゲストたちが立ち上がってその女性に席に戻りなさいと指図はできない。だが、少人数のテーブルから彼女がいなくなれば、場の雰囲気が暗くなるのはあきらかだった。

わざわざもとの席に戻らせられた女性の方は、ノラが偉そうに指図したことに気分を害していた。でもノラにしてみれば、テーブルに残された五人を守るために行動したまでだった。結婚式のあとに続く長い夜のなかで、食事の時間はほんの一部だし、カップルが離れ離れになるのも食事中だけだ。そのあいだは知らないゲストがお互いに結びつき、遠い場所にあるバラバラな物語を一つに紡ぐことができるように、ノラは仕掛けを考え抜いていた。

意に沿わない命令を受ける側にとっては、ノラの集まりは楽しくない。だが、ノラが自ら進んで集まりを支配する理由ははっきりしている。それはいつもゲストのためだ。

ＳＸＳＷ［サウス・バイ・サウスウエスト＝音楽、映像、テクノロジーなどと組み合わせた大規模イベント］の参加者のためにディナーを企画していた友人に向けて、アドバイスのためにノラが送ったメールがある。この六箇条は、わたしのお気に入りだ。これを読めば、ノラが何をいちばん大切にしているかがよくわかる。

1　ボスはあなた。主催者は民主的じゃなくていい。ルールがある方がパーティーは盛り上がる。制約がある方がいいデザインが生まれるのと同じこと。

2　ゲスト同士を紹介すること。たくさんの人をつなぐこと。ここに時間を使うこと。

3　気前よく。食事もワインもふんだんに振る舞うこと。ゲストを紹介するときには、これでもかというくらいに褒めまくること。着席前にカクテルの時間を設ける場合には、軽食を準備してゲストの小腹と心を満たすこと。

4　あらかじめ席順を決めておく。必ず男女を交互に座らせること。ゲイでも特別扱いしない。違うことをしている人や、補完的な特徴のある人たちを隣同士にする。または、共通点がある人を隣同士にしてもいい。同じことに情熱を注いでいたり、珍しい趣味が一致する人だといい。そして、お互いの共通点を教えてあげよう。

5　それぞれのテーブルで自己紹介をする。自己紹介は簡潔に。名前、好きなもの、好きなこと。または週末にやっていることや、その集まりに関係することにとどめる。

6　デザートが出たら席を変わってもいいが、何らかのルールを決めておくといい。たとえば、一人おきに隣の席に移るといったことだ。

このリストには、寛容に毅然として力を使うことの本質が凝縮されている。彼女のアドバイスの根底には、ふたつの大切なポイントがある。それは、共感と秩序だ。

独裁者になってはいけない

みなさんは、「自然体」の主催者が催す「気張らない」集まりに何度も参加したことがあるはずだ。たとえば、あなたの前の「質問者」が二ページ分もあるような長い長い独り言を語っていても、司会者が割り込んでくれない会。はじまりの合図も何もなく、公園の雑踏に紛れているだけのような新入生歓迎ピクニック。あるいは隣に座った男性の起業話を耳がタコになるまで聞かされた夕食会など……。

一方で、まったく違う類の会にも出席したことがあるはずだ。ぎちぎちに管理され、指図され、騙されたような気分になって、来たことを後悔するような会や、すべてがホストのためにあるような会……。ということは、自然体の、つまり自分勝手で放任主義の主催者だけが、問題ではない。独裁者的なホストもまた問題だ。これからそれを話そう。

自然体のホストは、我が身かわいさからゲストを放置してしまう。一方で、独裁的なホストは自分のためにゲストの手足を縛ってしまう。集まりをガチガチに支配して、自分のためにゲストを犠牲にする場合がある。わたしの経験では、企業イベントにこの傾向が強い。予想外の出来事を排除したいというお役所意識から、ゲストをがんじがらめに縛ってしまうのだ。

集まりをガチガチに支配してしまう主催者は、たいていの場合、自分が支配力を失うことを恐れている。イベントを計画通りに進行させようとムキになりすぎて、自分の心の平穏を守るためにゲストの自由を奪ってしまうのだ。わたしが手伝ったある集まりもそうだった。それは、オバマ政権が二〇〇九年夏に新設した社会イノベーション・市民参加局の発足イベントだった。

社会イノベーション・市民参加局はまったく新しい考えに基づいて発足した局だった。政府の役割は、時として直接に問題を解決するよりもむしろ、オーケストラの指揮者のように国中の問題解決者を取りまとめることだという、斬新なアイデアがその根底にあった。この局の設立は、コミュニティ活動家だったオバマ大統領自身が、地域に根付いた解決策と活発な市民活動を信じる姿勢を国民に示すものだった。このコミュニティ活動の考え方を育み、実行することがこの局の役割だった。

この新しい価値観を体現する組織の発足にあたって、どんなイベントが最もふさわしいのだろう？　財務省の一部門を新設するのとは、わけが違う。発足イベントも従来とは違うやり方がふさわしいとわたしは考えた。そこでまず、オバマ大統領と、社会イノベーション分野のリーダー一〇〇人との双方向の対話を企画した。この分野の有名人が一堂に会するのは、しかもホワイトハウスに集まるのは、珍しいことだ。千載一遇のチャンスと言ってもいい。わたしたちのチームは、ゲストが一人ずつ対話ボックスに入り、決められた時間、大統領と熱くやりとりするような、活気と透明性のある会を提案した。しかし、公的イベントのすべてを監督する政府の渉外局に打診したところ、アドリブの要素やリスクのありそうなことはすべて却下された。

「原稿がないと大統領が何を言うかわからないので」とのことだった。

結局そのイベントはいつもと同じ代わりばえのしないものになった。ホワイトハウスのイーストルームに教室のように椅子が並べられ、ゲストがおとなしくそこに座って、大統領が原稿通りに読み上げるスピーチを聞くだけだ。社会イノベーションを推進し、国家的な問題にコミュニティ単位で解決策を見つけるという局の目的を体現するようなイベントになるはずが、ただの退屈な講義になってしまった。主催者は確かに力を使った。だが寛容な力の使い方ではなく、ゲストをガチガチに縛ってしまったのだ。

こうした事態は主催者の自信のなさが原因のこともあるが、逆に自信のありすぎることが原因のこともある。

ファッション業界の友人が、有名な酒造会社の二五〇周年記念パーティーに招待してくれたときのことだ。超がつくほど贅沢なパーティーで、想い出に残る一夜になるはずだった。すべてが豪華だった。ウェルカムカクテル、パフォーマンスアーティスト、レッドカーペット、セレブのゲスト、モデル揃いのウェイター、美味しそうなメニュー。見かけはきらびやかなパーティーだったのに、はじめから悲惨な体験になった。

まず、飲み物は一種類だけで、その会社のお酒を使ったかなり強いカクテルだった。ほかの飲み物は水だけ。カクテルを待っていると、出し物がはじまるからとテーブルのある部屋に移動して席につくように、何度も急かされた。そのうえ、強いカクテルに酔わないように軽くつまむものが用意されているかと思っていたら、出し物が全部終わるまでは食事にありつけないことがわかった。七時からのディナーに招待されたはずが、一〇時近くまで食べ物が出てこない。進行役の司会者は決まった原稿を読むだけで、間が持たない。ゲストは食べ物にも飲み物にもありつけず、舞台を見ながら黙って座っているしかない。その目の前で、このブランドの品質がどう守られてきたかについての、正直言ってどうでもいいようなビデオが延々と流されていた。この酒造会社が七代にわたって伝統を守ってきたらしいことだけはわかった。

わたしの知る限り、はなからこのイベントやこのお酒のブランドに批判的だったゲストはいなかった。でも、その夜が更けるうち、ゲストたちはテーブルの下で携帯をいじったり、目をグルリと回してみせたり、わざと手で何かを食べるまねをしてみたりしはじめた。ちょっとした反乱が起きたようだった。ゲストの体験は完全に無視されていた。わたしたちは決まった席に座らされ、動くことも立ち上がることもどこかに行くことも許されず、おしゃべりの機会もなかった。確かに、主催者は自分たちの力を使っていた。しかし、ゲストは自由を奪われただけで得るものはなかった。

食事がやっと出てくる段になったが、今度は出し方にこだわりすぎて、実際にゲストが食事にありつけるまでさらに時間がかかった。部屋いっぱいの人々が空きっ腹を抱えていることなどまったく考慮されていなかった。プレートを持ったウェイターたちがＳＷＡＴチームのように一列に並んで行進し、全員で一つのテーブルを取り囲み、全員が同時にフランス料理の皿をゲストの目の前に置く。でも問題は、ひとテーブルにものすごく長い時間がかかったことだ。しかも、テーブルの数は限りなく多かった。

テーブルの上にあらかじめ置かれていたメニューを見て、わたしはワクワクしながら食事を待っていた。ああ、やっと食べ物にありつける。その晩はサフラン好きにはたまらない、サフラン尽くしのメニューだった。「サクサクのサフランポテト」「カニとサフラン巻き」「ホタテとサフランクリーム」そして「鳥の丸焼きサフラン風味」。デザートには「ココアサーモン」と「チョコレートとマンゴーのパイ」。いよいよ目の前にお皿が置かれたとき、わたしはあまりの量の少なさに驚いた。フォークを手にして食べようとすると、まだ食べるなと注意された。四人の経営者が舞台でお酒と料理について全部説明し終わってからでないと、食べ物に手をつけてはいけないらしい。まずそれをフランス語で説明してから、英語の通訳が入った。この会社にとっては四人を舞台に上げることが何より大切らしかった。

わたしはもういいやと思って勝手に食べはじめた。五分で食べ終えて、二品目が来るかと思って周りを見回した。でも食事はそれだけだった。楽しい夕べになるはずが、ホストを叩くネタを仕入れるだけの夕べになってしまった。

この期に及んでやっと、わたしもほかのゲストも、この悲惨なパーティーの本当の目的を理解した。このパーティーは一にぎりの人たちの栄誉を称えるためのものだった。この酒造会社による、酒造会社のための、酒造会社のお祝いだった。それ以外のすべては小道具でしかなかった。パーティーとは名ばかりで中身のない集まりだった。ゲストはこの会社の物語の一部ではなく、わたしたちはこの会社と何のつながりも感じられず、下手な見世物を無理やり見させられているようだった。あとでゲストの一人はこんなメールをわたしに送ってきた。「何のために集まったんだっけ？　目的は？　みんなをつなぐ糸はどこに行った？　パーティーの基本がなかったね。何のために招かれたのか、さっぱりわからなかった」。

酒造会社はゲスト同士をつなげることも、ゲストを守ることもしなかった。今回は自分たちの仕切りの悪さを挽回しようともしなかった。主催者は完全な独裁者となってしまっていた。

こうなるとゲストの怒りが一点に集中する。主催者に対してだ。

わたしがブチ壊した夕食会のこと

では、どうしたら主催者としてゲストを見捨てず、同時にゲストのためになるように力を使えるのだろう？　そのバランスをどうとったらいいのか？

ここで、わたしの大失敗を告白しよう。ある夕食会を台無しにしてしまったのだ。

それは、わたしと夫が一〇人のゲストを招いて開いた夕食会だった。はじめは、いつもわたしたち夫婦を招いてくれるカップルのために夕食会を計画した（この目的がそもそも間違っていた）。その夕食会には六人の別の友達を招くことにした。仕事の顔見知りも交じっていたが、ゲスト同士がそれほど親しいわけではなかった。お互いに会ったことのないゲストもいた。世代もバラバラで、二〇代もいれば七〇代もいた。わたしは最初、あれこれ世話を焼かない「自然体の」ホストを務めようとした。ゲストがやってくると、夫とわたしは一人ひとりを出迎え、飲み物を差し出し、居間に連れていった。あらかじめコーヒーテーブルの上におつまみを準備して、その周りを椅子とソファで囲んでいた。

ゲスト同士は知り合いではなかったが、わたしが全員紹介するのはちょっと荷が重かったし、堅苦しくなるのは避けたかった。その晩は気軽な雰囲気にしたかったのだ。ゲストはそれぞれに座る場所を見つけて、一時間ほどそこで隣の人たちと話していた。全体的にあまり盛り上がらず、何となく重苦しい感じだった。わたしにとっては予想外だった。ゲスト同士の共通点も多かったので、すぐに打ち解けて会話ができると思っていたからだ。

わたしはだんだん心配になってきた。

夕食を食べようとみんなでダイニングに移動していたとき、ゲストの一人がわたしを脇に寄せてこう言った。「紹介してもらってもいいかな？　誰が誰だかわからないから」。わたしが出しゃばりたくなかったせいで、ゲストは会話のきっかけをつかめなかったのだ。

わたしは気持ちを切り替えて、積極的にゲストの世話をしようと決めた。歓迎の挨拶をして、みんなで乾杯した。ゲストたちにはそれぞれ違うかたちで昨年中はお世話になり、彼らが「わたしたち家族に幸運をもたらしてくれた」ことに感謝した。挨拶を準備していなかったので、行き当たりばったりに話した。最初のゲストを褒め称えようとして、思いがけず失言してしまった。「夕食会の日を決めたのは、数カ月も前です。エリーゼの予定がパンパンに詰まっていたので」。エリーゼは赤くなり、ほかのゲストたちは少し引いてしまったようだった。次は自分がやり玉にあげられると思ったのだろう。それからほかのゲストたち一人ひとりについて何か言おうとしたけれど、細かい点を間違えて、何度も訂正された。「彼はテネシー出身で」と言ったら、「ジョージアだけど」と返される始末。職業を紹介したゲストもいれば、性格を紹介したゲストもいた。

わたしの紹介があまりにも下手すぎて、ある人がこう口を挟んだ。「おいおい、みんなの仕事を紹介したのに、ゼブだけまだだよ」。わたしはうろたえてしまい、しかもその人がいまどんな仕事をしているかをよく知らなかったことに気づいて、本人に説明を頼んだ。

そんなこんなで、四五分もゲストの紹介を続けていた。夫がもうやめろと合図を送っていたけれど、まだゲストの半分しか紹介は終わっていなかった。夫がとうとう割り込んで、わたしが紹介を続けるあいだにどうぞ食事をはじめてくださいと告げるはめになった。

わたしは方向を切り替えようとして、無計画な自然体から独裁者モードに一八〇度転換してしまった。最初は何もせずほったらかし状態、次は力を使いすぎて、ホストとしてしくじってしまった。ゲストを紹介するにしても、さまざまな楽しい方法があったはずだった。ゲスト同士に質問させたり、パートナーにお互いを紹介させたり、わたしが面白い質問を準備して、一人につき一問ずつ答えてもらってもよかった。それなのにそのどれもしなかった。何の事前準備もせず、自分勝手に支配してしまった。わたしの紹介ではゲスト同士をつなげることも、グループの会話を盛り上げることもできなかった。

紹介のあとは、ぎこちない雰囲気が続いた。数人のゲストだけが、ずっと話していた。わたしは話題を変えようとしたけれど、先ほどの下手な紹介が尾を引いて、うまく割り込めなかった。その晩はゲスト同士がつながったという感覚を持てずに終わってしまった。会話は最後までかみ合わず、デザートが終わるとみんな疲れたと言ってすぐに帰ってしまった（ゲストが九時に疲れたと言うような会は楽しいはずがない)。翌朝目が覚めてもまだ、わたしは気恥ずかしく、後悔していた。

あの夜、どうすればうまくいったのだろう。

夕食会の前に準備をしておくことはできたはずだ。前日の確認メールのなかに、各ゲストの経歴を短く楽しい調子で書いておけばよかった。そうすれば、時間のあるときにみんながそれを読み、誰が来るのかを何となくつかむことはできた。ゲストがやってきた時点で、その人をみんなに紹介して、少人数のうちにゲスト同士をつなぐこともできた。ノラのリストにあったように、それぞれのいいところを褒めることもできたはずだった。

もしテーブルについてみんなを紹介するのなら、きちんと準備しておくべきだった。そうすれば温かく、面白く、正確で公平な紹介ができたはずだった。わたしだけが知っているゲストの素敵なエピソードを話せたかもしれない。または、食事のはじめに共通の質問をしてもよかった。たとえば、「これから一年のあいだにあなたがしたいと思っていることは何ですか? 世界のために何か考えていることは?」そう聞いたあとで、ノラのアドバイスに従って、全員に公平に答えさせることもできただろう。

ただし、あくまで簡潔に。

第4章

別世界をつくり出す

CREATE A TEMPORARY
ALTERNATIVE WORLD

ここまでは、意義ある目的に基づいて集まりを開くにはどうしたらいいかを考えてきた。目的に合うように門戸を閉めるにはどうするか。正しく力を使ってゲストをお世話するにはどうするか。そうした判断が、会合のしっかりとした土台をつくる。

土台づくりについては十分にお話ししたので、ここからは次のトピックに移ろう。どうやったら刺激的な集まりができるか、だ。インターネットには、そうした悩みに答えるアドバイスが溢れている。

シーノウズ・ドットコム「次のディナーパーティーをピリッと刺激的にする方法[1]」

パーティー招待サイトのイーバイト「オフィスパーティーを盛り上げる5つの方法[2]」

デジタルマーケティングサイトのウィズダン

プ「カンファレンスを企画中？　オタクアイデアでいい味出そう[3]」
若手神父のサイト、カトリック・ユース・ミニストリー・ハブ「次の朝食会をひと味違ったものにする一二の方法[4]」

こうしたサイトのアドバイスには、役に立つものもあれば、役に立たないものもある。しかし、この手のアドバイスは重要なポイントを見逃している。つまり、退屈な集まりでその場限りの小ワザや仕掛けを施しても、それが集まりの文脈に合わなければ効果はないということだ。集まりが退屈なのは、病気で言うと症状であって根本的な原因ではない。楽しくするには、病気そのものを治す必要がある。その病気とは何だろう？　最高の集まりを聞くためにやるべきことをあなたがしていないということだ。それは、ゲストをひとときのあいだ別世界に連れていくということだ。

というわけで、たった一度きりしか存在しない世界をつくり出すにはどうすればいいかをここでじっくりと考えてみよう。

マナーよりルール

何年か前に、パーティーの招待状に小さな異変が起きていることに気がついた。見かけは普通の夕食会やカンファレンスや会議への招待状だ。でもそこに見慣れない、ちょっと気にかかる項目があった。それは、集まりのルールだ。

「インフルエンサー・サロン」という気恥ずかしくなるような名前のグループがある。このサロンでは毎月まったくつながりのない人たちを一二人招き、一緒に料理し、みんなでそれを食べる。招待状には、こんなルールがあった。「会話の内容について／プレゼンテーションが終わるまで自分の仕事と苗字は明かさないこと」「写真撮影について／プレゼンテーションのあいだだけ撮影可」「出席について／出席の返事をして来なかった場合には今後招待されません」（蓋を開けてみるとプレゼンテーションとは料理と食事のことだった）。

また、「ハウス・オブ・ジーニアス（天才の館）」という集まりにも呼ばれたことがある。これはコロラド州ボールダーではじまった起業家の集まりで、みんなの頭脳を使って一つの問題を解決する会だ。そこには独自の「ハウスルール」がある。「下の名前で呼び合うこと。苗字や職業といった個人情報は最後まで明かしてはいけません。純粋な心で協力し続けるために、『開示時間』が来るまでは下の名前で呼び合うこと」。そして「前向きに力を合わせること。『ハウス・オブ・ジーニアス』はみんなのために創造的で実現可能なアイデアを考える会です。批判は適度に、建設的に。すでに出た意見に賛同したければ、『プラスワン』と付け加えること」。

「ジェファーソニアン・ディナー」への招待状には、こんな警告文があった。[5]「隣の人にだけ話しかけるのではなくテーブルの全員に向かって話しかけてください」。

誕生パーティーに出席するため、仲間たちとニューオーリンズまで旅をしたことがある。パーティーの招待状には、つい笑顔になってしまうようなルールが書かれていた。「ベッドのなかにいる時間はほどほどに」「群れから離れずしっかりついてくるように」「素敵な写真をたくさん撮ってもSNSにアップしないでね」「地元の人とおしゃべりを楽しんで」「ほかにも必要に応じてルールを決めます」。そして「帰宅のフライトに乗り遅れないように」と締めくくられていた。

こんな結婚式の招待状もあった。「電子機器なしの結婚式にどっぷりと浸っていただきます。どうぞスマホとカメラの電源をお切りください」。

あるクリスマスパーティーの招待状には、返信についてのルールが書かれていた。「来る場合も来ない場合も、必ず返信してください。返信しないと来年はご招待いたしません」。

そんなルールを見て、ちょっとやりすぎではと思ったこともある。わたしが誰と話そうとあなたの知ったことではないし、自分が苗字を名乗ろうが、何を話そうが、一人でいようがいるまいが、スマホをチェックしようがしまいが、インスタグラムに写真を投稿しようがしまいが、わたしの勝手でしょ？　ルールなんて、その昔古くさい会合で押し付けられていた堅苦しいマナーみたいだし、昔よりひどいと思ったルールもあった。

伝統にのっとった会合では、招待状にわざわざマナーを書いたりしない。前もってああしろこうしろとも言われない。無理やり従わされるわけでもない。でも、もしマナーを知らずに何かやらかしてしまったら、次に招待してもらえない。ここがルールとマナーの違いだ。ルールを明記するということは、ゲストがどう行動すべきかを細かいところまでわかりやすく前もって伝えておくということだ。そのおかげでゲストは思い込みや暗黙のしきたりなどで失敗しなくてすむ。

ホストがルールを明示することは、マナーに対する反逆だ。わたしはようやくそれを理解した。一見主催者の気まぐれのように見えるが、はっきりとわかりやすく明示されているルールの方がじつは民主的なのだ。面白いルールは堅苦しい暗黙のエチケットにとってかわるものだった。

お金持ちのお年寄りが望むこと

六年生のとき、わたしは両親に頼み込んで、全米青少年マナー協会という啓蒙団体に入会させてもらった。地元の友だちはみんな参加していて、わたしだけのけ者にされるのがいやだったからだ。でも子どもだったわたしはマナーの何たるかさえ知らなかった。わたしは一人っ子で幼い頃は海外で育ってきたので、両親はわたしが友だちを見つけられる団体に入るのは大賛成だった。もちろん、その団体はとても保守的だったけれど、それでも親は許してくれた。そんなわけで、わたしはアメリカ南部流のマナーの洗礼を受けることになった。

全米青少年マナー協会は一九七九年にノースカロライナ州のリンカーントンで生まれた。アン・コルビン・ウィンターズという女性がエチケットを教えはじめたのがきっかけだ。ウィンターズはミスコンの優勝者で、地元南部の社交界の花だった。彼女はその後ロナルドド・レーガンの大統領選挙キャンペーンで、ノースカロライナ州の責任者となり、大学を中心に活動を行った。彼女がリンカーントンではじめたマナー講座は全国的な組織になり、いまでは三〇州で三〇〇の支部を抱えるまでになった。この団体は「自分と周囲の人たちの人生をよりよくするためのマナーを若者に教え実践する」三年間のカリキュラムを運営している。(6)

わたしが習ったのは、電話のマナー、贈り物をもらったときのお礼の仕方、人を紹介するときのマナー、列に並ぶときのマナー、グループ活動に参加するときのマナー、礼儀正しい話し方、褒め方や褒められ方、スポーツのマナー、いい第一印象の与え方、TPOに合わせたドレスコード、家と外でのマナー、テーブルマナー、フォーマルな場所の飾りつけ方、ダイニングの仕様（アメリカ風、アジア風、大陸風）、ゲストやホストやホステスとしての態度、そのほかの社交における振る舞い方といったことだ。

月に一度、わたしはストッキングを履き、化繊の紺色のプリーツスカートに白いタートルネックをたくし込み、お気に入りの花柄のチョッキを着て、地元のカントリークラブに車で送ってもらい、周囲の人たちの人生をよりよくする方法を教えてもらっていた。先生は南アフリカ出身の女性でテーブルに白いテーブルクロスをかけ、正しいテーブルセットのやり方を教えてくれた。ワイングラスの正しい位置も教えてくれた。正しいお礼状の書き方（すぐに書くことと、具体的な点を挙げて感謝すること）、レストランでフォークを落としてしまったらどうするか（自分で拾ってはいけない）、そして社交ダンスのステップも教えてもらった。授業の最後はたいていい社交ダンスのレッスンだった（わたしは社交ダンスのレッスンが死ぬほど怖かった。男子とペアになってステップの練習をしなければならなかったからだ。わたしは極度の汗っかきで、いつも困っていた）。

マナー協会の活動は、人生を変えるほどではないけれど、楽しかった。いつも遊び半分で、友だちとクスクス笑いながら授業を受けていた。でもその協会に参加してはじめてカントリークラブの内側を見た。卒業式は地元の高級レストランでのダンスパーティーだった。とはいえ、授業の中身は特に役立つものではなかった。その協会で学んだことは、わたしの頭のなかの「お金持ちのお年寄りが若者に望む行動」という引き出しの奥にしまわれた。

とはいえ、社交や仕事の場での、共通の規範や振る舞いを知っておいても損はない。お互いに暗黙の了解がわかっていれば一緒に働きやすいし、相手に恥をかかせることもなく、人付き合いのリスクも減る。

メンバーが固定された同質な閉じた集団のなかでは、マナーを知っておけば必ず役に立つだろう。自分と似た人たちと集まるときには、みんな同じマナーに従っているので、マナーの存在にも気づかない。古代ギリシャでは、宴席に招かれると、ホストの寝室に椅子がぐるりと輪のように置かれ、そこで飲み明かし、しゃべり明かすことが当たり前だった。一九五〇年代にアイオワ州のウォータールーでお隣さんの家に招かれたら、食事のあとはピアノ脇に移動して日曜学校で習った歌をみんなで歌うことになっていた。ストックホルムで八月にザリガニパーティーにお呼ばれしたら、スウェーデン人ならみんな知っている宴会ソングを歌いながらシュナップスを一気飲みすることになっている。アルゼンチンで日曜の午後に家族が集まってバーベキューをするときには、その日はほかの予定は入れられないとみんな覚悟している。これでもかというくらい肉が出てきて、みんなが腰かけておしゃべりし、話し続ける。これが「ソブレメサ」、つまりテーブルをはさんでのんびり話を交わすというアルゼンチンの伝統だ。こうした場面でマナーは潤滑油になる。同じ環境で育ってきた似た者同士が繰り返し集まって楽しむときには、長い間守られてきた暗黙のルールに従う方が、自分もみんなも気持ちよく過ごせる。

でも、昨今は、同じ環境で育ってきた似た者同士の閉鎖的な社会で生きている人は少なくなった。最近どんな集まりに参加したかを思い出してみよう。会議、授業、展示会。隣に座った人はおそらく出身地も文化も人種も宗教も歴史も違う人だったはずだ。その人のマナーはあなたのマナーとは違うかもしれないし、もしかしたら正反対の点もあるだろう。アルゼンチン人の友だちは、ニューヨークの夕食会に一時間遅れてきただけでほかのみんながどうして怒っているのかさっぱりわかっていなかった。これは文明の衝突ではなく、習慣の違いだ。ユダヤ教とキリスト教の親戚が感謝祭にはじめて集まったとき、キリスト教の親戚はいつものように食事のはじめに神の祈りを唱え、ユダヤ教の親戚は所在なさげに座っていた。宗教の違いはもちろんだが、ここにもマナーの衝突があった。これからの世界では、こうした衝突がもっと頻繁に起きるようになるだろう。

その場限りのルールで盛り上げる

世界が多様化していることを考えれば、その場に合わせた新しいルールが増えてもおかしくない。世の中が単一文化でなくなり、同類だけの閉じられた集団で生きる人が減っていくにつれてルールに基づく集まりが増えてきたのは、偶然ではない。その場限りの限定ルールはおそらく、いまどきの現実により適した、新時代のマナーなのだろう。生まれながらに自然に身につける暗黙のマナーは、同類ばかりの集まりには役に立つ。ボストンの上流階級の集まりにも、タミル族の集まりにも、マナーがある。逆に、さまざまに異なる人たちが集まる場合は、誰にでもわかりやすいその場のルールがある方がいい。ルールのある集まりは厳しいように見えてじつは、自由と開放性をもたらしてくれる。そのわけは、マナーとその場限りのルールの違いを見ればわかる。

これも例のマナー教室で教わったことだが、マナーのはじまりは、数百年前にさかのぼる。一七五〇年、第四代チェスターフィールド伯爵は、非摘出子だった息子のフィリップ・スタンホープに、こんなアドバイスを書き送っていた。このアドバイスがのちに、近代エチケットの基本といわれるようになる。

「お前は知識を身につけた。知識は優れた文を書くための源泉になる。しかし、これからお前はさまざまな雑事にも注意を払わなければならない。そうした小さなことの積み重ねが偉大な目的につながるのだ。わたしの言いたいことはお前にもわかると思うが、その小さなこととは、優雅さや雰囲気や言葉遣いや礼儀正しさといったものなのだ(7)」

チェスターフィールド伯爵の言う「優雅さ」とは、たとえば「上品かつ自然に食事を取り分け、食べ、飲むこと」だ。また「ぎこちない振る舞いや、無教養で下品な習慣をやめること。たとえば、自分の身体を掻いたり、口や鼻や耳を手で触ったりしてはいけない」とされた。

一八世紀のマナーから、わたしが参加したマナー講習までの道のりには、多くの通過点があった。マナーの権威として知られるエミリー・ポストの教え、ビジネスマナーについて書かれた『ロバート議事規則』、人前で失敗しないためのさまざまな教則本などだ。しかし、チェスターフィールド伯爵の書簡を読むと、いくつかのマナーの基本姿勢は当時から変わっていないことがわかる。

その一つが「不変性」だ。チェスターフィールド伯爵の息子へのアドバイスにも、わたしが受けたマナー講習にも、頑なな不変性が感じられる。つまり、「特定の出来事や特定の時代や時期に関係なく、いつも物事には正しいやり方がある」という感覚だ。正しいやり方を実践するには、伝統を踏襲すればいい。正しいやり方がこの先も変わらないなら、その方法を早いうちに身につけた方が社会に出て役に立つということになる。「マナーは決して時代遅れにならない。子どもにマナーを教えれば一生の宝物になる」と全米青少年マナー協会は宣言している(8)。

もう一つの特徴は「押し付けがましい」ことだ。マナーには一切の遠慮がない。異なる文化や宗教の作法など眼中にないのだ。特定の振る舞い方を金科玉条として掲げ、それ以外は認めない。さまざまな型や多様性を尊重せず、違う人には違う考え方もあるということを一切認めていない。わたしが参加したマナー講座では、ダンスといえばフォックストロットしかなかった。コンプトンも、スパニッシュ・ハーレムも、アパラチアも教わらなかった。

三番目の特徴は「排他性」だ。マナーの根底には、貴族的な価値観がある。一般大衆から自分たちを区別する目的でつくられたマナーは社会階層を強化するものにほかならない。誰もがフォックストロットを踊れて正しいワイングラスの配置を知っていたら、マナー協会は上流階級に上ろうとする生徒の助けにはならないし、「同級生のなかで際立った社会的成功を収めるような」人材を育成する役には立たないはずだ[9]。

マナーが不変で押し付けがましく排他的だとしたら、その場限りのルールは逆に、マナーをリセットする力になり、実験的で謙虚で民主的で、なおかつ気分のいい集まりをつくり出す一助となる。

マナーが不変の伝統を頑なに守るものだとしたら、その場限りのルールは新しい作法の実験だ。夕食会には政治と宗教を持ち込まないのがマナーとされている。これが絶対だということになれば、どこの夕食会でも、それが選挙の年であってもなくても政治と宗教の話題を避けなければいけない。一方で、ある集まりで苗字を明かさないというルールがあったとしても、それはちょっとしたご愛嬌で、最後のゲストが帰ればルールは消えてなくなる。マナーに基づく集まりでは、ゲストの人となりや生い立ちが振る舞いから透けて見える。ルールに基づく集まりでは、ゲストの振る舞いはその場限りのものだ。マナーは抑圧的だが、その場限りのルールはゲストを大胆で実験的にしてくれる。ルールのおかげでひとときの別世界が生まれ、いつもよりも遊び心を持つことができる。その場限りだとわかっているので、ゲストはそれに喜んで従おうという気持ちにもなる。

マナーは「たった一つの正しい振る舞い方」だが、その場限りのルールは正しくなくてもいい。狭い社会の伝統にとらわれないのが、その場限りのルールだ。どんなルールでも勝手につくっていい。その場限りと限定するのは、謙虚さの表れだ。苗字を明かさないのが文化的な人間の証だと言いたいわけではない。ただ、この日のこの時間、この人たちと一緒にこの目的のためだけに、苗字を隠して、何が起きるかを見てみようと提案しているだけなのだ。

マナーは生い立ちや幼い頃の訓練によって身につくものだ。それは民主的な選択の対極にある。その場のルールに従うだけなら、事前の準備はいらない。外国からやってきたばかりで現地の文化に不慣れな人でもメールさえ読めればルールのある集まりで恥をかくことはない。だが、マナーが求められる集まりでは地雷を踏みまくるかもしれない。

ジェファーソニアン・ディナーやハウス・オブ・ジーニアスや近頃流行りのサイレント・ディナーなら、よそ者でも簡単にルールに従える。一方で、ハンブルクで夕食会に呼ばれて、くしゃみのあとに「ゲズントハイト（お大事に）」と言うべきかどうかを見極めるには、ドイツ社会に身を埋めて規範やその場の機微を読み取れるようにならなければいけない。それには長い年月がかかる。暗黙のマナーは共通の振る舞いを前提にした閉じられた集団では役に立つ。反対に、明確なルールは違いを前提にした開かれた集団で役に立つ。ルールがはっきりしていれば、外の人も平等に集まりが楽しめるようになる。

わたしが見たところ、異質な人との集まりを楽しめる人の多くは、その場限りのルールに喜んで従っている。みんながルールに従えば、ひとときのあいだ別世界がつくり出される。ホストはその場限りの憲法を掲げ、自分の王国にゲストを招き、新しいことを試させ、刺激を与えることができる。

次に、そんな「王国」の例を紹介しよう。

ディネ・アン・ブラン

暗黙のマナーの代わりに明確なルールに参加者全員が従ったら、どんな奇跡が生まれるかを見せてくれるのが、「ディネ・アン・ブラン（白の夜会）」だ。このイベントは、一都市につき年に一度だけ開かれるグローバルなイベントで、これまでにキングストン（ジャマイカ）、シンガポール、キガリ（ルワンダ）、ブカレスト（ルーマニア）など、六大陸七〇都市で開かれてきた。この夜会には、経歴も人種も言語も性的指向もさまざまに異なる人たちが集まる。参加者は同じ言葉を話さなくてもいい。食べられないものがあってもかまわない。

この夜会は今やグローバルな現象になっているが、もとは個人的な集まりがきっかけだった。一九八八年、フランソワ・パスキエは、それまで二年間住んでいたフランス領ポリネシアから、母国フランスに家族と一緒に戻ってきた。帰国祝いに、自宅に大勢の友達を招待することにした。ところが自宅では全員が収まりきらなくなって、パリの四大自然庭園の一つ、バガテル公園で集まることにした。ゲスト全員に友だちを連れてきてもらい、公共の庭園で目印になるよう白い服を着用することにした。その夜は忘れられない刺激的な体験になったので、次の年も、また次の年も集まることにした。毎年同じ顔触れもいたが、新しい参加者も増えていった。このパーティーは口コミで広がり、ゲストの数もどんどん増え続け、年を経るごとに壮大で華やかな集まりになった。バガテル公園に参加者が収まりきらなくなると、さらに広いパリの名所でパーティーが開かれた。ポンデザール、パレ・ロワイヤル、トロカデロ……。継続性を持たせるために、前年のゲストの招待であれば、新しい人でも参加していいことにした。そうして年々規模が拡大し、パーティーの参加者は一晩で一万五〇〇〇人を超えるまでになった。このパーティーは海を越え、大陸から大陸に伝わり、世界中に広がった。

ディネ・アン・ブランがこれほど広まった要因が、ルールに基づく型を発明したことにあるのはよく知られている。この新しい形式が、共通点のほとんどない人たちをこの会に引き寄せた。

パーティーの夜には、数千人もの参加者が頭からつま先までエレガントな白い衣装に身を包み、華やかに着飾ってやってくる。襟巻、帽子、トップハット、ステッキ、羽飾り、そして白手袋。その都市のなかで待ち合わせ場所が何カ所か決められて、ゲストはピクニックのカゴを抱えて、二人一組で待ち合わせ場所に来る。カゴのなかにはシャンパン、豪華なお手製の料理、食器、白いテーブルクロス、白い花が詰まっていて、簡易テーブルと椅子も持ち寄ることになっている。大がかりなサプライズの余興が催されるパーティーの本会場は、ゲストたちには知らされていない[10]。でも、どこか素敵な場所だということはわかっている。

ゲストたちは五〇人ほどのグループで、それぞれの待ち合わせ場所から、数千人が集まる会場まで連れていかれる。それがどこかは事前には知らされていない。会場に着いたゲストたちは、さながらアリが巣窟をつくるように、華やかではかない白の世界をつくりはじめる。白いテーブルと椅子を広げ、白いテーブルクロスをかける。テーブルをつなげて長い列をつくり、片側に女性が座り、反対側に男性が座る[11]。そのテーブルの上に自分たちが持ち寄った料理、食器、キャンドル、生花、花瓶、ナプキン立て、そのほか何でもパーティーに華を添えるものを並べる。そこにはプラスチック製や紙製の食器は使われない。

ディネ・アン・ブランには、はじまりを告げる正式なアナウンスはなく、司会者もいない（司会は禁止されている）。頃合いになるとゲストがお互いに雰囲気を読み取って、白いナプキンを手に持って頭の上で振る。それがはじまりの合図だ。すると、食事の時間になる。陽が沈む頃から九〇分にわたって、ものすごい数の人たちが一緒に三皿の家庭料理を食べる。テーブルやキャンドルと同じように、食事もゲストの持ち寄りで、手づくりであることが奨励されている（いくつかの都市では最近、業者から料理を買ってもいいことになった）。ワインは白かロゼかシャンパンと決まっている。ビールを飲んでいる人はほとんどいない。デザートは、何か特別な手づくり品を持ってくることになっている。たとえば、チョコレートコーティングしたイチゴや、一つひとつ包装されたマカロンなどだ。ディナーの最中は全員が席につく。誰も立ち上がらず、歩き回ることもない。このときにプロポーズをするカップルも珍しくない。

世界中の人たちが、ディネ・アン・ブランはその年で最高の集まりだったと語っている。ニューヨークでディネ・アン・ブランに参加したある年配の男性はこう言っていた。「この三年半はずっと病気に苦しめられたし辛いことも多かった。医者からダメだと言われても、この夜会には毎年必ず参加してきたんだ。ここに来ると頭も心も身体も若返るからね。この気持ちと感動は言葉では言い表せない。ここに来て自分で体験してみないとわからないだろうね[12]」。

夏の夜のとばりが降りる頃、テーブルの明かりが点滅しはじめる。それが次に移る合図だ。ゲストが立ち上がり、友だちを見つけ、ハグし、乾杯し、踊りはじめる。そこでサプライズの出し物がある。ニューヨークでは電子バイオリンの演奏。東京では紙のパラソルを持ったダンサーたちの舞踊。ハイチのポルトープランスではドラムとギター演奏。白に身を包んだゲストの群れが盛り上がり、パーティーの雰囲気が変わる。真夜中ちょうどにトランペットの音が響き渡る。するとゲストはテーブルを片付け、持ってきたものをしまい、全員がその場を去る。食事がはじまってから四時間後には、パーティーの跡形もなくなっている。

注文の多いパーティー

ディネ・アン・ブランがここまで広がったのは、多種多様な人たちをまとめる大胆なルールがあったからだろう。クミ・イシハラ（石原来美）という女性が日本でディネ・アン・ブランを成功させられたのも、このルールがあったからだ。

バガテル公園で最初のディネ・アン・ブランが開かれてから数十年後、イシハラはある日、ニューヨークで開かれたサプライズパーティーをユーチューブで見た。鎌倉生まれのイシハラが家族と共にデュッセルドルフに引っ越したのは六歳のときだった。現地の日本人学校に通い、そこで自分がどこにも属さないノマドだという感覚を覚えた。シンガポールとロンドンで少し働いたあと、二〇代の後半に日本に戻り、ヨガのインストラクターやクリエイティブコンサルタント、そして通訳として生計を立てていた。数千人もの群衆が全身を白く装って集まっている姿に、彼女は惹きつけられた。それがグローバルなイベントで、多様な人たちを同じ体験でつないでいることに彼女は感動した。そして、このディネ・アン・ブランを日本で開こうと決心したのだった。

まずはフランスの本部にかけあって、日本でディネ・アン・ブランを開く許可を与えてもらうことが必要だった。ライセンスを与えられたホストだけが、ディネ・アン・ブランを公式に開くことができる。イシハラは、大規模なイベントを企画運営した経験のある友人二人を説得し、一緒に応募し、面接を受けた。二度のビデオ会議のあとで、イシハラはライセンスを受けることができた。

ディネ・アン・ブランを持ち込むにあたって、開放的なヨーロッパのパーティーを閉鎖的な日本の文脈にどうあてはめるかを考えなければならなかった。公共の場所で開催するためには警察、消防、保健所の許可も必要だった。そして、誰も名前を聞いたことのないパーティーに、数百人という人たちの興味を引きつけなければならない。何より大変だったのは、大勢の人たちに、複雑で聞き慣れないルールに従ってもらうことだった。

イシハラは主催者として、フランス側が決めた数多くの厳格な細かいルールを守る責任と、ゲストにもそれを守らせる責任を負っていた。そのルールを要約すると、次のようになる。

・招待状を受け取った人は、ゲストを一人連れてくる。
・テーブルの片側に女性が座り、反対側に男性が座る。[13]
・頭からつま先まで、ソックスも靴もかぶり物もすべて白にする。
・フォーマルかつ独創的な恰好で、しかも趣味よくまとめる。
・ワインかシャンパンかミネラルウォーターを持参。ビールと蒸留酒とソフトドリンクは禁止。
・正方形のテーブルの大きさは二八インチから三二インチで、テーブルには白いテーブルクロスをかける。
・食器はガラスと陶器のみ。プラスチックと紙製食器は持ち込み禁止。
・出席の返事をしたら、雨でも晴れでも必ず来る。
・できればお手製の「美味しい」料理を持ち寄る。ファストフードは禁止。
・司会はなし。ゲストの合図ですべてがはじまる。
・食事中は席を立たない。フォーマルな夕食会だから。
・ゴミ袋を持参しすべてを片付ける。跡形も残さない。
・年に一度だけ開催する

「こんなパーティーを日本人に売り込むのが難しいのはわかっていました」とイシハラは言う。日本では見知らぬ人と食事をすることはほとんどない。コスプレ好きは多いが、白い靴はなかなか見つからない。同じサイズのテーブルを持ち寄るには、ゲストが何カ月も前に注文しておく必要がある。インターネットでイベントに登録することに慣れない人も多いし、わざわざパーティーのために骨を折って準備するゲストも珍しい。ディネ・アン・ブランは敷居が高いとイシハラは言っていた。それに、日本人は見たこともないものにお金を払う習慣もない。ハードルはかなり高かった。日本で数千人の見知らぬ人たちにルールに従ってもらうばかりか、このパーティーに心を躍らせてもらわなければならないのだから。

イシハラはフランスの本部が開設したフェイスブックページに数カ月にわたって投稿を続け、雰囲気を盛り上げた。そのフェイスブックページのテーマは「ストーリーはその日だけのものじゃない」。

「ゲストもその月は準備にかかりきりになりますよね。好きなキャンドルを買ったり、スカートを探したり。そうやっているうちに気分が上がって、ワクワクしてくるんです」

フェイスブックでは数カ月にわたっていくつかのトピックを取り上げた。ある日のテーマは、ヨーロッパ流の作法について。「このパーティーはヨーロッパの宮廷晩さん会のように、優雅な装いに身を包み、着席スタイルで、参加者自身が心を込めて準備したコース料理をいただきます。全身フォーマルかつ独創的な装い（正装）でお越し下さい。食器もテーブルの飾りつけも、自分らしくとびきり素敵に！　お皿は陶器・ガラス製のみ（紙・プラスチックは不可）。テーブルクロス、ナプキンはすべて布製です」

ここでは、パーティーの目的に合う姿と振る舞いがゲストに求められることを説明し、こんな注意書きも添えた。「かなり注文の多いパーティーです。なので、カジュアルなピクニックとは違います。参加ルールをお守り頂けませんと、次回以降、参加登録のご案内を差し上げることが出来なくなります」。何よりも、このパーティーが年に一度限りの特別な夜への招待で、日本での記念すべき第一回目になることを彼女は伝えたかった。「会場は秘密です。これまで誰もここで食事をしたことはありません。ゲストのみなさんにとっても、一生のうちで最初で最後になるでしょう」。

東京でもいくつかのルールにひるんでしまう人はいたはずだ。世界各地でもそうだった。シンガポールでは、シンガポール料理が「フォーマル」と言えるかどうかについて議論が沸いた。[14] そして、その議論自体が「大昔の植民地的発想」だと大炎上してしまった。[15] ボストンでは、あるブロガーがこう書いた。「えーっと、僕は同性愛だけど、ゲストと一緒に座れないのかな？　男女比が崩れるから？[16]」ワシントンDCではこんなコメントもあった。「なんかむちゃくちゃペイントボール［ペイント弾を発射する道具で撃ち合うスポーツ］やりたくなった！[17]」

そしてニューオーリンズでもこんな声が上がった。「堅苦しいし、気取りすぎ。あのパーティーのあと、古いフットボールのジャージでも着て、袖にこぼした肉汁を舐めながら、みんなでバカ踊りしたくなったよ[18]」。

ディネ・アン・ブランは「お高くとまってる」と批判されたり、「値段が高すぎ」と責められることもある（都市によって値段は違うが、一人あたりの参加費は三五ドルから五五ドルだ）。ゲストの準備も大変だ。[19] バンクーバーでは二人のアーティストが、ディネ・アン・ブランに対抗して「家族に優しくルールも何もない即席の普通の夜会」を企画し、一五〇〇人が参加した。[20] そんな批判があるものの、ディネ・アン・ブランは都市から都市へと広がり、年々参加希望者も増えている。東京のウェイティングリストには一万二〇〇〇人が登録し、フィラデルフィアでは二万六〇〇〇人が招待を待っている。

わたしもニューヨークで開かれたディネ・アン・ブランにゲストとして参加したことがある。そこに来ていた人たちは、わたしがこれまで参加したニューヨークのどんなパーティーよりも、あらゆる点で多様だった。ニューヨークでディネ・アン・ブランを開いた共同主催者は、タイムアウト誌の取材にこう答えている。「ゲストの多様性が、このイベントの目玉なんです。ここには、ニューヨーク中のあらゆる場所からあらゆる背景の人たちが集まっています。これが、ニューヨークという街をよく表しています。これほど違った人たちを一つにして、みんなでお祝いできるなんて、とっても素敵ですよね。この夜だけはどんなことも忘れて、違いも脇に置きます。ただし、白い服を着ているところだけはみんな同じなんです[21]」。

ワシントンDCでディネ・アン・ブランに参加した政治記者のシェイン・ハリスもディネ・アン・ブランが「上流も下流も関係ない」集まりだと絶賛する。かしこまった社交行事と序列が重んじられ、マウンティング合戦の激しいワシントンという都市では、珍しいことだ。ハリスは次のように書いていた。

衣装は全員真っ白だ。でも、参加者の大半はアフリカ系アメリカ人で、次に多いのが白人。アジア系もラテン系もちらほら。年寄りもいれば若者もいる。ゲイもいればストレートもいる。誰が金持ちで、誰が貧乏かはわからない。美しい絹のドレスを着た女性は、研修生かもしれないし、弁護士事務所の代表かもしれない。

よくある社交の場でしばしば出くわすような、わたしの苦手なタイプの人間はここにはいない。隣の人の肩越しにゲストを眺め回して、ふさわしい話し相手を物色するような人はいない。ここではわたしの生業を聞く人などいなかった。マウンティングのない、気持ちのいい集まりだった。(22)

ハリスがいつも出席しているワシントンのパーティーでは、ゲストはさまざまな色のドレスに身を包んでいる。だがほとんどは白人だ。ディネ・アン・ブランでは、全員が白い衣装に身を包んでいるが、肌の色はさまざまだ。これは偶然ではない。ルールが明示されていて、それが一夜限りのことなら、暗黙の了解を知らなくても、育ちがどうでも、特定の文化に詳しくなくても、社交上の暗黙の合図を読み取れなくても、集まりを楽しめる。その夜のルールを知っていればそれでいい。その集まりのルールにきちんと従うだけで、違う種類の自由がふんだんに手に入る。これまでに出会わなかった、多様な人たちに出会うことができるのだ。

イシハラが東京で主催したディネ・アン・ブランには一六〇〇人が集まった。全員が白い衣装に身を包み、時間通りに決められた場所に集合した。白いナプキンが振られ、ディナーパーティーがはじまったとき、彼女は「ここがわたしたちの居場所だ」と思った。集まったゲストはほとんどみんな赤の他人だったが、その場所の雰囲気と、奇妙で面倒で解放的なルールのおかげで、美しい驚きが生まれ、それが人々を一つに結びつけた。「ここに来た時点ですでに心が開かれているので、誰とでも友だちになれるんです」とイシハラは言う。

パーティーの終わりを告げるトランペットの音が響いた。「シンデレラを覚えてますか？」とイシハラ。「一二時になったら家に戻らなくちゃならないことがシンデレラにはわかっていました。ここでもそう。真夏の夜の夢が終わったということが、自然とゲストに伝わるんです」。イシハラ自身も、「これは夢？　それとも現実？」と感じた。ルールのもとで、多様な人が心を開いて集まると、別世界をつくり出せるのだ。夢の時間が終わったら、そこからまたすべてをはじめることができる。

スマホに触れさせないためには

いまどきの集まりでは、よくも悪くも、人々の心はしばしばどこか別の場所にある。それは携帯デバイスのせいだ。いつも何かに気が散ってしまうことは現代生活で避けられないし、会合の最中は特に避けられない。そもそも、忙しすぎて予定を入れるだけでもありえないほど大変だ。参加者の時間を調整するのにもひと苦労。奇跡的に集まれたとしても、心はそれぞれ別の場所にある。

集まりに集中してもらうにはどうしたらいいだろう？　ゲストをスマホから引き離すだけでなく、スマホのことを忘れてもらうにはどうしたらいい？　わたしたちは一日平均一五〇回スマホをチェックするといわれる。[23] ならば、あなたの集まりでゲストがスマホに気をとられないようにするには、どうしたらいいのだろう？　大勢のゲストを一つの場所に集めることができたとしても、本当に「そこにいて」もらうにはどうしたらいい？

これまではずっと、どの集まりでも、スマホに対抗するにはゲストのマナーや暗黙の了解に頼るしかなかった。夕食中のスマホ禁止が、ディップの二度付け禁止のような、当たり前のマナーになるように、祈ってきただけだ（どちらのマナーも根付いているとは言えないが）。しかし、気が散ることの多いいまの時代に、マナーではテクノロジーに対処できない。そもそも、多様な人がたくさん集まるイベントには、内輪の人たちのあいだだけで通用する暗黙のマナーは役に立たない。テクノロジーに対してはさらに無力だ。世界最強の頭脳軍団が、中毒性のある新しいテクノロジーを死にものぐるいで開発しているなかで、マナーなど風前の灯だ。

二〇一一年、グーグルはアプチュアーという小さな会社を経営者ともども買収した。CEOの名前はトリスタン・ハリス。ハリスはその後、グーグルのチームでＩｎｂｏｘアプリを開発することになる。ハリスは当時をこんなふうに振り返っている。「三つの会社の一にぎりのデザイナー（そのほとんどがサンフランシスコに住む二五歳から三五歳の白人男性）の決定が、世界中の何億という人たちの生活にものすごい影響を与えたんだ。こんなことは歴史上なかった。これほど多くの人たちが何に注意を払うのかが、そこで決まったんだから……だから僕たちにはこれを正しくやる責任がある」[24]。ハリスはその後、この思いを一四四枚のスライドにまとめてグーグル社内で発表した。プレゼンテーションの題名は「できるだけユーザーの気を散らさず、ユーザー自身が注意を向けるべきものに集中できるようにしよう」。それは、注意力を奪ってしまうものに対して、マナーや自己責任に頼って対抗するのはやめよう、という熱のこもった呼びかけだった。気を散らさないようにするのは個人の責任だという考え方には無理がある。それは、「スクリーンの向こう側に何が何でも消費者の気を散らそうとしている人が大勢いることを認めないってことだ」とハリスはアトランティック誌に語った。グーグルはハリスを社内「哲学者」に任命した。テクノロジーが人間社会にどう影響するかを考えるのが、ハリスの使命だ。

シリコンバレーのプログラマーにはマナーが無効である一方で、なぜルールは有効なのだろう？　それは、ルールが単純明快で、実験や遊びのように思えるからだ。限られた時間だけ何かに挑戦してみるのは面白い。永遠に禁止と言われたら無理でも、ひとときの別世界をつくるための一時的な制約なら、面白がってやってみたくなる。

「わたしはここにいる」

わたしと夫はかつて、たまたまだが、ルールによって「スマホ禁止」を実現した経験がある。当時、わたしたちはちょうどニューヨークに引っ越したばかりで、この場所になじもうとしていた。これから定期的にニューヨークを散策したいと思っていたが、同じ場所ばかりを歩くのではなく、たまには一日かけてまだ行ったことのない場所を散策しようということになった。

というわけで、その日がやってきた。散策に選んだのはハーレム。そこで、友人のノラ・アバウステイトに相談してみた。ノラはこの本でも紹介した、集いの達人だ。頼んだわけでもないのに、ノラは「わたしも行く」と言いだした。新婚カップルのロマンチックな散歩のつもりが、ちょっとしたイベントになってしまった。ノラは友だちも連れてくると言う（そう、これはノラ自身のルールに違反している）。わたしたち自身も何をするか決めていなかったので、反対はしなかった。「わたしはここにいる」の会がはじまったのは、そんなきっかけからだった。

ノラの友だちに、アビシニアン・バプティスト教会の教会員がいた。この教会のゴスペル聖歌隊は有名で、毎年何千人という観光客がやってくる。この教会を率いるのはカルビン・バッツ主教だ。わたしたちは教会員に招待してもらったので、観光客の座る二階の座席ではなく、信徒が座る一階のベンチに座らせてもらえた。バッツ主教は説教に入る前に、わたしたちの名前を呼んでくれたばかりか、教会に響き渡るような大声でわたしたちの経歴を読み上げた。これにはびっくりしてしまった。みんなが拍手してくれ、ちょっと気恥ずかしくなった。でもたくさんの教会員がわたしたちを温かく迎え入れてくれたのはうれしかった。

教会で気分が高まったわたしたちは、近くの食堂で昼食をとることにした。昼食を食べながら、ニューヨークでのさまざまな体験とこの街の狂騒について話し合った。四人で数時間も一緒に過ごして打ち解けてきたので、ニューヨーク暮らしの恐れや不安を打ち明けることもできた。この街での暗黙の了解について、また生活費の高さについても、あけっぴろげに話した。それから、特に行き先を決めずに四〇ブロックほど南に向かって歩いた。だんだんと、ニューヨークという街を捜査しているような気分になってきた。そこで誰かが、建物やレストランだけじゃなくて個人宅にも入ってみたいと言いだした。自宅の方がいろいろと面白いことが起きるからだ。でも、どうやったら個人宅に入れてもらえる？

　ノラが突然、近くに友だちがいることを思い出し、ダメもとでその友だちにショートメッセージを送り、立ち寄ってもいいかと聞いてみた。すると、彼は快くわたしたちを迎え入れ、お茶まで出してくれて、わたしたちは美しい自宅のなかを見ることができた。あまりの幸運にまた気をよくして、今度は北に向かってニューヨーク市立博物館に行った。博物館ではニューヨーク市の成り立ちを一から学んだ。どうやって土地を平らにしたか、荒地を舗装したか、どうやって特定の場所に高層ビルを建てたか。博物館を出るとき、近所のビルからズンズンとビートを刻む大きな音が聞こえた。そっちに行ってみると、日曜の四時だというのに地下で大規模なダンスパーティーが開かれていた。わたしたちはビールを片手に踊りはじめた。一時間後、汗だくになってその場を離れ、セントラルパークに入った。これほど歩いたのに、四人ともリラックスして、心が穏やかになり、活力に満ちていた。しかも、一日中スマホをほとんどチェックしなかった。お開きにしたのは夜七時。たくさんの人に会い、たくさん歩き、たくさん話した。この街に引っ越してからまだ三週間しか経っていなかったけれど、「友だちができそう」だと思えた。この街を故郷と呼べるようになるかもしれない。そう感じたのだった。

ニューヨークに住みはじめた頃に夫婦であまり考えずにはじめたことが、定期的な充実した集まりになった。最初は四人だったのが、次は六人になり、その次は八人、そして一〇人と拡大していった。はじめのうちは一日中一緒に行動するだけだった。土曜か日曜に集まって、いつもとは違う時間の過ごし方をしていた。どこか場所を選んで、その日の「セレクト」をめぐり、何をするかを決めた。最初はいきあたりばったりで、ルールといえば、時間通りに集合してずっと一緒にいることだけだったが、いつも奇跡のようにうまくいった。そのうち型のようなものが自然にできあがっていった。歩ける範囲の場所を選ぶ、一つのテーブルを囲めるくらいの少人数で集まる、天候を考える……。誰かがガイド役を引き受けて、事前に少し調べておき、みんなのためにユニークで楽しい体験を考えてもらう方がうまくいくこともわかった。ガイドは選んだ地域になじみのある人でなくてもかまわない。遠慮せずに主導権を発揮してもらった方がうまくいく。

わたしたち夫婦のもともとの目的は、地元を散策して知らない何かを発見することだった。グループ活動を目論んでいたわけではないが、会が定期的になり、知らない人も仲間に入るにつれて、自然にできあがっていた型をルールとしてはっきりさせなければならなくなった。新しく来る人にはこのルールを知ってから、参加するかどうかを決めてほしいと思ったのだ。わたしたちが定めたのは、次のようなルールだ。

・「わたしはここにいる」の会に参加する場合には、最初から最後まで一緒にいてもらう（通常一〇時間～一二時間）。
・スマホの電源を切る（散策に必要な場合は除く）。
・心も身体もその場に集中し、そこで起きていることに注意を向ける。
・食事のときに一つのテーマについて語る。
・どんなことも面白がる。

ルールのなかでも、一日中一緒にいることとスマホを切ることがいちばん大切であることは、はっきりしてきた。この二つのルールによって、全員が物理的にも精神的にもその場にいることができた。それはニューヨークでは珍しいことで、テクノロジーから離れられない現代社会では得がたい時間になった。参加者は時間通りに集合し、ずっと一緒にいることが条件だった。途中から参加したり抜けたりはできない。ずっと一緒に一日過ごすことを覚悟すると、みんながいつもよりもリラックスできた。あれもこれも顔を出そうとスケジュールを細かく調整する必要はないし、もっと面白そうなことはないかと探し回らなくてもよくなるからだ。わたしたちは、ただその場にいるだけでお互いの存在を一〇〇パーセント楽しむことができた。いつも忙しくストレスを抱え気が散ってばかりの人たちが、ルールのおかげで一緒にシンプルな時間を過ごすことができた。みんなで「いまここ」に集中することで別世界に行くことができたのだ。

「わたしはここにいる」の会ではルールのおかげで親密さが生まれた。一人でいたらグーグルやフェイスブックやスナップチャットの天才プログラマーに打ち勝つことはできない。でも、ルールのもとで、一日という限られた時間、分け隔てなく飾らない付き合いをするという設定があれば、ポケットのなかの機械を気にせず、自分の心をかき乱すものから自由になれる。

この会の経験から、みんなで一二時間も一緒に過ごすことは、四時間ずつ何度か顔を合わせるのとは根本的に違うことがわかった。一緒にいる時間が長ければ長いほど、その人の素顔が現れる。ちょっとしたおしゃべりでは、それがわからない。そのうちみんな（あなたも）疲れてだらしなくなる。するとガードが低くなる。夕方が近づく頃には、自分の過去の話や、お金や親や宗教にまつわる苦労話がはじまる。普段はあまり口にしないことだけれど、本当に大切なのはそんな話だ。打ち明け話を聞くと「あぁ、自分だけじゃないんだな」と思う。わたしと同じで、冒険がしたくて故郷を離れたけれど、家族を心から大切に思っている人。わたしと同じで、仕事でいやなことがあってそれを誰かに話したいけれど、仕事の話ばかりはしたくない人。わたしと同じで、お金には不安があるけれど、それをリスクをとらない言い訳にはしたくない人。そして、「忙しいニューヨーカー」だけど、のんびりすることも好きで、友人や知らない人との時間を心から楽しみたい人。

「心も身体もここにいる」ためのルールがうまくいったのは、その集まりのときだけ守ればよかったからだ。そのルールに従うと、自分の振る舞いが変わるのだ。人々がわたしたちを見る目も変わった。わたしたちがグループで歩いていると地元の人たちが興味を持ってくれた。赤の他人と膝突き合わせることもあれば、地元のバーのオーナーとおしゃべりをすることもあった。ネタを探していた地元テレビ局のクルーと一緒に歩き回ったこともある。ブルックリンのレッドフックでは、誰かの家のガレージで鰯の缶詰をごちそうになったりもした。シナゴーグで超正統派ユダヤ人と同性愛について議論したこともあるし、中華街にいまも残る数少ない道教のお寺で占いをしてもらったこともある。マンハッタンとクイーンズの間を流れるイーストリバーのなかにあるルーズベルト島で、バーのオーナーが中国人の祖母からもらったという月下美人を見せてもらった（年一回しか咲かない花で、その日は咲いていなかった）。彼のアパートの上階の部屋からウィリアムズバーグ橋を眺めながらワインを飲んだ。オーナーは家族のアルバムを引っ張り出して祖母の写真を見せてくれた。わたしたちはのんびりと彼の話に耳を傾けた。美しい瞬間だった。ルールを設けることで、どうしてわたしたちは自由を感じたのだろう？　何度かこの会に参加したコメディアンで友人のバラトゥンド・サーストンは、こんなふうに答えている。

一日中集団で一緒に何かをするって経験は珍しい。いま、スマホのおかげでどこにでもいることができるだろ。「いまここ」をいつでも抜け出すことができる。ってことは、いつでも何でもできるってことだ。だから、わざわざ一つのことを、決まった人たちとやり続けるのはすごいことなんだ。たまにルールを破りたくなることもある。誰かにメールしたくなったり、情報をチェックしたくなったり、インスタを見たくなったりする。インスタで暇つぶしするのが癖になってるからね。

「わたしはここにいる」の会は、そうじゃない時間の使い方を教えてくれた。ルールのおかげでその場の体験に没頭できる。自分の周りのものをじっくり観察することもできる。スマホを見てると、周りのものが目に入らない。ルールのおかげで隣にいる人と触れ合うこともできる。数千マイルも離れた人と関わるんじゃなくてね。このグループの人たちと一日中一緒に過ごすとわかっていれば、次に何が起きるんだろうっていちいち不安になることもない。いま以外のことが気にならなくなる。次にどこにいなくちゃならないかを気にしなくていい。「ここにいる」って決めてるからね。

これこそが魔法で、重要なポイントだ。無限の選択肢があるなかで、一つのことを選ぶのは革命的な行為だ。そうやって制約を設けることがわたしたちを自由にしてくれる。

罰ゲームは腕立て伏せ

ダイヤモンドは永遠かもしれないが、集まりのルールはその場限りのものだ。ルールによって抑圧ではなく自由を感じる人もいる。それは、ルールが一時的で、謙虚で、すべての人に分け隔てなく課されるものだからだ。集まりがはじまると一つの世界が生まれ、集まりが終わればその世界も終わる。その集まりにだけ適用されるルールなら、ほかの集まりのことは考えなくていい。「ここで起きることはその場限り」だ。もっと言えば、ルールのおかげで集まりに高揚感も生まれる。マナーでワクワク感が生まれるなんて聞いたことがない。

タイでの集まりで、わたしが数人のエグゼクティブに仲間の前で腕立て伏せをさせたときも、高揚感を与えたかったからだ。それは、バンコクで二〇人のコンサルタントを相手に二日にわたる社外研修を行っているときだった。タイでは「お客様は神様」という文化が根強く、それがマナーとされている。特に、この会社ではそうだった。コンサルタントは夜の何時でもお客様からの電話をとるし、家族と食事中でも電話に応対し、結婚式の最中でもメールを返し、必要なら飛行機にも飛び乗るものとされている。この会社が大きく成長したのも、お客様へのマナーを守ってきたからだ。でも、そのせいで今回の研修がうまくいかなくなりそうだった。研修の目的は社内のコンサルタント同士の信頼を築くことだった。わたしは一日八時間の二日にわたる研修計画を立て、分刻みですべてを組み立てていた。

この研修では二時間単位で白熱したセッションを行う。コンサルタントたちはお互いに集中して、これまで言いにくかったことを率直に話し合った。そして最初の休憩時間になった。休憩時間にコンサルタントたちはクライアントとの電話をスケジュールに入れていた。当然、一五分の休憩時間を過ぎても、なかなか電話を切ることができないようだった。次のセッションがはじまっても、四人のコンサルタントが戻っていなかった。営業マンとしては優秀でも、彼らが遅刻したことで時間通りに戻った人たちは怒り、雰囲気が悪くなった。信頼が損なわれ、その前の二時間で築いたものが台無しになった。仲間に対する敬意がないと思われたからだ。「お客様は神様」という考え方が深く刷り込まれてすぎていたため、わたしがこの場のルールをはっきりと打ち出した方がいいことに気づいた。

コンサルタントたちがバラバラと申し訳なさそうに遅れて入ってくると、ある参加者が冗談っぽくこう言った。「腕立て伏せ！」全員が笑う。それをきっかけに、わたしは罰ゲームとして腕立て伏せをルールにすることに決めた。遅刻して入ってきたコンサルタントたちはスーツにネクタイに革靴のまま、気でも狂ったのかと言うようにわたしを見つめた。時間通りに戻っていたコンサルタントたちが笑いながら手を叩きはじめた。すると、四人の遅刻者たちは床に手をついて腕立て伏せを一〇回やった。

それで部屋の雰囲気が和み、新しいルールもできた。遅れても部屋には入れるが、まず腕立て伏せを一〇回やらなければならない。その日はあと三回の休憩があったが、三回目になるとコンサルタントたちは遅刻しないように廊下をダッシュして部屋に戻ってきた。休憩時間が終わると誰かが会場のドアをおおげさに閉めた。数秒でも遅れる人がいると、全員がはやし立て、その人はみんなの前で腕立て伏せを一〇回やらされた。こうして、いつものマナーを一時的に上書きするような新しいルールが自然にできあがった。ルールといっても、少し恥ずかしいだけで、楽しくて誰も傷つかないものなので、全員がその場限りの決め事として受け入れることができた。面白く身体を動かせる罰ゲームだったこともあって、緊張が解けて場の雰囲気が明るくなった。

「お客様は神様」という文化は普段ならこの会社に役立つものだが、今回の集まりには障害になった。腕立て伏せというルールを設けることで、強烈な企業文化に代わる別世界ができた。その場限りの新しいルールのなかで、コンサルタントたちは同じ時間を過ごすことができた。マナーが役立つ場合も、もちろんある。たとえば、お互いに気持ちよく、礼儀正しく、お行儀よくしておきたいときだ。しかし、特定の価値観が組織文化に深く刷り込まれ、それに従うのが当たり前になってしまうと、臨機応変に対応できなくなる。「お客様は神様」という文化はほとんどの場面では役に立つ。ただし、この文化が強すぎると同僚への気遣いが二の次になる。わたしの集まりでは、ルールを設けたことで、同僚への気遣いが生まれた。

組織コンサルタントのハリソン・オーウェンも、マナーの限界に気づいた一人だ。会議やカンファレンスでは、誰かの発表や意見に対して興味のあるふりをしたり、お世辞を言ったりするのがマナーとされている。だが、その習慣が、学びを妨げているとオーウェンは思った。オーウェンは組織コンサルタントであって、人間関係のアドバイザーではないし、他者への気遣いや思いやりをやめさせたいわけではない。その相手にいつか頼らなければならない場合だってある。だが、つかの間だけ別のルールを優先させることはできる。そこで、オープン・スペース・テクノロジーという一時的なメソッドを開発し、そのなかで暗黙のマナーに対抗する一つのルールを組み入れた。これが、「二本足の法則」と呼ばれるルールだ。[25] 二本足の法則とは「わたしたちの集まりで、誰かのプレゼンテーション中に、もし自分が学びも貢献もしていないと感じたら、立ち上がってどこかに行ってかまわない」というものだ。

オーウェンは、ルールをつくることである種の実験を行っていた。プレゼンテーション中に参加者が自由に出入りできたり、学びのないプレゼンから立ち去ってしまったら、何が起きるだろう？　発表者は気を悪くするだろうか？　それとも理解してくれるだろうか？　プレゼンテーションのやり方が変わるだろうか？　このルールの目的は「後ろめたさをなくすこと」だったとオーウェンはあとになって書いていた。[26]「いずれにしろ、（プレゼンテーションがつまらないと）みんな身体はそこにいても心はどこかに行ってしまう。ルールのおかげで、立ち去っても後ろめたい気持ちにならなくてすむ」。例のタイのコンサルタントのミーティングでも、ルールがマナーに対抗する力になった。

普段の人付き合いの常識とは違うかたちで人々をつなげたいときは、ルールが役に立つ。そのいい例が、サンフランシスコで開かれていた秘密クラブの「ラティテュード・ソサエティ」だ。いまはなくなってしまったこのクラブは、メンバーの一体感を高めるために、さまざまなルールを設けていた。たとえば、自分で自分の飲み物を注いではいけないというルールだ。この単純で楽しいルールを強制したおかげで、メンバー同士が声をかけ合うようになった。ほとんどの人が必要とするもの（飲み物）と、少しおっくうなこと（知らない人に声をかける）とを結びつけたのだ。もちろん、自分より先に誰かに飲み物を注いであげるのは礼儀だが、それを知らない人たちみんなに期待するわけにはいかない。だから、このクラブはそのことをルールとしてはっきりと打ち出した。

ルールを適切に使えば、集まりははるかに充実したものになる。ルールによって、一時的に行動が変わるからだ。ここで、ポール・ラウディシナの例を見てみよう。世界的なコンサルティングファームのA・T・カーニーで取締役会を率いていたポールは、悪い習慣に気づいた。取締役たちがいつも追加の情報を求めたり、確認のための質問をしたりしていて、実のある議論ができず重要な意思決定ができなくなってしまっていたのだ。

あるとき、取締役のあいだで話がまとまらず、メンバーのイライラが爆発しそうになった。その様子を見ていたポールは、取締役が難しい決定を下すのを躊躇して、質問を続けていることを見て取った。知らないことを知ろうとするのはいいが、取締役の質問はこの会の目的には役立っていなかった。そこで、ポールは取締役会長として新しいルールを定めた。「質問はしてもいいが、追加の情報を求めてはいけない」。質問はすでにある情報を深掘りするようなものだけに限られた。たとえば「何がこの仕事の障害になっているのか?」「このことを受け入れていないのは誰か?」「この点に合意するには何が必要なのか?」といった質問はいい。「昨年の第4四半期の業績を教えてくれ」はルール違反だ。

ポールは、取締役会に先立って全員が必要な情報を手に入れ、疑問点を確かめるための十分な時間を事前に確保できるようにした。追加の情報を求める質問を禁止したことで、議論は厳しくも生産的になり、取締役それぞれが自分の立場を明確にして意思決定に臨めるようになった。ポールは取締役会の会長として当然の権限を使って、このルールを導入した。そしてこのルールを通して、取締役会で使われる言葉を変えた。言葉を制限し、方向を変えたことで、そこに一時的な別世界が生まれた。ここでは誰も追加の情報を求められなくなった。すると、メンバーたちは前に進むしかなくなった。現状にとどまることも、後退することもできなくなったのだ。

たくさんのルールで縛らなくても、取締役会を一時的に別世界にすることはできた。前進を妨げていた一つの習慣を見つけ、その習慣を禁止するようなルールを一つつくるだけでよかった。

第5章

イベントは準備が九割

NEVER START A FUNERAL
WITH LOGISTICS

ここまでどのように集まりの目的を設定し、どうやって集まりの目的に合うゲストと場所を選ぶかについてもお話しした。主催者として主導権を発揮し、集まりを目的に忠実なものにすることについても語った。そして、集まりに刺激をもたらすその場限りのルールについても論じてきた。

さて、ここからは、会合の当日に向けての準備から運営へと頭を切り替えよう。

「発見の瞬間」から当日まで

イベントは、ゲストがそのことを知った瞬間からはじまっている。もし主催者がこのことに気づいていれば、運営に失敗することはないはずだが、ほとんどのホストはここでつまずいている。会がはじまるのは、たとえば結婚式で招待客に着席してくださいとアナウンスするときや、夕食会でゲストが部屋に入ったときだと思っているホストは多いが、ゲストたちはそれ以前に自分が出席するイベントについて準備したり期待を募らせたりしている。ゲストの体験は、そのイベントがあることを知ったとき、つまり「発見の瞬間」からはじまっている。目的を持った主催者なら、この「発見の瞬間」から仕事をはじめている。

発見の瞬間から当日までは、ゲストの気持ちを盛り上げるチャンスだ。このチャンスを無駄にしてしまうと、ゲストの最良の面を引き出して集まりを盛り上げることができなくなり、イベントが実際にはじまってからやることが増える。

イベント準備の相談相手はたいてい、食事や飾りつけの専門家で、ファシリテーターではない。そうすると人でなくモノに目が向いてしまいがちだ。会場などの物理的な設定で頭がいっぱいになり、肝心のゲストを巻き込む準備がおろそかになってしまう。

おもてなしの達人マーサ・スチュワートのウェブサイトには「パーティー準備の手引き」のページがあり、ホストが事前に確認すべき二九のチェック項目が書かれている[1]。ここには、集まりの数週間前にやっておくこと（「どんな種類のパーティーにするかを決める」）から数時間前にやるべきこと（「カウンターに飲み物を準備する」）までが網羅されている。だが、そのほとんどはモノの準備に関することで、ゲストに関する項目は三つしかない。招待状を郵送またはメールすること。持ち寄りの場合には何を持ち寄るかを伝えること。返信のないゲストに出欠を確認すること。それだけだ。

これらは、ゲストを招集する方法で、彼らの気持ちを盛り上げる方法ではない。では、スチュワートがモノをどう準備しているかを見てみよう。「一日前……葉ものと野菜を洗って準備する。ディップ用の生野菜は皮をむいておく（紙ナプキンで包む）。野菜ごとに別々の容器に分けて冷蔵庫に保管する」。パーティーの準備といえば、まさにこういうことだと思われている。生野菜のオードブルについてはこれほど細かく準備するくせに、人については成り行き任せなのだ。

コンサルタントであり、著名ブロガーで『六〇日間ですごいイベントを企画する方法』の著者でもあるラシェル・アイシップも、マーサ・スチュワートと同じような準備を勧めている。彼女が提唱するのは「心に残るパーティーやイベントを企画するために必要な一〇のリスト」だ[2]。そこには「テーマリスト」「予算リスト」「飾りつけリスト」「音楽リスト」などがある。もちろんこれも役に立つリストだが、一〇項目すべてがモノの準備に関わることで、ゲストの気持ちの準備に関わることではない。もちろん、モノの準備も絶対に必要だ。しかし、パーティーの達人でさえも、ゲストの気持ちを盛り上げる準備についてはほとんど触れていないことには驚いてしまう。

では、イベント前にホストが生野菜よりゲストの準備に目を向けたらどうなるかを見てみよう。フェリックス・バレットはロンドンに住む著名な舞台演出家だ。婚約を発表してから数カ月後、フェリックスのもとに封筒が郵送されてきた。封筒には「続く」と書かれていて、なかには鍵が入っていた。その後、何ごともなく数カ月が過ぎた。「ワクワクと不安がごっちゃになった感じだった。夢と現実の境界がいきなり崩れていくようで、すべてが謎だった」[3]。あとになってフェリックスはそう語った。

フェリックスは不思議な体験には慣れている。ただし、いつもは自分が体験をつくり出す側にいる。フェリックスはイギリスの実験的な劇団、パンチドランクの芸術監督として、これまでにない双方向の演劇をつくり出し、業界に激震を引き起こしてきた。ニューヨークを舞台にシェイクスピアのマクベスをもとにして『眠ってはならぬ』を上演したときには、入り口で観客の持ち物を預かり、知人や友人を離して座らせ、上演中ずっと白い仮面を被らせて、強いお酒を出し、チェルシー地区の廃屋となった五階建ての倉庫のなかを自由に歩き回っていいことにした。

普段は観客に何かを見せる側にいるフェリックスが、今回は一転して観客の立場になった。最初の封筒が届いたあと、彼はただ待っていた。しばらくして、また手紙が届いた。「さて、はじめよう」と書いてあった。フェリックスの仕事場にスーツケースが届いた。スーツケースのなかには潮汐表と座標と小さなスコップが入っていた。座標をたどってみると、テムズ川の川岸に行きついた。そこで掘り出したのはコンピューターのスクリーンだった。スクリーンには、切り貼りした文字が映し出されていた。それを解読すると、この一連のチャレンジが終わったら、秘密結社のメンバーとして迎え入れられるということだった。

何週間ものあいだ、フェリックスは奇妙な人たちから不思議なメッセージを受け取り続けた。

見知らぬ人から伝言を受け取ったり、猫の首輪に言葉が書いてあったり、遠くの観光地で文字を見つけたりした。どれにも何らかの指示が書かれていて、指示をすべて実行すれば秘密結社に入れると告げられた。珍しもの好きのフェリックスは、指示に従った。ハーフマラソンを完走し、ボートとボートの間に綱を張って渡ってみせた。チャレンジを終わらせるごとに秘密結社に一歩ずつ近づいているはずだった。

ある日突然、フェリックスは目隠しされて車に押し込まれ、古い屋敷に連れていかれた。そこには三〇人の男性がフード付きのマントを身につけて待っていた。みんなフェリックスの親友だった。それは、一生に一度のバチェラーパーティー［結婚を控えた男性が式の前に同性の友人たちとどんちゃん騒ぎをする会］だったのだ。

バチェラーパーティーを企画したフェリックスの友だちは、二つのことを十分に理解していた。一つは、ゲストが会場に入ってくるよりもずっと前に集まりがはじまっているということ。フェリックスが封筒に入った鍵を受け取った瞬間から、パーティーへの旅ははじまっていた。そして、その瞬間から会の当日までずっと、フェリックスを楽しませるのがパーティー主催者の役目だということ。フェリックスを連れてくる過程を使って、パーティーを思い切り盛り上げたのだ。

対話の前の対話

紛争解決を専門にしている友人が教えてくれた、忘れられない原則がある。イベントが成功するかどうかの九〇パーセントは、事前の準備で決まる、というものだ。

ランダ・スリムは、ワシントンDCにある中東研究所でいわゆる「トラック2協議」の活動を率いている。レバノン内戦の最中に育ったランダは、ノースカロライナ大学シャーロット校で社会心理学の博士号を取得するためアメリカに渡った。以来、ランダはトラック1・5とトラック2外交の第一人者として活躍している。トラック1・5またはトラック2外交とは、正式な政府外交を補完する手法であり、現役外交官や元外交官に加えて紛争当事者である民間人が多方面から参加して対話するものだ。ここでは、正式な交渉の場ではできないような正直なやり取りが交わされることも多い。ランダは過去二〇年にわたって、中東での難易度の高い集団的な対話を実現させてきた。

そうしたプロジェクトの一つが、欧米の政治リーダーを招いてアラブ・イスラム系指導者や反体制派のリーダーと引き合わせ、継続的に対話を行うことだった。このグループは年に三回集まり、毎回三日間を共に過ごすなかで信頼を築き、新しい国家関係の共通項を三年にわたって探ってきた。ここには各国を代表するような二〇人の影響力のある民間人が集まり、個人として自由に発言することができた。

まだ対話の議題さえも決まらない時期に、ランダは二年をかけて中東を飛び回り、自身の人脈と信頼度と流暢なアラビア語を駆使して、最適な参加者を見つけ、対話の準備をした。参加してくれそうなリーダーに信頼してもらうために家族ぐるみで何時間もお茶を飲みながら話し込んだこともある。党の首脳たちを説得して、アメリカ人高官との会合を禁止する政策を覆したこともある。はるかかなたの紛争地域まで行って善意を見せ、ゲストと同じくらい自分もリスクをとる覚悟があることを証明したりもした。

ランダはゲストが参加できるように政府の許可を得ることと、対話に向けてゲストたちに心の準備をさせることに力を注いだ。何より大切なのは、参加者に信頼してもらうことだった。「わたしがいい加減なことを言わない人間だと、頭から信じてもらう必要がありました。わたしは約束を必ず守るし、いつも率直で隠しごとをしないということをわかってほしかった」。

会の成功の九割は、イベントの幕が実際に開く前の準備にある、とはそういう意味だ。ランダはこの準備を「対話前の対話の段階」と呼んでいる。

とはいえ、わたしたちのほとんどは、準備のために二年もかけて中東を飛び回ったりはしない。ランダの例を出したのは、このやり方をまねしてほしいからではなく、その背後にある哲学から学べることがあるからだ。

ランダから学べることの一つは、準備のための頼みごととその大変さだ。頼みごとが大変であればあるほど、たとえばゲストが遠い場所からわざわざやってきて参加しなければならない場合にはなおさら、準備期間にゲストを気遣い、注意を払い、細かい点を詰めた方がいい。この「試合前」期間には、ゲストの負担とリスクに応じた心遣いが必要になる。

もう一つは、会のしょっぱなからゲストがエンジン全開で望ましい行動をしてくれるように、準備期間に種を植えておくことだ。企業内のブレインストーミングで奇想天外なアイデアをどんどん出してほしい場合には、参加者がはじめから大胆で創造的になれるように、何らかの下準備をしておくといい。たとえば、とんでもない発想を生み出す方法についての記事を、数日前に送るといったことだ。社内でメンター研修を予定しているなら、経営陣の三人がメンターからどんな影響を受け、人生がどう変わったかという具体的な例をあらかじめ参加者にメールで送っておけば、研修に気持ちが入りやすくなる。

ランダの場合には、普通では考えられないほど参加者を信頼させて行動させることが必要だった。参加者がプロセスを信頼し、ランダを信頼し、敵側の代表者を信頼し、母国に戻ってもひどい仕打ちを受けないと信頼できなければならなかった。みんなが集まったあとで信頼を構築するのでは遅すぎる。最初からエンジン全開で走ることが大切だったので「試合前」期間に参加者の気持ちを温めておくことに努力した。

中東和平交渉であれ、週末のダンスパーティーであれ、どんな集まりもゲストの期待と気分に左右される。たとえば、参加者がしょんぼりして静かに話したい気分でいたら、ダンスパーティーははじまらない。職場でホンネを出せるような会議を開きたいと思っても、参加者が身構えていたり斜に構えていれば本音は出ない。会議がはじまってから気分を変えようと努力することはできる。しかし、それではホストの負担が大きくなり、時間も無駄になる。だから、事前準備が大切なのだ。

ゲストに事前課題を出す

事前に気の利いたメールを送るだけでも、ゲストの気分は盛り上がる。凝った招待状を送るとか、モノの持ち寄りではなく行動をお願いするようなずうずうしいお願いまで、ゲストをその気にさせるにはさまざまな方法がある。シルク・ドゥ・ソレイユの脚本と監督を務め、マドンナのＭＤＮＡツアーとスーパーボウルのハーフタイムショーにも参画したミシェル・ラプリーズの例を見てみよう。ある年の冬、ミシェルは忙しく飛び回ったツアー明けに、年末パーティーを開こうと決めた。ただしその年は、クリスマスツリーを飾る暇もないほど忙しかった。そこで、とりあえずゲストにその年の幸せな想い出の写真を送ってくれないかと急いでメールを送った。

ゲストがミシェルの家に足を踏み入れると、そこには二四枚の写真が丸く切り取られて、クリスマスツリーに飾られていた。スキューバダイビング、「売却済み」の看板を持って家の外に立つ人、パフォーマンス前にアクロバットの装具をつけている姿。ゲストたちはツリーの周りでカクテルを飲みながら、お互いの幸せな想い出の一枚に目を輝かせていた。「その瞬間に突然、お互いが、赤の他人でもなく、仕事仲間でもなく、一人の人間だと感じられた。おかげで、ディナーが楽しくはじまった」とミシェルは言う。

「ゲストは温かく迎えられたと感じていたし、お互いの幸せが何かを知ることは僕にもゲストにも大切だった」パーティーのテーマをはっきりと決めていたわけではなかったが「幸せな瞬間を表すものを持ち寄ったことで、その晩は自然に幸福を考える夜になった」。

パーティーの直前にゲストに写真を送るように頼んだことで、そこからおもてなしがはじまった。ゲストはその年の写真を見返して、想い出にふけった。パーティーの前にその年撮った写真を見返すことで、年末のお祝い気分が高まった。ゲストがミシェルの家にやってくるときには、すっかりお祝いモードになっていたのだ。

クリスマスツリーの飾りがきっかけで、話が盛り上がった。それを狙ったわけでもないのに、夕食の最中もその年の楽しかった想い出話に花が咲いた。

わたしたちが見逃してしまうことが、ミシェルには見えていた。ゲストに事前に何かをしてもらうことで、集まりへの見方が変わる。ワインや付け合わせを持ってきてほしいとゲストに頼むことはよくあるけれど、それ以外のことを頼もうとはあまり考えない。ミシェルがゲストに頼んだのは、タスクとも言えないようなほんのちょっとしたことだったけれど、ゲストの気分を盛り上げるのに役立った。

わたしがクライアントと仕事をする場合には、ほぼ必ず参加者にデジタル版の「ワークブック」を送って、集まりの前に書き込んで送り返してもらうことにしている。集まりの目的に応じて、わたしが新しいワークブックをつくる。ワークブックを埋めることで、ゲストに集まりの目的について考えてもらうのが狙いだ。六項目から一〇項目程度の質問に参加者が答える形式になっている。ある大学で未来の教育について話し合ったときには、「二〇歳になる前に経験した、世界の見方ががらりと変わった瞬間はどのようなものでしたか?」とか、「グローバルな問題を解決できるような次世代の若者を大胆かつ効果的な手法で育てているアメリカまたは海外の教育機関はどこでしょう?」と聞いた。国内の貧困問題を考え直す集まりでは、「生まれてはじめて貧困を見たり意識したりしたのはどんなときでしたか?」「貧困対策をはじめた五〇年前といまとで、基本原則にはどのような共通点または違いがありますか?」と質問した。テクノロジー企業の合併後の経営陣の集まりでは、「どうしてこの会社に入りましたか?」「経営陣が取り組むべき最も差し迫った課題は何だと思いますか?」と聞いた。

ワークブックの質問には二つの要素を組み入れるようにしている。一つは、集まりに関連するようなゲスト自身の目的意識を見つけたり思い出したりすること。もう一つは、取り組んでいる課題の本質について、正直に心のなかをさらすことだ。このワークブックはある意味で大学の願書のようなもので、わたしにとってはゲストの人となりを知り、参加者全体の雰囲気を知るヒントになる。ゲストにとっては、会に先立って自分が何を大切にしているかを見直すチャンスになる。わたしはもらった答えをもとに会の内容を組み立てる。また、開会の挨拶で、ワークブックからゲストの言葉を引用する。

もう一つ、ワークブックが役に立つことがある。まだ会っていない参加者とわたしのあいだに自然な結びつきができるのだ。すると、会がはじまってからはるかに仕事がしやすくなる。ワークブックをつくって参加者に送ることは、集まりに深く関わるように彼らを招き入れているということだ。ゲストはワークブックに答えを書き込んでわたしに送ることで、わたしの招きを受け入れたことになる。ホストとゲストの結びつきや信頼の構築は、ゲストが会場に入るよりずっと前にはじまっている。

何を差し出し何を得るか

集まりは社会契約だ。だから根回しが大切になる。そして、その契約のドラフトを書き、その内容に暗黙の了解を得る期間がイベント前の準備期間だ。

なぜ集まりは社会契約なのだろう？　それは、ホストとゲストが会の成功に向けてそれぞれ何を差し出すつもりかを、それとなくにしろはっきりとにしろお互いに了承することで、会が成り立つからだ。言い換えると、どんな集まりにもお互いへの期待がある。ゲストはホストに、議題に従って議論が進むこと、食事がきちんと出てくることを期待する。ホストはゲストに、事前に宿題をしてアイデアを準備してくることや、いとこを三人も連れてこないことや、思い切り踊ってもらうことや、誰かと一緒に踊ってもらうことを期待する。人が集まるときには必ず何らかの期待があり、お互いが了承しているその期待の中身が契約の内容になる。

集まりの真の目的がメンバー間のいざこざや摩擦を通してあきらかになるように、契約の前提もまた、メンバー同士の衝突や不平を通して表に出るものだ。アスペンで開かれたある会合の最中に、何人かの友人が憮然として夕食会から戻ってきた。彼らが合意したはずの契約が破られたと感じたからだ。個人宅での私的な夕食会だと思って行ってみたところ、大勢の人がいて、途中からホストの仕事のプロジェクトについてのブレインストーミングの会になってしまったらしい。夕食会に招かれていたゲストの多くはその業界の専門家ではなかったし、長い一日の終わりに「働かされ」たくなかったのに、いきなり助言者としてかり出されてしまった。友人たちはそこでやっと、夕食会とは名ばかりだったことに気がつき、まんまとホストの罠にはまって、仕事の手伝いをさせられた。夕食をごちそうになったとしても、ゲストは利用されたと感じた。「こんなはずじゃなかった！」とゲストに思わせてはいけない。

とはいえ、お互いがどんな契約内容に合意しているのかが、いつもはっきりしているわけではない。たとえば、このあいだのディナーパーティーには契約などなかったけれど、ワインを持ち寄ったりビールやデザートを持ち寄ったのでは？　なぜ持ち寄ったのだろう？　口に出すまでもない、暗黙の契約がそこにあるからだ。ホストが夕食をつくれば、ゲストはホストの負担を少し軽くしようと手を貸すのが普通だ。また、人脈づくりのイベントなら、こんな暗黙の契約があるのでは？　たとえば、参加者は四五ドルの参加費を払う代わりに、ホストは地元のバーで出会うよりもマシな人たちを集めなければならない。会合の暗黙の契約とはつまり、「わたしはモノや心やおカネやその他の何を差し出すつもりがあるのか、またその見返りに何を受け取ることを期待するのか」という問いへの答えである。

ゲストがイベントを発見した瞬間から、その契約の草案づくりをするのが、主催者の役目の一つだ。まずはここで、主催者が会の枠組みをつくることができる。特殊で独自の目的がここで役に立つ。たとえばお葬式なら、故人を「祝い、思い出すため」に集まるのか、それとも故人の死を「悼み、区切りをつけるため」に集まるのか？　目的が違えば、お葬式の種類もムードもゲストの振る舞いも違ってくる。招待状の文面を通してゲストに主催者側の希望を伝え、それに沿って準備をしてもらう機会もできる。

主催者は集まりの文脈をつくることもできる。わたしは以前「アグラパルーザ」というイベントに招かれた。毎年夏に開かれるこのイベントで、ゲストは即席ゲームで遊んだりお笑い演芸を楽しんだりする。その年、一六回目となるアグラパルーザには、これまでにつくられてきた儀式や語り継がれてきた想い出が詰まっていた。わたしはイベントというより、その世界に招かれたような気分になった。何年か前に知人の女性から過越の祭に招かれたとき、今回は母親が他界してからはじめての過越の祭で、いつもとは違う特別の集まりだと聞かされた。わたしはそれを聞いた瞬間にホストの思い入れがわかった。この夜がいつもとは違う夜になることを最初にゲストに伝えることで、集まりの文脈ができあがったのだ。

ホストが暗黙の契約を明文化すると、よかれ悪しかれ、集まりの根底にある駆け引きが表面化する。わたしはなにも、集まりを取引として考えるべきだと言っているのではないが、ある種の暗黙の取引なしには、集まりは成り立たない。この取引の中身がきちんと理解されず、得るものと差し出すものについてのお互いの期待が食い違っていると、問題が起きる。アスペンの夕食会がそうだった。主催者が本当に欲しかったのは自分の会社についてのアドバイスなのにそれを隠していたり、一日中スマホ禁止だということを前もって教えなかったり、人前で個人的な質問に答えなければならないことを事前に知らせなかったりしたら、ゲストの反感を買うか、場合によってはもっと不都合なことが起きる。だから、事前準備期間には、招待に応じることでゲストが何に合意しているのかを何らかの手段で伝えることも主催者の仕事の一部なのだ。

クライアントや友人に、「集まりとは社会契約」などと話すと、みんなわたしに食ってかかる。サプライズや謎があった方がいいじゃない？　事前にすべてを明かしていたら会がつまらなくなる、と。すべてを明かさなくても、ゲストの気持ちを引き付けることはできる。フェリックスの友だちは、彼を拉致することを事前予告しなかったし、契約書を送って合意を求めたりもしなかった。それでも、フェリックスは一つずつヒントを与えられ、先に進むことを自分から選んでいった。

集まりに名前を付けよう

では、この準備期間を活用してどのように契約を書き上げ、ゲストの期待を設定したらいいだろう？　その絶好のチャンスが「招待状」だ。

わたしたちは普段、招待状のどうでもいい詳細ばかりを気にしてしまう。紙印刷にするか、凝った加工をするか。メールにするかサイトにするか。白黒にするか白青にするか。それでは人の準備がモノの準備の二の次になってしまう。

招待状で何より大切なのは、この会合がどのようなもので、ゲストに何が求められるかを伝えることだ。そこで、会合にユニークな名前を付ければ、ゲストにヒントを与えられる。

会の名前は、それが何を目指しているかのヒントになり、ゲストの役割や期待されている関わり方がわかる。たとえば、新しい戦略をチームで議論するために、半日の集まりを計画しているとしよう。これをどう呼んだらいいだろう？　会議、ワークショップ、ブレインストーミング、それともアイデアラボ？　会議よりブレインストーミングの方が、参加者それぞれの発言が求められそうに聞こえる。あとになって気づいたのだが、「わたしはここにいる」の会がうまくいった理由の一つは、名前を付けたことで参加者に何が求められているかが伝わったところにある。あの会ではまさに「ここにいる」ことが求められていた。

レイチェル・グリーンバーガーはマサチューセッツ州にあるバブソン大学の管理者で、週に一度学生のために会合を開いていた。これを「オフィスアワー」とは呼びたくなかった。「オフィスアワー」だと義務のように聞こえるし、学生が教授に助けや指導を求める一方的な会合だと思われてしまいそうだったからだ。レイチェルは自分が学生を知るだけでなく学生同士を結びつける助けをしたかった。食のプログラムを主催していたレイチェルは、この週に一度の会合を「コミュニティ・テーブル」と呼ぶことにした。そのうちに、この集まりはその名の通り、人々が食べ物を持ち寄って学び合うコミュニティになった。いまではみんなが手づくりの料理とノートを手にしてやってくる。最初からそれを狙っていたわけではない。レイチェルのはじめたコミュニティ・テーブルのアイデアはニューヨークに飛び火して、いまでは毎月、食に関心のある起業家や学者や活動家や学生たちが食卓を囲み、意見を交換し、コミュニティを築いている。

わたしも、仕事で自分が主催する集まりを「ワークショップ」とは呼ばず、「ビジョン・ラボ」と呼んでいる。わたしの仕事は、クライアントが仕事や組織や人生のビジョンを見つけるお手伝いをすることだからだ。「ラボ」は研究室という意味で、ビジョンを見つける過程に欠かせない実験や可能性をこの言葉で表した。この名前のおかげで、参加者の姿勢も変わったように思う。参加者はビジョン・ラボと聞いても何をする場所かよくわからず、好奇心を持ってやってくるので、普段よりも心が開かれている。参加者に実のある体験を提供するには、彼ら自身が心を開いて実験的なことに挑戦する気持ちになっていることが必要なのだ。

集まりの名前を見て、ゲストはホストがつくり出そうとしている世界に自分の居場所があるかどうか、またどのようにその一部になれるかを判断する。ニューヨーク州北部でワセイク・プロジェクトというアーティストのコミュニティをつくったイブ・バイドルは、居住型の活動プログラムを創設し、「アーティスト・ミキサー」と名付けた。だがなかなか人が集まってこない。何人かのアーティストに理由を聞いたところ、名前が「オタクっぽすぎる」と言う。アーティストは縛られることを嫌う。おそらく「ミキサー」という言葉から、自分たちの嫌いな商売っ気を感じてしまったらしい。そこでイブは「ハッピーアワー」と名前を変えた。するといきなり参加が増えた。名前を変えただけでプログラムの印象が変わり、何を期待されているかについての意識も変わった。

名前以上に参加者の意識に大きな影響を与えられるのが招待状だ。招待状は文字だけでなく写真や動画を添えて印象を強めることもできる。メディアは何であれ、その集まりに望む雰囲気や調子をゲストに伝えるのが、招待状の目的だ。ウォルト・ディズニーが送った『スター・ウォーズ／フォースの覚醒』の先行上映会の招待状には、こう書かれていた。「ランドスピーダー、サンドクローラーその他の乗り物には駐車場がございます[4]」。そんなちょっとした招待状の言葉から、この会が遊び心に満ちていることがわかるし、三度のメシよりスター・ウォーズの好きなオタクファン向けの会だとわかる。

第2章で語った「賢くゲストを排除する」という教えにも重なるが、この会にどんな人たちが参加してどんな人たちが参加しないのかを事前にはっきりとゲストに知らせることで、ゲストはその集まりに向けた準備ができる。たとえば、ニューヨークのブルックリンで開かれるダンスパーティーの招待状にこう書いてあったとしよう。「いつものことだけど、セクシーな独身の友だちを連れてきてね！　子連れはNG。家族パーティーじゃないんだから」。家族連れの会ではないと強調することで、ゲストがこの集まりに何を期待したらいいかがわかる。たとえ子どもがいなくても、その言葉の意味は明らかだ。どんちゃん騒ぎになると思った方がいい。

キンドルで心をつかむ

招待状ははじまりにすぎない。ゲストがイベントを発見したあと、その興奮を持続させなければ意味がない。招待状で興味を引き付けたあとも、引き続きゲストに呼びかけ、気持ちを盛り上げるチャンスは何度もある。優れた主催者ならそうしたチャンスに気づき、そのチャンスを使って集まりの雰囲気をつくり、ゲストに期待された役目を果たす準備をさせようとする。

あるとき、斬新な方法でゲストの気持ちを盛り上げたカンファレンスがあった。そのカンファレンスでは、政府高官をデトロイトに招き、事前にかなりの量の資料を高官たちに読んでもらわなければならなかった。二〇〇九年のことだ。ある日、ホワイトハウスの社会イノベーション市民参加局にいたわたしの上司が小包を受け取った。例のカンファレンスの主催者から送られてきたその小包の中身は真新しいキンドルで、カンファレンスに必要なすべての読み物がそこに入っていた。当時キンドルはまだ珍しかったので、その上司が扱い方を知っているかどうかはわからなかった。その上司は週に何百通という郵便物と何千ものメールを受け取り、一〇時過ぎまで職場にいることも珍しくなかったし、このカンファレンスのことを考える余裕もないほど読まなければならない資料が山積みになっていた。それなのに、その小包が届くと、読み物がさらに増えるというのに、キンドルを見つけて笑顔になった。もちろんそれは、資料を読んで会議に臨んでほしいという主催者からのお願いにほかならない。しかし、専用のキンドルに資料を載せるという小さな工夫で、彼らはありえないほど忙しい彼女の注意を引き付け、「この会は違う」と印象づけた。

ホストがゲストに大きな負担を求める場合や、ゲストが気乗りしない場合には、こうした事前の呼びかけが特に大切になる。ニューヨーク・タイムズのサラ・リオール記者は、ニューヨークでの観客参加型演劇に参加した際の自身の体験についてこんなふうに書いている。

誰にでも「死んでもやりたくないこと」がいくつかある。わたしの場合は、人前で恥をかきそうなことには参加したくない。たとえば、コスチュームを着たり、人前で演説したり、瓶を回してキスゲームをしたり、テレビ番組のテーマ曲に合わせて手を叩いたり、行進したり、かけ声をかけたり、自分からマイクを手にとって声を出したり、権力者の言いなりになったり、童謡を歌いながら踊ったりしたくない。そういうことは徹底して避けてきた。(5)

サラのような感覚の人にとって、わたしがつくり出そうとしているような集まりは、恐怖でしかないだろう。とはいえ、ゲスト参加型の集まりが好きな人もいるし、サラのような人たちに「嫌なら来なくていい」と言うつもりもない。また、そんな人たちを招くべきではないとも思わない。ただし、サラのようにリスクをとりたくないゲストもいることを認めて、ゲストに何かを頼む場合には、何をしてほしいのかをはっきりと知らせ、招待した瞬間から、パニックになりそうなゲストの手をしっかりと握り続けなければならない。

別世界へ誘導する

根回しと準備と実際の開会のあいだにもう一つ、見過ごされがちな段階がある。それは誘導だ。ほとんどの場合は、ホストがゲストを誘導して境界線を越えさせ、現実世界から別世界へと連れて行ってくれた方が、ゲストにとってはありがたい。

「ゲストに境界線を越えさせる」を別の言葉で言うと、「ゲストの気持ちの切り替えを助ける」ということだ。ゲストが到着してから、正式に集まりの開始を知らせる鐘が鳴ったり、乾杯をしたり、そのほかの開始の合図があるまでのあいだは、手持ち無沙汰な空白の時間である。この空き時間を利用してほしい。

まっさらな状態でイベントにやってくるゲストはいない。その日は七つも会議が立て続けにあって、四つ目の会議は荒れ模様で、五つ目の会議に入る時点で疲れ切って気もそぞろになっているかもしれない。渋滞をぬって娘をバスケットボールの練習に連れていったあとで、教会の木曜部会に参加したかもしれない。バーミツバのお祝いの席につく直前に、上司から記事がボツになったとメールで知らされたかもしれない。そんなゲストには、主催者が気持ちを切り替えるきっかけを提供しなければ、イベントの最も大切な瞬間であるはじまりのときに、ゲストは心ここにあらずの状態でいることになる。

暗闇と沈黙

ゲストを彼らの世界からあなたの世界へと導く方法の一つは、「道」をつけることだ。観客参加型の劇場は、人前に出たがらない人たちをどうにかして引き込むために、「道」をつくるようになっている。

サードレイルプロジェクトはニューヨークを本拠に、観客参加型の演劇を上演する劇団だ。彼らがどんなふうに観客を素早く別世界に導き入れているのかを学ぼうと、わたしも二度ほど参加してみた。劇のタイトルは『素晴らしき楽園』と『そして彼女は穴に落ちる』だ。劇場では、上演がはじまる前に観客が時間をつぶせるような物理的な道が用意されていた。『素晴らしき楽園』は一九七〇年代終わりの消えゆく南国リゾートとその時代の文化的な価値観を描いた作品だ。観客をその「楽園」に連れていく前にまず、賑やかな出迎えの一行が観客の首に花輪をかけ、トロピカルドリンクを振る舞う。それから、観客は飛行機のなかのような出口のない狭い場所に連れていかれ、肩を寄せ合って座る。すると機長のアナウンスが流れ、座席の上のテレビスクリーンを通して「楽園」で「やっていいこと」と「いけないこと」が指示される。『そして彼女は穴に落ちる』は、ルイス・キャロルの著作にヒントを得た参加型演劇で、朽ち果てた倉庫が舞台になっている。一五人の観客はまず、狭い待合室のような場所に座らされる。そこには医師役の役者がいて、ドイツ製のリキュールのような瓶入りの「万能薬」と、黒い紐でつながった鍵の束を渡される。医師が観客を迎え入れ、この部屋が「こちらとあちらの境目」で、これから「あちらの世界」へ入りますと説明する。

どちらの劇でも、この導入のひとときは実際の演劇とはっきり区別されている。観客の気持ちのなかではまだ、劇ははじまっていない。しかし、つくり手側は、導入の時間が観客の総合的な体験を左右することや、幕が上がる前に体験がはじまっていることを理解している。このことをよくわかっているのが、現代で最も有名なパフォーマンスアーティストのマリーナ・アブラモビッチだ。マリーナは観客を外の世界から彼女の世界へと引きずり込む手法を編み出した。

ニューヨーク近代美術館の定義によると、パフォーマンスアートとは「アーティストの身体を媒体にしたライブイベントであり、その場のアーティスト活動そのものが芸術作品になる」とある。(6) この形式のアートは、ほかの形式の芸術作品よりもさらに、観客とアーティストの関係に重きが置かれる。マリーナの名を一躍世界に轟かせたのは、一九七四年の『リズム0』というパフォーマンスだった。彼女は実弾を入れた銃など七二種類の道具をテーブルの上に置き、彼女の身体を対象にしてそれらの道具を観客の意のままに使わせた。二〇一〇年の『アーティストはここにいる』というパフォーマンスでは、マリーナが合計で七三六時間半も椅子に座り続け、さまざまな観客が順番に向かいの椅子に座って、黙って彼女の目を見つめた。どの作品でも、優れたホストがそうであるように、マリーナもまた、観客が場をつくり出す力があることに敏感に気づいていた。

長年の活動を通じてマリーナはいわゆるアブラモビッチ・メソッドを編み出した。これは、観客にパフォーマンス鑑賞の準備をさせる手法だ。観客は会場に入る前にまず、持ち物（携帯電話も含めて）をすべてロッカーにしまうよう指示される。それから三〇分間、雑音防止機能付きヘッドホンをつけて静かに椅子に座り、雑念を取り払って「いまここ」に集中する。この時間をマリーナは精神を浄化する時間だと考えている。「沈黙が、これからの体験への備えになる」と彼女は言う。

ニューヨーク市にある巨大なパフォーマンス空間のパーク・アベニュー・アーモリーで行われたパフォーマンスでは、演台の上にピアノとピアニストのイゴール・レビットが乗せられて、舞台脇から中央に動いてくる。観客はヘッドホンをつけたまま、それを見守る。三〇分後にドラが鳴り、それを合図に観客はヘッドホンを外す。それからやっとレビットは最初の一音を弾きはじめる。

パフォーマンスのあと、観客の一人が三〇分の沈黙のあいだにどう感じ方が変わっていったかを教えてくれた。最初は全体的にざわざわしていたのが次第に静かになっていき、じっと座っていることに慣れていく。それから全体が沈黙し気持ちが落ち着いてくる。ちょうど半分あたりで演奏への期待がふくらみ待ち遠しくなる。ある批評家は、期待しながらかなりの時間待ったあと、アリアの最初の一音が聞こえたときは、「クラクラしそうな感動」が訪れたと言う(7)。そこまで感動できたのは、三〇分のあいだ外界と切り離されて、これまでとは違う聴き方への準備ができていたからだろう。

アブラモビッチは七〇歳の誕生日のお祝いに数百人の友人知人をグッゲンハイム美術館に招いた。美術館の入り口で、白衣を着て手鏡と金紙を持った女性が列になり、一言も口をきかずゲストを出迎えた。わたしも女性たちのところに誘導された。女性の一人が金紙をわたしに手渡して、わたしの唇を指さした。周囲を見回すと、ほかのゲストたちが小さな長方形の金紙で口を覆っている。わたしもその金紙を手にとって女性が掲げた手鏡を見ながら唇に当てた。それから女性がわたしを椅子まで誘導し、何も言わずに、わたしにヘッドホンを使うように示した。わたしにはその意味はわからなかったけれど、わかる必要もなかった。イベントのはじまる前、普通はゲストたちがおしゃべりをしている時間を利用して、アブラモビッチはオープニングの儀式をつくり出していた。わたしは唇を金紙で覆い、ヘッドホンをつけて、秘密結社に入会したような気分になった。もちろん、不安はあったけれど、仲間として認められたような感じがした。

そうした導入方法についてアブラモビッチに訊ねてみると、こう教えてくれた。「住み慣れた居心地のいい場所から彼らを連れ出して、新しい体験をさせたいの」。古いものが消し去られて新しいもののための場所が確保されると、人々は新しい体験をより前向きに受け入れるようになることを、アブラモビッチは心得ている。

とはいえ、ゲストに三〇分間の沈黙を強いたり、唇を金紙で覆わせたりするのは気が引けるのもわかる。そこまでしなくても、ちょっとしたやり方で境界線や隙間をつくり、ゲストとホストが一緒に境界線を越えることもできる。

人々を別世界に導く方法は、伝統的な社会慣習のなかにも数多く見られる。たとえば、医師は診察室に入るとき、上着を脱いで白衣に着替える。イスラム教徒はお祈りの前に手足を洗う。茶道では靴を脱ぐ。ただし、いまどきの集まりでは、あらかじめ決まった作法がない。だから、ホストがお膳立てしなければならない。いちばん簡単で自然なのは、部屋の入り口を使う方法だ。

アリアナ・ハフィントンは、政治とメディアと健康分野での活動で注目され、時に物議もかもす女性だ。アリアナはまた、優雅で経験豊富なホストでもある。二〇一三年、アリアナは健康分野でのアイデアを探るためにカンファレンスを開いた。スライブという新会社のきっかけになったのが、このカンファレンスだった。アリアナはこのカンファレンスをマンハッタンのソーホーにある自宅の居間で開くことにした。自宅でのパーティーとはいっても、基本的にはビジネス会議で、参加者の多くはお互いを知らなかった。そこで、アリアナはまるで結婚式のゲストを迎え入れるように、やってくる参加者を迎え入れた。彼女は朝早くから、一時間近くずっと入り口の脇に立ち、一人ひとりと言葉を交わしながら温かく出迎えた。秘書にも娘にも任せず、自ら出迎えた。彼女が個人的に参加者を出迎えたことが、カンファレンス全体の雰囲気を決めた。この会議では、ビジネスライクに振る舞う必要はありません、とアリアナは伝えていた。ここはわたしの自宅で、あなたはわたしのゲストですよ、と態度で表していたのだ。

目の前の現実からどうやって引き離すか

先ほど紹介したニューヨークの参加型演劇では待合室が日常と非日常の境目になっていたが、そうした物理的な場所がないこともある。入り口に立って一人ひとりを出迎えるのが不可能な場合もある。ゲストを物理的にではなく心理的に誘導しなければならないこともある。友人でコメディアンのバラトゥンド・サーストンは、それを見事にやってのけた。

バラトゥンドはチャリティの寄付集めを兼ねたパーティー兼コメディイベントの司会を頼まれていた。会場はブルックリン・ブルワリーだ。その晩の会場は、大勢の人であふれかえり、みんな飲んで騒いでいた。司会役が大変そうなことは見ていてすぐにわかった。その会場には舞台がなく、演台もなかった。イベントがはじまる前にもうかなりの時間、みんな飲んだり食べたりして友だちと盛り上がっていて割り込めない雰囲気だった。話し声で音楽も聞こえないほど騒がしかった。しかも、その場のほとんどの人がバラトゥンドをまったく知らなかった。バラトゥンドはマイクを渡されたものの、観客たちはおしゃべりをやめてお笑いを聞くような雰囲気ではなかった。

バラトゥンドは、声を張り上げたり、むやみにネタをはじめたりせず、直感的に誘導モードに入った。バラトゥンドは自分のただ一つの武器だったマイクを手にとって、そのあたりでいちばん大騒ぎしている男性に近づき、マイクに向かって名前を言ってもらうように頼んだ。そして部屋にいた全員にその男性に拍手してほしいと呼びかけた。それから次の群れに近寄って同じことをし、そのまた次の群れでいちばん騒がしい五、六人に話しかけ、冗談を言い、彼らを自分の味方につけた。そうやって、ばらばらの群衆を彼の観客に変えていったのだ。一分半もしないうちに、そこにいたみんながバラトゥンドに注目していた。それから彼は部屋の真ん中に戻って司会をはじめた。

どんな集まりでも、どうしたらこのような切り替えができるかを考えてみてほしい。目の前の現実から人々を引き離し、これからはじまることに注意と想像力を向けてもらうにはどうしたらいいか、自問しよう。そうすることで、別世界への道をつくり、ゲスト全員を導くことができる。

さてここで、フェリックス・バレットのバチェラーパーティーに話を戻すと、彼の友人は見事にフェリックスに暗示をかけて誘導した。手紙やタスクでフェリックスの注意を引き、次の何かに向けて備えさせ、次第に気持ちを盛り上げていった。気持ちを盛り上げたところで彼を誘拐し、会場に連れていった。何もゲストを誘拐しろとそそのかすつもりはないが、あのバチェラーパーティーの幹事と同じで、開会までのすべての瞬間が「道」になりうる。招待状がゲストに届いてからイベント当日までの時間、そしてゲストが到着してからイベントがはじまるまでの時間は、大いに活用すべきだ。

日常的な集まりなら、たとえばキャンドルをともしたり、歓迎の挨拶をしたり、ゲストにスペシャルドリンクを注いで回るといった簡単なことでもいい。でも、ゲストの到着からイベントの正式なはじまりまでの導入部が、いちばん大切な瞬間だ。遠くで雷の音がしてから雨が降りはじめるまでのあいだに、人は心の準備をする。ここで希望と不安が入り混じる。そしてオープニングの瞬間が来たら、ゲストにこう伝えよう。

魔法の王国へようこそ。

待ち時間を無駄にしない

導入に失敗すると、せっかくの可能性を台無しにしてしまう。ここで、ある政治集会の事例を考えてみよう。この集会はもっともっと盛り上がる可能性を秘めていた。

二〇一六年四月六日、民主党から大統領候補として出馬したバーモント州選出の上院議員、バーニー・サンダースはフィラデルフィアで巨大規模の集会を開いた。「わたしたちの信じる未来へ」と題したこの集会の会場に入るため、大勢の入場者が周辺一帯にぐるりと列をなしていた。警備上の理由から、サンダースがやってくる前に、入場者はスタジアム内で三時間近く待つことになった。そう聞いたとき、こんなチャンスはめったにない、とわたしは思った。三時間もかけて観客の気持ちを盛り上げ、サンダースが訴えるムーブメントを支える準備ができると思ったのだ。だが、そうはならなかった。

一万二〇〇〇席ものスタジアムを埋めた人々はただ座って待っていただけだった。イベントが正式にはじまるまでの数時間のあいだ、観客に対してほとんど何の呼びかけもなかった。会場に閉じ込められたサンダースファンは、どんな呼びかけにも応じたはずなのに。さまざまなイベントの主催者と働いてきたわたしには、どうしてその時間が活用されなかったのか、手にとるようにわかった。主催者はまだイベントがはじまっていないと思っていたのだ。観客の待ち時間は主催者が何かをやる時間ではなく、警備員が活躍する時間だった。

では、その時間で何ができたかを考えてみよう。数千人のバーニー・サンダースファンが、数時間、手持ち無沙汰で会場にいる。サンダースはまだ来ていない。たとえば、この時間に、ボランティアを中心にしていくつかのグループをつくり、なぜ彼らがここに来たのか、アメリカに必要なものは何か、どうしてサンダースが大統領になるべきかを話し合うこともできた。たとえば八人が輪になって座り、アメリカの格差の事例になるような身の上話をすることもできた。この時間を使ってムーブメントを生み出すことができたはずだった。数千人もが一〇〇パーセント集中できる時間だったのに、主催者が「待ち時間」と考えたばかりに、この時間を活用できなかった。

最も注目が集まる瞬間

さて、ゲストに心の準備をさせうまくこちらの世界に導いたあと、会のオープニングでは具体的に何をしたらいいだろう？

オープニングでしくじる集まりは多い。しょっぱなで参加者をドン引きさせてしまうこともしばしばある。何といっても、オープニングでそのあとの流れが決まってしまう。以前に出会った南アフリカのオペラ作曲家のネオ・マヤンガは、どんなオペラでも出だし一六小節を聴けば残りの構成がわかる、そこだけ聴けばその曲が好きかどうかわかるんだ、と話していた。「オープニングの数小節で、強弱、拍子、メロディ進行といった要素の構造が決まり、それが聴衆を退屈な日常から別世界に連れていく」とマヤンガは言う。彼の話を聞きながら、集まりも同じだと気づいた。意図的な仕掛けがあろうとなかろうと、オープニングはこの集まりがどんな体験になりそうかをゲストに想起させる。

集まりの最初の瞬間に、わたしたちはみなマヤンガのように、ヒントを読み取り、こう自問している。これはどういう集まりになるのだろう？　ホストは頼りになるだろうか？　ホストは緊張してないか？　わたしも緊張すべきだろうか？　これから何が起きるだろう？　時間の無駄になるのでは？　自分の居場所はあるだろうか？　オープニングはつまり、集まりの意義を証明する、大切な機会なのだ。

参加者の注目が最も集まるのがオープニングだ。いわゆる「認知処理の制約」のせいで、人は体験のすべての瞬間を記憶しておくことができない。何を記憶するかは、脳が効果的に選んでくれる。ある研究によると、観客は講演の最初の五パーセントと最後五パーセントとヤマ場だけしか覚えていないらしい[8]。それなのに、多くのイベントではオープニングとクロージングにはほとんど注意が払われず、付け足しのように扱われている。

残念なお葬式

イベントを上手にはじめるにはまず、事務連絡をやめよう。親しい友人のお葬式に参列したときのことだ。その道の第一人者として多くの人を助けてきた故人を称えるために、家族、友人、仕事仲間など数百人が美しい教会に集まった。参列者は席につきながら、お互いに挨拶を交わしていた。故人を通じて知り合った人も多く、何年ぶりかでみんなが一堂に会していた。教会のなかには悲しみが立ち込め、泣いている人も多かった。そんななかで、牧師が立ち上がって前の方に歩いていった。

いよいよだとみんなが思った。全員が前かがみになり、慰めの言葉を待った。牧師は深呼吸してわたしたちを見回し、こう切り出した。

「故人のご家族からの連絡ですが、葬儀のあとすぐ近くの市民会館でお別れ会がありますので、どうぞご参列ください。ただし、市民会館には十分な駐車スペースがありません。ここからは近いので、車はここに置いてみんなで一緒に徒歩で行かれることをお勧めします」

その瞬間、高まっていた感情がしぼんだ。参列者は癒しと一体感を求めていた。その気持ちが最高潮に達したタイミングで、全員が牧師の言葉に耳を傾けていた。それなのに、牧師はせっかくのオープニングに駐車場の話をしてしまった。故人のために集まった大勢の人を一つにするような、心に残るオープニングのチャンスをみすみす無駄にしてしまったのだ。

こうした失敗はこの牧師に限ったことではない。会がはじまる直前の瞬間をどうでもいいと思っているので、咳払いからはじまることも多い。こんなふうにはじまるカンファレンスもある。

「開会の前に、ご連絡があります。駐車場にライトをつけっぱなしの白いカマロがあります。ナンバーはTXW4628です」

告知からはじまる地域集会は多い。人々がドレスとタキシード姿で集まるきらびやかなパーティーの冒頭に、スポンサーへのお礼が延々と続くこともある。「最初に面倒な事務連絡をすませてしまおう」という考えだとそうなる。あら探しに見えるかもしれないが、これから言うことは上手に集まるために欠かせないことだ。

満足度を下げるスポンサーの挨拶

お葬式（やそのほかの個人的な集いや親密な会）を事務連絡ではじめたい人はいない。でも、そこまで個人的でない集まりの場合はどうだろう？　たとえばスポンサーがいたり、お礼を言うべき人たちがいる場合には？　たいていのホストは、仕方がないと言うはずだ。でもわたしはクライアントにいつもこう言っている。事務連絡は大切かもしれませんが、事務的な話からはじめると、この会の目的をゲストの心に刻むチャンスを逃すことになりますよ、と。そして、じつはホストが会の目的をそれほど気にかけてないことがゲストにも伝わってしまい、会の目的が台無しになってしまうこともある。

「パーソナル・デモクラシー・フォーラム」は、年に一度ニューヨークで開かれるカンファレンスだ。この会には第一線の市民活動家、テクノロジスト、地域の世話役、公務員、そのほか民主主義の現状に関心を持つ人たち数百人が集まってくる。二〇一五年のテーマは「イマジン・オール・ザ・ピープル―市民テクノロジーの未来」だった。主催者がこのテーマを選んだのは、「誰もが参加できる未来へ、そしてみんなでテクノロジーを適切に使い、共通の社会問題を解決できる未来へ、参加者を連れていく」ためだった。[9]

だからこそ、その年のオープニングは感心できるものではなかった。このフォーラムの創始者の一人、アンドリュー・ラシエージが、イベントスポンサーであるマイクロソフトの代表者に舞台を譲って最初に話をさせたのだ。

大したことではないと思うかもしれないが、そうではない。オープニングの瞬間、聴衆は感動を待ち望んでいる。参加者はこう考えている。どんな会になるのだろう？　誰が鍵を握るのだろう？　参加者はおそらく会のテーマに惹かれてここにやってきたはずだ。そのテーマとは、民主主義が実現されて、力と人脈のある人だけでなく、より多くの人々が社会に参加できる未来への希望だ。それなのに、会の最初にホストが民主主義や市民参加に逆行することをやってしまった。そう、お金で特権が買えることを見せてしまったのだ。さまざまなコミュニティのリーダーを壇上に招いて一言話してもらう代わりに、企業スポンサーの挨拶で会をはじめたことは、ここで話し合おうとしている問題そのものだった。

もちろん、スポンサーがつけば、より大々的なイベントにすることができる。だがその場合、イベントは主催者とスポンサーの二者で運営することになる。主催者とスポンサーの利益が必ず一致するとは限らない。イベントのなかで、両者の対立がいちばんはっきりと出るのがオープニングとクロージングだ。貴重なオープニングの瞬間をスポンサーに譲り渡せば、何かが犠牲になるし、中立でもなくなる。パーソナル・デモクラシー・フォーラムの場合のように、集まりの目的そのものを疑われかねない。

スポンサーのプレッシャーをはね返した、いい例がジョージ・ルーカスだ。ジョージ・ルーカスは、第一弾の『スター・ウォーズ』の制作にあたって、大胆なオープニングを考えていた。だが、全米監督協会から反対に遭った。当時ほとんどの映画のオープニングクレジットは脚本家と監督の名前からはじまっていた。しかし、ルーカスは監督協会の反対を押しのけて、オープニングクレジットをすべて取り除くことにした。その結果、映画史に残るあのオープニングが生まれた。しかも、ルーカスは全米監督協会が課した二五万ドルの罰金も払った。彼にとって何よりも優先させるべきは観客の体験で、彼はそのための犠牲をいとわなかった。

コールドオープン

テレビ番組の制作者たちもまた、当時のルーカスと同じ状況に立たされることが少なくない。そのなかで解決策を編み出しているプロもいる。彼らの編み出したやり方は、「コールドオープン」といわれるものだ。

コールドオープンとは、オープニングクレジットを飛ばしていきなり番組をはじめる手法である。コールドオープンが実験的に採用されはじめたのは一九五〇年代。前の番組の終わりからチャンネルを変えさせずに視聴者をそのまま次の番組に引きずり込むのが目的だった。『サタデー・ナイト・ライブ』は、前の番組の一部かニュースの一部と勘違いしてしまうような数分間の寸劇からはじまる。出演者たちが「ニューヨークから生放送！　サタデー・ナイト・ライブ！」

と声を揃えて叫ぶと、それが番組のはじまりだとわかる仕掛けになっている。これが最高のコールドオープンとしておなじみになった。テレビは視聴者の注意を引きつけられるかどうかがすべてだと、サタデー・ナイト・ライブの制作者は心得ている。そして、いったん注意を引きつけたあとで、事務連絡や感謝の言葉を片付ければいい。

どんな集まりにも、事務連絡は必要だ。ゲストにはトイレの場所を知らせておく必要がある。昼食の場所も教えなければならない。急な変更を告知しなければならなくなることもある。事務連絡が必要ないと言っているわけではない。ただ、それをオープニングに持ってきてはいけない。

サプライズをうまく使う

事務連絡でなければ、何からはじめればいいのか？　わたしのやり方はシンプルだ。オープニングは、ある種の快いショック療法のようなものでなければならない。そこで人々の心をつかむことが必要だ。ゲストをあっと驚かせ、同時に喜ばせるようなオープニングにしよう。そしてゲストが自分は歓迎されている、この場に入れてうれしい、と思うようなものにしよう。

驚かせながら喜ばすというやり方は、イベント以外ではよく使われている。小説の世界やホテルのロビーの装飾では、サプライズの手法をうまく使っている。どんな小説家も最初の一文にどれほど長い時間と労力をかけたかを語りたがるものだ。ホテルマンにロビーの装飾の裏話を聞けば、ちょっとした調整でどれほど全体の印象が変わるかを教えてくれるだろう。小説とロビーのデザインは異なる分野だが、面白い共通点がある。

メルビルが『白鯨』の出だしで「おれのことは、とりあえずイシュメールとでも名乗っておくことにしよう」と書いたのも、フォーシーズンズホテルのロビーにゲストより背の高い花が飾ってあるのも、ある種のサプライズである。

サプライズをされると、ドキッとしながらほっとする。びっくりしながら心は癒される。メルビルが読者に向けてずばりと話しかけるとき、そこには馴れ馴れしさと自信が混在している。彼は口数少なく、読者をただ迎え入れる。フォーシーズンズホテルのロビーに飾った生花もそれと同じで、大きく派手で、あなたをあっと驚かせ、怖気づかせ、自宅ではない世界にいることを改めて感じさせてくれる。でも同時に、花はあなたのために、あなたを称えるために、そこにある。

このサプライズの達人が、ダリオ・チェッキーニだ。イタリアのトスカーナ州キャンティのパンザノ村にある肉屋の八代目で、彼が営む小さな肉屋には、世界中の有名シェフが訪れる。そこに行けば、チェッキーニが歓迎の達人だとすぐにわかる。彼は自分の店に入ってくる人なら誰でも、他人でも友人でもかまわずハグで迎え入れる。一見客でも、店に一歩入ったらすぐにラードを塗ったパンとワインを振る舞う。店じまいのあとにはたいてい店のすぐ上で木製の長テーブルに三〇人もの客たちを座らせ、目の前の熱いグリルで肉を焼く。客たちに食事を振る舞う前に、チェッキーニは新鮮で真っ赤なフィレンツェ牛のステーキを頭の上に掲げ、部屋中にとどろき渡るような大声でこう告げる。「牛肉か、さもなくば死か！」

客のなかには地元の常連もいれば、ふらりと店に入ってきただけの人もいるが、誰もがハッとしてチェッキーニにくぎ付けになる。そんなドタバタとした雰囲気のなかで、チェッキーニは自ら客の皿に焼いた肉を載せていく。イタリアの有名人チェッキーニがゲスト一人ひとりに気を配りもてなすのだ。言葉は通じなくても、チェッキーニは客と親しく関わることで、相手を称えている。テーブルを回ってゲスト全員一人ひとりに声をかけ、手を握り、立ち止まって相手の話に耳を傾け、頬をつねり、心から楽しそうに笑う。チェッキーニはこの店で生き生きと動き回り、ゲストを生き生きとさせる。チェッキーニは主人公であり、ホストであり、ガイドであり、友人だ。あけっぴろげで情熱的なチェッキーニを見ていると、ゲストもあけっぴろげで情熱的になる。いきなり赤の他人に話しかけ、少し大胆になり、意外な質問をし、普通のレストランでしないようなことをやっている自分に気がつく。

ホストがゲストにサプライズをしかけるとき、主導権はホスト側にある。サプライズが受け入れられるかどうか、それはゲストが決めることだ。それがかみ合ったときに、チェッキーニの店がそうであるように、ゲストは見ず知らずのクラブの大切な一員になったような気分になる。

素敵なサプライズの方法はいくつもある。わたしは以前にスガタ・ロイチョウドハリという先生の会計の授業を受けたことがある。授業の初日、彼は感動的なやり方で出席をとった。出席表に目を落として淡々と名前を読むのではなく、講堂の中を歩き回り、七〇人近い新入生一人ひとりの目を見つめ、それぞれに向かって苗字と名前（難しい名前の学生もいた）を呼んでいったのだ。学生たちはロイチョウドハリ先生を見るのははじめてだったし、先生の方も学生に会ったことはなかった。それなのに、先生は全員の名前を暗記していた。わたしたちは心を打たれた。先生は事前に学生の写真を見ながら、何時間も名前を練習したに違いない。これは、数時間の努力によって、出欠確認という退屈な時間をドラマチックなオープニングに変えた素晴らしい例だ。

ロイチョウドハリ先生は忘れられない瞬間をつくり出し、大切な二つのことを伝えていた。一つは、彼が「教える」ことを深く気にかけているということ。もう一つは、学生にその気さえあれば、先生の賢さをまねできるということだ。

ここでもう一つ、誰にでもできる簡単なやり方でゲストを驚かせて喜ばせた例を紹介しよう。わたしが義理の妹夫婦をランチに招いたときのことだ。妹夫婦はワシントンDCに住んでいて、わたしたち夫婦とは普段あまり会う機会がないのだが、ある週末に訪ねてきた。

妹夫婦が我が家に到着する一〇分前に、夫が怪訝な顔で居間に入ってきて、どうしてテーブルセットが終わっていないのかと聞いた。わたしにとっては、「ただ義理の妹が来るだけ」だったので、軽い食事のつもりで特にフォーマルなしつらえは必要ないと思っていたのだ。でも夫は、親しい妹なのでなおさら一緒にテーブルをしつらえる方が楽しいだろうとも感じていた。そして、二人で別な気分にさせたいので、事前にテーブルセットをした方がいいと言い張った。妹夫婦が到着したのだ。入テーブルをセットし終わってから一分も経たずにドアベルが鳴った。妹夫婦が到着したのだ。入り口でハグを交わし、妹はダイニングルームに足を踏み入れると、アッと驚いた顔をした。

「誰のため？」と聞く。

「あなたよ！」夫とわたしは笑いながらそう答えた。妹はわざわざ自分のためにテーブルをセットしてもらったことが信じられず、あきらかに感動していた。妹のためにわたしたちがわざわざ手間をかけていたのを見て、自分が特別扱いされたと感じ、美しくセットされたテーブルを見て驚き、喜んだのだった。

ゲストを混ぜ合わせる

オープニングのサプライズで、ゲストの注意はホストに向く。ゲストたちはそこにいたいと思い、そこにいられる自分を幸運だと感じる。その集まりのためなら、何でもする気になっているかもしれない。ホストの次の仕事はゲスト同士を混ぜ合わせ、雑多でまとまりのない人々を一つの集団としてまとめることだ。バラバラな人たちが、自然に一つにまとまることはない。ホストが手をかけて一つにするのだ。

週末に障害物競走を行う、タフ・マダーという組織がある。参加者は、電線を張り巡らせた野原を走り抜けたり、大量の氷を浮かべた池の中を泳いだりする。タフ・マダーはある種のマラソンのようなものではあるが、オープニングの儀式は普通のマラソンとはかなり違う。普通のマラソンは基本的に個人競技で、ランナーは自分のタイムだけを気にかけている。

タフ・マダーでは、競技のスタートラインで参加者全員が右手を挙げ、声を揃えて誓いの言葉を繰り返すことになっている[10]。

わたしはタフ・マダーの参加者として次のことを誓います。

タフ・マダーは競走ではなく挑戦だということを、理解しています。

自分のタイムより、チームワークと仲間との絆を大事にします。

泣きごとは言いません。泣きごとを言うのは子どもです。

仲間の完走を助けます。

どんな恐怖心も乗り越えます。

大勢の人たちと個人の身体技能を競うマラソンと違って、タフ・マダーは集団で経験する全員参加型の競技として設計されている。参加者は、自分の成功を犠牲にしても、仲間を身体面でも感情面でも助けることを誓い合う。タフ・マダーの創始者であるウィル・ディーンは、フォーブスにこう語っている。

「みんなで一緒にゴールテープを切ることが真のご褒美だという原則の上に成り立つのが、タフ・マダーだ。ここの障害物競争の多くは一人では完走できないようになっているので、参加者はいやでもお互いに助け合わなければならなくなる。そうやってお互いに頼り合うことで、強力な連帯感が芽生え、自分だけでなく他者の成功を手助けできるようになる(11)」

参加者の心構えを競走から協力へと変えるためには、競技のオープニングで何かをしなければならないことがディーンたちにはわかっていた。そこで、この短いが心に残る宣誓を行うことにした。

声を揃えて誓いの言葉を口に出す以外にも、ゲストがお互いを認め合うことを助けるような方法はある。ズールー族の挨拶の言葉は、まさにこの認め合いそのものだ。

「サウボナ」（わたしにはあなたが見えます）
「ニギクホナ」（わたしはここにいます）

現代の慌ただしい生活のなかでは、この一手間が省かれてしまうことがほとんどだ。だから教会では、牧師が教会員に聖職者ではなくお互いに注意を向けるように説き、全員で「おはよう」や「おめでとう」を言い合う。会の最初にそんな機会を設けると、強いインパクトがある。

監督であり脚本家でもあるジル・ソロウェイは、いつも撮影前にクルーや出演者たちが一つになれるような儀式を行う。『トランスペアレント』や『アイ・ラブ・ディック』といった人気番組を制作し、エミー賞も受賞したソロウェイが行うこの儀式は、「ボックス」と呼ばれている。

朝食のあと、出演者とエキストラが全員到着し、セットと機材がすべて設置されたあと、ソロウェイか、またはその日の監督が、ボックスの時間だとみんなに声をかける。すると制作アシスタントが、たくさんの人が集まれるような場所の中央に木箱を置く。クルーがその木箱を見つけたとたん、人々が周囲に集まってきて、手を叩きながら「ボックス、ボックス、ボックス」とはやし立てる。全員が木箱の周りに集まって、誰かが木箱の上に飛び乗って話をはじめるまで、かけ声は続く。そして、木箱の上に立った人の話に、全員が耳を傾ける。

この木箱の上に上った人は、心にあることをさらけ出す。昔の友だちを心配していること。家族が亡くなったこと。自分の演技について感じていること。「いろんな人が木箱の上に立って自分が抱えている問題を打ち明ける。明るいニュースを話す人もいる。泣く人もいる。心のなかにあることを外に出すんだ[12]」。ドラマ『トランスペアレント』でジョシュを演じたジェイ・デュプラスは、ハリウッドレポーター誌にそう語っていた。「仕事に入る前にガス抜きをするの。すると現場の雰囲気がやわらかくて明るくなる。その雰囲気は画面にも表れる」と語るのは、もう一人の出演者のトレース・リセットだ[13]。「それがジルのやり方よ」。

ソロウェイは現場にいる全員を一つにすることに心を砕いている。だから、ボックスの儀式には、エキストラも参加する。

アメリカのテレビドラマシリーズ、『アイ・ラブ・ディック』に出演したグリフィン・ダンは、あるエキストラの話をよく覚えている。彼女は、レストランの場面でキャストの席からちょっと離れたテーブルに座ることになっていた。「その女性は、すぐ近くの銀行の支店長で、これほど一体感を感じた経験はなかったと言っていたよ。まるで家族みたいだって」とダンは言う。[14]「ゲスト出演者たちも、撮影が終わって現場を去るときには泣くのよ。本当に[15]」。『トランスペアレント』に出演中のエイミー・ランデッカーも取材にそう答えていた。「有名なゲストでも、気持ちが高ぶってもっとこの現場にいたいって言うくらいなの。ほかの現場じゃこんなことめったにないわ」。

ボックスにかかる時間は普通二〇分から二五分だが、長いときには四〇分も話してからリハーサルに入ることもある。ソロウェイは、必要なだけ時間をかけていいと思っている。ソロウェイのアシスタントのクリスティーナ・ヘルムは、どんなふうにボックスを切り上げてリハーサルに移るかを教えてくれた。

> 木箱に飛び乗る人がそろそろいなくなったところで、ＡＤが周囲を回って、最後に誰か話したい人がいればどうぞと勧めるの。誰もいないようならそのＡＤが木箱に上って締める。締めの言葉は、その日の撮影の指示と、現場でクルーに気をつけてほしい安全確認、それから、その日の安全を祈る合言葉をＡＤが大声で伝え、全員が同じ合言葉を大きな声で唱える。たとえば、よく使うのは「バッキー」とか「チキン」なんて合言葉ね。

ボックスは、大所帯のチームのメンバー同士を結びつけ、気持ちを切り替え、リハーサルへと誘導するオープニングの儀式だ。「これが、仕事にとりかかる前に全員がつながり合える貴重な時間になってるの」とランデッカーは言う。[16] ボックスはまた、ありのままを大切にするというこの番組のテーマと重なる部分があり、番組の隠し味にもなっている。ソロウェイは別のインタビューでこんなふうにも語っている。「[ボックスをやることで]あまり失敗を気にせずに仕事ができる。[17] 子どももみたいに」。

仕事はじめのおよそ二〇分のあいだに、ソロウェイは、お互いが姿を見せ合うようにすることで、大勢の俳優とエキストラを一つにまとめている。

コメディアンのバラトゥンド・サーストンも、友だちの集まりで、ゲストがお互いを認め合えるように、上手に助け船を出していた。バラトゥンドはクリスマスシーズンに自宅でパーティーを開くことにしたが、ゲスト同士は初対面だった。そこで、ゲスト同士がつながり合うために自分が一役買うことにした。誰かがやってくるたびに、バラトゥンドが手を叩きながら、「はい、みんなこっち向いて！」と大声で呼びかける。ほかのゲストがみんな振り向くと、バラトゥンドは楽しそうにこう続ける。「みなさん、ケイティー・ステュアートを紹介します！」それから、ゲストが興味を持ってくれそうなケイティーの面白いエピソードをいくつか披露する。

「ケイティーとはサーフィンのクラスで出会ったんだけど、彼女がクラスでいちばん上手だった。ケニアでしばらく働いていて、三年前にニューヨークに引っ越ししてきたんだ。いまは僕のご近所さん。そう、ブルックリン！　で、パグを二匹飼ってる。仕事がめっちゃ忙しいのに、僕の電話にはいつも出てくれる。すごくありがたい友だちなんだ！」

ゲストたちは紹介の言葉が終わると盛大に拍手する。バラトゥンドの紹介は、ちょっとおおげさだが、面白くてためになり意外性もある。彼のトークがうまいので、みんなが乗ってくれる。

バラトゥンドは三〇秒でゲストを引き立て、その場のみんなと話すきっかけになるような面白いネタを三つか四つ紹介してくれる。仕事だけを紹介するような野暮はしない。そして少し謎を残しておく（先ほどのケイティーの紹介では、「あれほど忙しい仕事って何だか僕は知らないんだけど」と言っていた）。バラトゥンドがゲストをそんなふうに紹介すると、みんな一瞬恥ずかしそうな顔をして、気を緩め、うれしそうにしている。

バラトゥンドの楽しい紹介にみんなが注目し、そのおかげで全員がお互いを認め、お互いの何かを知り、ゲスト同士のつながりができる。パーティーにやってきた時点では知らなかったゲスト同士が知り合いになる。バラトゥンドはホストとしてそれぞれのゲストに時間を使い、一人ひとりを称えている。チェッキーニと同じで、バラトゥンドもゲストを持ち上げることで自分をゲストの下に置いている。それと同時に、全員に一瞬だけ動きを止めさせて自分に注目させることで、自分をゲストの上にも置いている。また、ノラと同じで、バラトゥンドもゲストがわざわざ自己紹介をしなくてすむように助けながら、紹介を通してゲストがお互いを自然に認め合えるようにしている。

メンバー同士がお互いを「見る」という行為はささいなことに思えるかもしれないが、それが生死にかかわることもある。手術のために集まる医師や看護師や技師が、術前にお互いを知らないことは多い。

二〇〇一年にジョンズ・ホプキンス大学が行った研究では、事前にメンバーがお互いの紹介をすませ、懸念を共有しておくと、術後の合併症や死亡件数が三五パーセントも減っていたことがわかった(18)。医師もわたしたちの多くと同じで、自己紹介や挨拶といったくだらない儀礼は時間の無駄で、命を救うことに比べれば二の次だと考えていた。だが、そのくだらない儀礼が手術の成功に直接関わっていることがわかったのだ。手術のような繊細で複雑な仕事においても、医師と看護師と麻酔医が「集まりの原則」を実行すれば、手術中の風通しがよくなり、よい結果につながる。

大勢の聴衆のいる集まりでは、お互いを意識し合うことを助ける方法が別にある。大規模なカンファレンスでは、参加者同士を結びつける努力がほとんどされていない。講演者と聴衆のあいだの縦のつながりはできても、聴衆同士の横のつながりは生まれない。

「スパークキャンプ」というカンファレンスは、メディア業界の五人の友人が集まってはじめた、週末を使って参加者同士が横のつながりをつくるようなカンファレンスだ。「イノベーションを加速し、業界が抱える問題に対する実践的な解決のきっかけになるような、創造性と実効性のあるカンファレンスを開くことができるはずだ」という信念から、この会がはじまった(19)。スパークキャンプの主催者たちも、バラトゥンドと同じように、ホストの特権を使って会の冒頭からゲストを一つのコミュニティとしてまとめることに成功している。オープニングの夜には、七〇人の参加者それぞれに自己紹介させるのではなく、主催者が参加者を一人ひとり紹介する。オープニングの夕食会の直前に、参加者全員が集まったところで主催者が「独断と偏見に基づいた親しみのある紹介」を行い、最後にその人の名前を呼ぶ。このカンファレンスの創立者の一人、アンドリュー・パーガムは、次のように語ってくれた。

単純なんだ。ほかのイベントでは、本人が紹介文を書く。これでもかってくらい業績を並べて、それを誰かが三人称で読み上げるだけだ。それより、僕たちが紹介文を書いたほうがいい。その人が引き立つような文章を書こうと思った。スパークキャンプの参加者には、仕事の業績だけじゃなくて、人間としての側面も見せてほしい。だから、その人のすべてがわかるような、個人的な紹介文にしたかった。

このカンファレンスの参加者は「キャンパー」と呼ばれる。主催者が紹介文を読み上げるあいだ、自分だと思ったキャンパーは立ち上がることになっている。「みんなが目をキョロキョロさせて、誰が立ち上がるのかとすごく考えているのがわかる」。主催者は「参加者一人ひとりの調査にものすごく時間をかけ、あまり知られていない昔のエピソードまで掘り起こして、その人の業績と結びつけるんだ」とパーガムは言っていた。キャンパーは大勢の人に自己紹介するプレッシャーから逃れられるし、あとでお互いに歩み寄って話を交わしやすくなる。パーガムは言う。

一つには、僕たちが紹介することで、みんなが同じ土俵に立てるってこともある。見事な業績のある参加者でも、僕たちが勝手にネットで経歴を調査して僕たちの解釈で紹介することができるからね。参加者に「仕事で見せる顔だけでなくありのままのあなたに来てほしい」と暗に伝えているんだ。そして、「あなたがこれまでやってきたこと、そのすべてをあなたの一部として真剣に考えています」と伝えていることにもなる。するとお互いに「ああ、あのバイオリンが趣味の人ね!」とか、「あれ、養蜂の集まりでご主人とお会いしましたよ!」みたいな会話がはずむんだ。

自らの講演中に、聴衆同士をつなぐ人もいる。たとえば、人気の講演者エステル・ペレルの例を見てみよう。エステルはカップルとセックスのセラピストで、講演者としてもひっぱりだこだ。彼女の講演には一〇〇〇人を超える聴衆が集まる。講演の中身が面白いことはもちろんだが、聴衆同士をつなぎ、みんな同じ悩みを持っているということをさりげなく教えてくれることも、人気の理由だ。誰かが不倫や離婚や倦怠期についての質問をすると、答える前にエステルはまず聴衆を見回して「この質問に心当たりのある方はどのくらいいらっしゃいますか?」と問いかける。

「同じことを考えていた人、いますよね？」と聞くこともある。そんなちょっとした呼びかけで、ありふれた講演に一体感が生まれる。

カンファレンスのモデレーターがエステルから学べることは多い。モデレーターはパネリストに気が向いて、次の質問の内容ばかりを考えがちだ。優れたモデレーターなら、パネルディスカッションが切り離された話ではなく、そのカンファレンスの文脈の一部であることを心得ている。たとえば、パネルディスカッションのはじめに、聴衆に向かってこんなふうに聞いてみるだけでも、一体感を生み出せるかもしれない。みなさんのなかで人工知能の専門家はいらっしゃいますか？　この分野で働いていらっしゃる方は？　このことをはじめて考えたという方は？　間違ったセッションに参加していたことにいま気がついた方は？

わたしのビジョン・ラボでは、官庁でも大学でも金融機関でも、最初の五分間に必ずこんな話をする。

「みんなで一緒にクモの巣を張っている姿を想像してください。一人ひとりの手のひらからクモの糸が出て、ここにいる三二人とつながります。この糸が弱いと、つながりが深まりません。さて、ここにいるみなさんの糸は大丈夫ですよね」

そこで、いつも神経質な笑いが起きる。「この島から誰かを追い出すことはしませんが、いちばん弱い糸で結ばれた二人の関係性までしか、全員の関係は深まりません」

わたしは休憩時間や切り替え時間にも、お互いとつながり合って、クモの巣をつくるように念を押す。わたしとのつながりは重要ではない。メンバー同士の心が縫い合わさることで、あなたもほかのメンバーも大胆になり、一緒に何かをつくり出し、最高の集いを生み出すことができる。

目的に立ち返る

たとえば、月曜朝の職場の定例会議といった集まりでサプライズを仕掛けるのは、おおげさすぎるかもしれない。それでも、テレビ制作者のジル・ソロウェイの「ボックス」のような例を参考にはできるだろう。わたし自身は、どんな会にもそうした要素を少しは取り入れることができるはずだと思っている。

本格的に取り入れたい場合や、さらに一段上のオープニングを目指したい場合には、こんなふうに考えてほしい。あなたが人を集めようと考えたのは、何かに心を動かされたからだったり、何らかの理由があったはずだ。その理由を伝えるようなオープニングにしてみよう。集まりの最初の瞬間に、参加者がその目的を感じられるようにするといい。

ダニエル・バレットは、ブルックリンハイツ・モンテッソーリスクールの教師だ。この学校では、初日に生徒たちに編み物をさせる。

「『手仕事』と呼んでいます。生徒たちが静かに座って一つのことに集中するための方法なんです。細かい運動機能の訓練なので、字の練習にも役立ちますよ」

新入生たちは、初日に半日だけ学校で過ごす。その日から、生徒たちはモンテッソーリ式教育の原則に触れることになる。モンテッソーリの核にある価値観の一つがコミュニティだ。では、初日にバレットは、どうやってコミュニティの概念を体現しているだろう？

バレットは一人の生徒のいいところを挙げながら、自分で毛糸の端を握って毛糸玉をその生徒に投げる。その生徒も同じように、誰かのいいところを挙げながら、自分で糸の端を握ってその生徒に毛糸玉を投げる。それを繰り返すと全員が毛糸で結ばれ、クモの巣のようなものができあがる。「もし僕が毛糸を引き寄せたら、みんなが動きを感じるよね。それがコミュニティなんだ。ささいなことでも大きなことでも、一人ひとりの選択や行動が、みんなに影響する」。そうバレットは教える。

バレットはちょっとした工夫によって、小さな子どもでも、なぜいまそれをしているのかが理解できるようにしている。そのような思慮深いオープニングが、集団の行方を変えることもある。何十年にもわたって思い出してもらえることもある。

第6章

自慢や宣伝を排除する

KEEP YOUR BEST SELF
OUT OF MY GATHERING

さて、イベントはもうはじまった。成し遂げたいこともわかっている。さて、ここからは集まった人たちに素顔を見せてもらうにはどうしたらいいかを考えていこう。

わたしの経験から、ゲストにありのままで楽しんでもらうためのアドバイスをまとめた。

マウンティングが横行する「成功者」の集まり

カンファレンスほど嘘っぽさが充満している場所はない。国籍や人種や職業を超えて話し合えるチャンスが、いつも浪費されてしまう。影響力のある人たちがたくさん集まりながら、上っ面だけの会話に終始する。それは、参加者が、周囲の期待する「最高の自分」を演じているからだ。

そんな「カンファレンス用の自分」が最悪のかたちで現れる場所といえば、世界経済フォーラムの舞台だろう。世界経済フォーラムは世界有数の金持ちと権力者が集まる会議を開催しており、なかでもいちばん有名なのはスイスのダボスで開かれる「ダボス会議」だ。数年前、わたしたちはこの世界経済フォーラムで新しい流儀を試してみることにした。完璧な自分を見せることに慣れた人たちに、素の自分を見せてもらうことができるのか？　錚々たる経歴の人たちが演出された自分ではなくありのままの自分をさらけ出したら、より実のある議論ができるのではないか？

わたしたちが新しいやり方を試してみようと決めたイベントは、ダボス会議の数カ月前にアラブ首長国連邦で開かれた世界経済フォーラムの準備会議だった。準備会議の目的の一つは、ダボスでのテーマや議題を考えることにある。世界経済フォーラムでは「グローバルアジェンダ委員会」が十数回にわたって開かれていて、ここで人工知能から海洋の未来までさまざまな課題について話し合っている。この委員会では毎回、「深刻なグローバル課題についてイノベーティブなアイデアを考え、社会のためになるプロジェクトやイベントやキャンペーンをはじめる」ことを求められる。[1] 今回は九〇〇人の委員がアラブ首長国連邦に集まり、三日かけてその年に行ってきた活動を話し合い、新しい方向性を考えることになっていた。

委員に選ばれている人たちはもれなく社会的に成功した強者だ。弱みを見せるのは得意ではない。だから会議中だけでなく食事や休憩時間さえも、マウンティング合戦になってしまう。マウンティングをしないときでも、上っ面でそれらしい会話をするだけで、本音は出さず、感情を表に出すこともなかった。今回の委員会も、これまでにわたしが参加してきたカンファレンスとそう変わらないようだった。会議に出席し、自分の頭のよさを見せつけ、運がよければ新しい仕事のチャンスを持ち帰る。しかし、素の人間同士の関わり合いはほとんどない。全員が自分のブランド大使か広報担当者のようだった。でも、この会議は保険業界のカンファレンスではなく、人類が抱える最大の課題を話し合う場のはずだ。ならば、上っ面だけの議論をしても、目的は達成できないとわたしは思った。

その年、わたしは新たなリーダーシップのかたちを話し合うグローバルアジェンダ委員会に招かれていた。過去の報告書を見ると、この委員会では「リーダーシップが必要とされる状況と、リーダーとして成功するために必要な要素の根本的な変化」を理解し、深い議論をすることに主眼が置かれていた。[2] 特に、グローバルな環境の変化によって「新しいリーダーシップのかたちが必要とされている」ことが課題になっていた。そのような新しいかたちのリーダーシップにはさまざまな特徴があるものの、なかでも「リーダー自身のマインド（価値観、勇気、自覚、本物感）」と「人間関係やその広さと深さ」が特徴だと報告されていた。しかし、委員の多くは、世界経済フォーラムの文化を考えると、リーダーのこうした側面を育てることが難しいと感じていた。この委員会のメンバーだったドイツ人のマーケティング担当重役のティム・リーバーレヒトとわたしは、この会議の文化を変えられるかどうか、実験してみようと考えた。

そこで、いつもと違うやり方を試してみることにした。会議の前夜にほかの委員会からもメンバーを招いてちょっとした夕食会を行うことにした。参加者に人脈づくりや売り込みモードをオフにしてもらい、人として、素のままでお互いにつながり合ってもらうおうと思ったのだ。シンプルだがハードルの高い目標だった。

あなたの考える「いい人生」とは？

世界経済フォーラムの会議はそもそも人脈づくりのイベントだ。そんな場所で、どうしたら親密な夕食会を催せるだろう？　弱みを見せたくない場所で、弱さをさらけ出してもらうにはどうしたらいいだろう？　仕事の夕食会であっても、親族の集まりのような親密さを生み出すにはどうしたらいいだろう？　自分のアイデアや組織を売り込みにやってきた人たちに、複雑で多面的な本来の人間性を見せてもらうにはどうしたらいいだろう？　いつも絶対的な自信をみなぎらせている人たちが持っている隠れた弱さや疑念を外に出すにはどうしたらいいだろう？

まずわたしたちは、いつもの準備に専念した。レストランの個室を予約する。さまざまな委員会から一五人のゲストを招く。招待するのは、知り合いではないが、わたしたちが面白そうと思った人たちだ。そして夕食会にメリハリを出すために、テーマを決めた。テーマは「いい人生とは何か」だ。このテーマは以前に別のプロジェクトで使ったことがあり、深い会話が交わされるトピックだとわかっていたし、わたしたちもモデレートしやすかった。今回は「(究極の)いい人生」ではなく、あえて「(あなたの考える)いい人生とは何か」をテーマにした。

夕食会の前夜、わたしは眠れなかった。どうしてあんなにたくさんの人を招いてしまったんだろう? うまくいかなかったらどうしよう? 誰も口を開かなかったら? みんなが話をしてくれるかどうか心配だった。はじめて会う一五人と、こんな複雑なテーマについて話が弾むかどうかは、わたしたちの手腕にかかっていると感じていた。わたしたちはものすごく時間をかけて、細かいところまですべて詰め、オープニングでウェルカムドリンクを何にするかにも気を配っていたのに、実際の会話をどう組み立てるかについては成り行き任せだった。

その日、わたしは帯同していた母と夫と一緒にランチをとった。薄暗いアブダビのモールで昼食を食べながら、わたしは不安を打ち明けた。ゲストはありのままの姿を見せてくれるだろうか? 誰がいつ話をするかをどう決めたらいいだろう? ファシリテーターとして、わたしは夕食会の組み立てについて考えはじめた。そこで、基本中の基本でありながら忘れがちな原則を思い出した。「目的に合うように会を設計しなければならない」ということだ。

「いい人生とは何か」というテーマを発表するのではなく、夕食会のどこかでゲスト一人ひとりに「いい人生」に乾杯してもらい、思いつくことを語ってもらったらどうだろう? それは悪くない。でも、その人が思う「いい人生」をくどくどと説かれ続けられても困る。

ではこういうのはどうだろう? ゲストにその人自身の人生経験やエピソードを添えて乾杯してもらうのだ。こちらの方がいいように思えるけれど、ゲストにとっては気が重いことかもしれない。

誰も乾杯したがらなかったら？　乾杯と乾杯のあいだに長い沈黙が立ち込めてしまったら？

そこで罰ゲームという案が頭に浮かんだ。最後に乾杯する人に一曲歌わせることにしたらどうだろう？　夫がそのアイデアを口にしたとき、わたしは笑ってしまった。でも夫は真剣だった。罰ゲームで歌わせることにしたら、乾杯のペースが速くなるはずだし、スリルも味わえる。

その夜、ゲストは何も知らずにやってきたが、興味津々でワクワクしているようだった。そこに集まったのは企業のトップや経営者、ジャーナリスト、起業家、活動家といった人たちだ。男女半々くらいの割合だった。年齢は二〇代前半から八〇代までと幅広い。国籍もさまざまだ。わたしたちは部屋の入り口に立って、一人ひとりにウェルカムカクテルを手渡しながら、温かくゲスト同士を紹介し合った。テーブルには名札が置かれ、座席は指定されていた。

ゲストが席につくと、わたしはグラスを掲げて、みんなを歓迎し、自分とレーベレヒトを紹介した。そして、その夜のテーマと夕食会を開いた理由を語った。それから、その晩の夕食会のルールを説明し、罰ゲームについても伝えた。この場で話したことを誰かに話すときには、個人が特定されないように話すようお願いした。また、乾杯の前に話をしてもらい、その話の教訓や価値を称えてグラスを掲げてもらうことにした。そして、やっと夕食会がはじまった。

最初の三人は手短に乾杯してくれた。いちばんはじめに乾杯した女性は、自分自身の体験から、選択肢のある人生をいい人生だとまとめてくれた（「選択に乾杯！」）。二番目のゲストは、自分の災害救助の仕事について語るうち涙声になっていた。そのおかげで、何かを深く気にかけていれば、人間らしく感情的になってもいいのだとゲストたちに伝わった。三番目に乾杯した男性は、彼が思ういい人生の三つの要素を教えてくれた。それは自分のために働き、他人のために働き、そして楽しむこと。最後に「三つのうち二つ揃えば上々」と言いながら、グラスを掲げた。すると誰かが突然、節をつけて「三つのうち二つ揃えば上々だ」と歌いだした。そこで全員が笑いだした（「三つのうち二つに乾杯！」）。ゲストたちの間にリラックスムードが漂いはじめた。

そこで少し間が空き、ゲストたちはお隣の人たちとおしゃべりしながら食事を楽しんでいた。わたしは自分のエピソードをどうしようかと考えはじめた。事前にテーマを知っていたので、他の人たちよりも考える時間はあった。準備していた話もあった。でもそのとき、準備した話ではリスクをとっていないと気がついた。いい人生のイメージは頭のなかに浮かんでいた。それはわたしが一一歳のときの想い出だ。でも、あの話をここで打ち明けるなんて無理、と思った。心臓がドキドキしはじめた。それは「打ち明けろ」という心の声だった。わたしは深呼吸して、震える手でグラスを鳴らした。まだ夜もはじまったばかりでわたしが手を挙げたことに、ゲストたちは驚いているようだった。

まず、いい人生とは相手を見ることであり、見られることだという話から、わたしが「見られた」と感じた瞬間について話した。とても個人的な話で、これまであまり人に話したことのない話だ。

わたしは一一歳のとき、初潮を迎えました。メリーランドの友だちの家にお泊まりしているときで、どうしていいかわかりませんでした。友だちには言わず、翌日家に帰って母に話しました。わたしはまだ幼くて、自分の信念も判断力もなく、周囲の人の反応からいろいろなことを察していた年頃でした。だから母の反応が気になって仕方ありませんでした。初潮があったことを話すと、母は声を上げて喜び、わたしを抱え上げてクルクルと振り回しながら、うれしそうに笑っていました。それから家中を踊って回ったんです。その日わたしは、母の反応から、女性であることは喜ぶべきことなのだと自覚できました。母の祝福はそれだけでは終わりませんでした。二週間後にパーティーを開いてくれたんです。

ゲストたちは笑いはじめ、うれしそうに手を叩いた。男性も笑っていて、ほっとした。わたしは話を続けた。

母はわたしの友だちではなく、母自身の友だちをパーティーに招いたんです。みんな中年女性で、それぞれ人生の遍歴を経た人たちでした。みんなプレゼントを持ってきてくれました。ピンクのレースの下着をくれた女性もいました。女性の楽しみの一つは、「タンスの引き出しを開けるとたくさんの色が目に飛び込んでくること」だとその人は言っていました。歌も歌ってくれました。母のお気に入りの、スウィート・ハニー・イン・ザ・ロックの「オン・チルドレン」と、クロスビー・スティルズ・ナッシュ&ヤングの「ティーチ・ユア・チルドレン」も。その日、わたしは自分が大切な存在だと知りました。わたしは彼女たちを見ていたし、彼女たちはわたしを見ていました。わたしの成長を見守ってくれる人たちがそこにいました。わたしにとって、それは「いい人生」でした。そしてみなさんにちょっとしたサプライズがあります。その母が今日ここにいます。あそこに座っています。

母はたまたま別の委員会のメンバーとして会議に招かれていた。母とわたしは苗字が違うので、誰も親子だとは知らなかった。世界銀行から派遣された貧困問題の専門家だと思っていた女性が初潮を祝うパーティーを企画したわたしの母だと知って、ゲストたちはあっと驚いた。わたしは赤裸々な打ち明け話をしてしまったことにドキドキしていたけれど、これでほかのゲストも心を開いてくれればいいと願っていた。

「死に乾杯！」

グラスにワインが注がれ、乾杯が続いた。ある女性は母親が死ぬ間際に言った言葉を教えてくれた。「わたしは生きてるあいだの九割の時間は、どうでもいいことを心配していたの。そんなふうになっちゃダメよ」。死という話題が出ると、そのあとの乾杯でも死を話題にする人が何人か出てきた。いい人生を考えるということは、この世にいる限られた時間の終わりを考えることでもあるからだ。ある女性は、彼女が毎朝やっている「奇妙な」習慣について話してくれた。それは「死の瞑想」で、自分が死んだときのことを想像し、愛する人やこの世に残していく人たちの姿を頭に思い浮かべ、そのシーンを上から俯瞰するのだという。それから指先と爪先を動かして現実に戻ってくると、生きていることに心から感謝でき、自分が何を大切にしているかが以前よりも少しだけわかってくる。彼女にとって、いい人生を生き、味わうこととはつまり、死を意識し続けることだった。彼女はグラスを掲げ「死に乾杯！」と言って話を終えた。わたしたちはみんなで「死に乾杯！」と返し、グラスを持ち上げた。

夕食会が進むにつれて、話している人の目にも、聞いている人たちの目にも、涙が溢れていった。それは悲しみの涙ではなく、感動の涙だった。その夜を通してゲストたちは次々と立ち上がって話しはじめた。誰もが「どんな話になるか見当もつかないけれど」、とか「この話をするつもりじゃなかったけど」とか、「人前でこの話はしたことがないんだけど」というような前置きをつけていた。どれも台本のない話だった。

そんな様子を見て、ある男性がうまいことを言った。スーパーヒーローだってよく見たらパンツ姿じゃないかと。その話にわたしたちは笑った。それは、夕食会でのわたしたちの狙いにぴったりのたとえだった。この集まりでゲストに挑戦してもらおうとしたのは、まさにそういうことだ。そして、とうとう最後のゲストが歌った。乾杯の締めはレナード・コーエンの歌だった。その歌のなかに、「ひび割れがあるから、部屋に光が差し込んでくる」という歌詞があった。その歌詞を聞いて、頭のなかを占めていた心配がどこかに飛んでいった。

それはとても感動的で美しい夕べだった。錚々たる肩書の人たちが、鎧を脱ぎ捨ててくれた。ありのままの姿を見せてくれた。集まりによって何が可能になるかを、この夕食会は教えてくれた。

「15の乾杯」のルール

アブダビでの感動的な夕食会のあとで、わたしたちはこの形式を他の場所でも使ってみることにした。初回のゲストの数にちなんで、この会を「15の乾杯」と呼ぶことにした。ほかの堅苦しい集まりにも、この15の乾杯を使って人間らしさを吹き込むことができるのではないかと探ってみた。わたしたちのどちらか一人がファシリテーターを務めることもあれば両方がやることもあったし、以前の参加者がファシリテーター役になって、何かのイベントがある際に、その脇で15の乾杯形式の夕食会を開いた。サウスカロライナ、デンマーク、南アフリカ、カナダ、その他の場所でも15の乾杯を主催した。どの場所でも、奇跡が起きた。そこで、別のタイプの集まりにもこの形式を試してみることにした。仕事仲間や親族などが開く会でこの形式を試してみたところ、意外にもうまくいった。この形式で夕食会を何度も開き、さまざまな人たちが驚くほど素の姿をさらけ出すのを見て、隠れていた本当のその人を表に出すために必要なパターンに気づきはじめた。環境を正しく設定すること（個室を準備し、照明を落とし、ロウソクを飾り、気軽な食事を出し、ワインをふんだんに振る舞う）も大切だが、そのほかにも嘘っぽさやよそよそしさを取り払い、真実の姿を表に出すためにできることがあるとわかった。

アドリブで話す

その方法の一つは、「アドリブで話してもらう」ことだ。ゲストたちには、前もって準備され、綺麗にまとめられ、これまで何千回とやってきた定番スピーチがあった。格式ばった重要な集まりでは定番スピーチが役に立つ。

定番スピーチが、地面にしっかりと根を下ろした木の幹のようなものだとすれば、アドリブスピーチはその木の先っちょの弱い部分だ。これからかたちになる部分とも言える。失敗できない大切な集まりでは定番スピーチに頼ればいいが、聞いていて面白いのはアドリブの部分だ。グループを親密に結びつけ、大きなことに一緒に挑戦できると思わせてくれるのは、アドリブのスピーチだ。

仕事に近い舞台では定番スピーチが世の常識だ。カンファレンスのような場所では特にそうだ。

でも、わたしの経験では、偉い人にはアドリブで話してもらう方がはるかに面白い話が聞ける。

そんな前向きな取り組みをしているのが第4章でも触れたハウス・オブ・ジーニアスという集まりだ。創始者は二人の起業家、トーマ・ベドーラとティム・ウィリアムズだ。二人はネットワーキングのイベントにうんざりするようになっていた。同じような成功話ばかりで、誰も失敗談を話さないからだ。そこで、実験的に新しい形式を試してみることにした。その後、二人のこのやり方が世界中に広まった。

まず、知らない人たちが一つの部屋に集まる。そのなかの二人か三人は問題を抱えた起業家か、仕事で何か問題のある人だ。相談者として審査に合格すれば、その部屋に入ることができる。アドバイスを与える聞き手側も、さまざまな分野から問題解決に手を貸そうと応募してきた人たちだ。そしてモデレーターがきっちりと進行を管理する。

わたしはハウス・オブ・ジーニアスの集まりに二度参加したが、モデレーターの巧みさに感心した。モデレーターの導きで、問題を抱えた人たちは見知らぬ人たちに自分の問題を包み隠さず話し、聞き手は相手を深いところまで知ることができた。ハウス・オブ・ジーニアスはゲストに問題を打ち明けさせることで、上っ面ではなくありのままの姿を表に出させることに成功している。

わたしが参加したイベントはどちらも、ニューヨーク市内にあるコワーキングスペースの会議室で行われた。イベントが正式にはじまる前、少しだけキッチンの近くで挨拶を交わす時間があった。参加者がやってくると、お互いに挨拶するのはいいが、仕事に関係することは話してはいけないと言われた。わたしは短パンをはいたブロンドの若い男性と話しはじめたが、仕事に関係することを話さないためにはかなり無理をしなければならなかった。わたしたちは、軽い雑談にしておこうと頑張った。彼はわたしに最近休みをとったかどうか訊ねた。わたしは彼にペットがいるかと聞いた。お互い、仕事以外の話があまりに下手すぎて、思わず吹き出してしまった。そのつもりはなくても、どうしても仕事に関係する話を聞いてしまうのだ。「この手の会に以前も出たことはある？」と聞かれて、わたしは「ええ」と言ったあと、「だってわたしは……」と言いかけてやめた。「集まりについて研究しているの」と言えばルール違反になってしまう。「ニューヨークに引っ越したのはいつ？」と彼に聞いてみた。

「五年前」

「どうして？」

「理由は言えないんだ」

そこでまた笑ってしまった。それでも夜が更けるにつれてわたしたちも慣れていった。その後、わたしはその会のモデレーターに会った。「以前にもモデレーターの経験が？」と聞いてみた。

「何度かあります」

「どうしてこの会に関わるようになったんですか？」

「そのうちわかりますよ」

「いちばん最後?」

「最後のお楽しみの時間に」

「そうなんですね」

そのうち、あきらかに主催者とわかる若い女性がわたしたちを部屋に導き入れて席につかせた。「下の名前だけですよ」「遊びのことは話していいけれど、仕事については話さないでくださいね」と念を押された。

問題を抱えた人が部屋に入り終わると、正式に「ハウス」ができあがった。

主催者がわたしたちを歓迎し、ハウス・オブ・ジーニアスの由来について語り、壁に掲げているこの集まりとルールの目的をもう一度おさらいした。「アドバイスはいいけれど、職業は明かさないでください」と言われた。

弱みをさらす

その晩のプレゼンターとなる起業家は二人で、それぞれに四五分ずつ持ち時間がある。最初の五分でそれぞれが抱えている悩みを打ち明ける。聞き手は二つか三つほど、確認のための質問をし、起業家は質問に答える。ハウスの全員が一分で「初見」を話す(聞き手はこのときに質問してもいいが、起業家は答えられない)。残り時間は起業家とハウス側の対話だ。モデレーターは全員に話す機会が回ってくるように気を遣い、いいフィードバックができるように聞き手側を指導する。過去の成功例と失敗例を紹介したり、「未来につながる」ような人を紹介したり、役に立つ書籍や記事を教えたりといったことだ。最後の「お楽しみ」の時間になってやっと自分の正体と仕事を話すことになっている。

最初のプレゼンターは、職場の多様性を推進することを目的とした組織を運営している社会起業家の女性だった。彼女の目標は企業側と真のパートナーシップを結び、企業が「従来の型にとらわれない」採用の仕方をするよう呼びかけることだった。次の人は旅行アプリの開発をはじめた若い男性だった。そのアプリを使えばユーザーが自分で観光ガイドをつくり、コミュニティと共有できるようになるらしい。「予算も人脈もあまりないなかで、熱心な初期のコアユーザーを獲得するにはどうしたいいか」を知りたがっていた。

聞き手の十数人は、どうしたら自分が助けになれるかを考えた。わたしたち聞き手は事業についてもっと詳しく知る必要があった。だが、わたしたちがどんどん質問するうちに、どちらの起業家も自分の弱みを開示していかなくてはならなかった。「では、声をかけたのは何社?」。もっとたくさんの企業に声をかけるべきだったかもしれない。彼らの負担を増やすようなアドバイスもあった。「企業研修の会社と組むことは考えた?」彼らが考えたことのない指摘もあった。「企業がマイノリティを雇わない理由をあなたが勘違いしてるのかも」。厳しい質問にも起業家が心を開いていれば賢い人たちから貴重な助けを得ることができた。

グループの構成は面白く、それぞれの起業家を深く知れば知るほど助けになりたいという思いが強まった。もし彼らがネットワーキングのイベントでわたしに近づいてきて、よくある調子でおおげさに売り込んできたとしたら、興味は湧いたかもしれないが、この人を助けたいという気にはならなかっただろう。でも、この場所で彼らが自分から進んで他人に自らをさらし、詰問されているのを見て、心に響くものがあったし、わたしの頭とリソースを使って彼らを助けたいという気持ちになった。ごく稀に、起業家がムッとしたり身構えたり、隠しごとをしたりすると、それが聞き手全員に伝わり、助ける方も引いてしまう。まるで、集団のダンスを見ているようだった。起業家が自分をさらけ出せば出すほど、心が通じ合い、聞き手は助けたいという気持ちになった。起業家が強さを出せば出すほど、わたしたちは必要ないと感じられ、苦労を分かち合えなくなった。

ガードの固いハーバードの学生たち

考えてみれば当然のことだ。人に弱みを見せれば相手は共感してくれる。学者、たとえばブレネー・ブラウンも昔からそう言っている。(3) しかし、そんな当たり前のことをわかっていない主催者がほとんどだ。主催者の役目はみんなを一つにすることだ。ハウス・オブ・ジーニアスのように、助け合いをはっきりと目的に据えている会もある。しかし、人が集まる場にはいつも助け合いの機会があり、一人ではできないことや思いつかないことや癒せないことを、できるチャンスがある。それなのに、集まりの場では弱い自分を隠し、強くブレない自分を演じてしまう。自分を助けてくれる人たちと出会える場で、わたしたちは何でもできる自分を装って助けのいらないふりをしてしまう。

わたしの行った大学院はこの矛盾の極みのような場所だった。ハーバード大学のケネディスクールには、世界の問題を解決したいと考える賢く情熱的な学生たちが、本物の問題意識と不安と好奇心を抱いてやってくる。それなのに、彼らはお互いを助け合わず、相手を威圧してしまう。知らないことを学ぶために教室にいるはずが、この学校の文化に染まると人前でバカっぽく見えないようにすることばかりを気にかけるようになる。思いつきを口にするのは割に合わない。周りにいるのは未来の上司であり同僚であり雇い主なので、強さを見せた方がいいと思ってしまう。新学期に「元気?」と聞かれると、まるで選挙運動中の政治家のように、絶好調の振りをして笑顔を浮かべる。「本音を口に出すな。いつも意気揚々としていなくては」と考えているようだった。昔話をするときもまるで政治家の広報係のようだった。人生の苦も楽も見栄えのいい話に仕立て上げ、自分の成果を謙遜しながら自慢し、自分というブランドを売り込んでいた。

そんな学び方は孤独で悲惨ではないかと声を上げた学生がいた。わたしより一学年上にいた、リサ・ラザローだ。リサは抵抗のしるしにチェンジ・エージェント・ナウ(CAN)というグループを立ち上げた。やることは単純だ。ケネディスクールの学生六人が一組になって、二週間に一度、三時間だけ集まり、いつもと正反対のことをやる。とても無理かと思えたがここでは正直になれた。

わたしたちは、うまくいっていることではなく、うまくいっていないことを率直に打ち明けることにした。辛かった体験、親から見捨てられたこと、学校でいじめられたこと、貧乏を恥じていること……わたしたちは弱さや脆さや恐れをさらけ出した。ケネディスクールでの毎日とは反対に、ここでは強さより弱さに価値が置かれていた。

わたしたちは「試練のとき」に話を絞って、ゆるいプログラムを実施していた。「試練のとき」とは、ハーバード・ビジネス・スクールでリーダシップを教えているビル・ジョージが著書の『リーダーへの旅路』のなかで使った言葉で、わたしたちを深い意味でかたちづくり、世界の見方を変えた苦しい瞬間を指している。[4] それは心のなかで自分という存在の軸になる物語だが、普段は人に話さない話だ。

はじめのうちは、ＣＡＮのメンバーは隔週の水曜に集まり、「試練のとき」に絞って人生の物語を打ち明けていた。メンバーはここで何をするか知ってやってきたし、お互いのことを知りたがっていた。同じグループの学生たちが打ち明けてくれた、子ども時代のこと、難しい決断のこと、親との関係、故郷のこと、宗教的な信条といった話を聞いて、わたしは彼らをこれまでとまったく違う目で見るようになった。わたしも安心して、いつもとは違う自分をここで見せることができたし、自分のなかの醜い部分も打ち明けられた。

集まりの設定は単純ながら深い意図に基づいていたし、この場所がわたしの大学院生活を変えてくれた。わたしにとって、大学院はこれまでと違う場所になった。わたしは鎧を脱ぎ、話に耳を傾けるようになった。わたしたちは欠陥だらけのお互いを愛せるようになった。父親がホームレスだった海軍将校。貧しい家に育った起業家。父親がいなかったため、妹や弟の父親代わりを務めてきた企業重役。わたしは彼らの華々しい経歴に嫉妬したり、気後れしたりするのではなく、共感できるようになった。わたしが彼らの過去を理解し、彼らもわたしの過去を理解してくれたからだ。CANグループのなかで本当の自分になれたことで、グループの外でも大胆になれた。

ラザローは学生たちを見抜いていた。仮面を脱ぎ捨てれば人とのつながりが深まり、一緒に成長でき、より実りある協力ができるとわたしたちは知っていた。ラザローがCANをはじめてから一〇年以上経つが、この集まりはいまも続いている。

抽象論は禁止

ありのままの側面を引き出すのに役立つもう一つのテクニックは、概念ではなく実体験を語ってもらうことだ。

前述した「15の乾杯」が生まれた夕食会では、ゲストに物語形式で乾杯してもらうようお願いした。それは、ある種の保険だった。誰でも自分が体験した人生の物語を語ることはできるし、これまで考えたこともないテーマでいきなり気の利いたことを話してもらうよりも、実体験の方が面白いと考えたのだ。しかし、意外な効用もあることがわかった。物語の方が共感できるのだ。これがうまくいったのは、物語を話してくださいと、はっきりとお願いしていたからだった。わたしたちは抽象的な概念ではなく、具体的な体験を語ってほしいとはっきり伝えていた。

ゲストに物語を語ってもらうだけで、より実りある集まりになることは多い。物語が人と人を結びつける接着剤になることを証明しているのが、「モス」という集まりだ。モスは一九九〇年代の終わりにはじまった。立ち上げたのは南部出身のジョージ・ドーズ・グリーンだ。小説家のグリーンは、ほかの作家や芸術家と出会うために詩の朗読会に参加していた。だが、詩には心を動かされず、会のあとにイライラが残った。「何か違うと思ったんだ」。みんなが「歌うように節をつけて詩を朗読していた。詩人が立ち上がって、詩的な言葉で話しはじめたとたんに、壁ができるような気がした」。壁ができてしまうのは、詩人というものが世間離れした遠い存在だというイメージのせいだと彼は言う。「詩人は長い長い伝統の一部で、神とのつながりや、自然の力から発想を得る。詩人は巫女のような存在で、天上から何かが降りてきて、それを優美な人間離れした言葉で下々のものに告げてるみたいに見える」。それを素晴らしいと思う人もいるだろうが、グリーンはうんざりしていた。

それでも詩人という存在に魅了されてしまう瞬間があった。それは朗読前のこぼれ話として、詩人がどこからひらめきを得たかを自由に話しているときだ。「祖父はよく郊外に釣りに行っていてね、わたしも朝早く起こされたものです」。詩人が語ったこんな話をグリーンは何年もあとになって思い出すことがあった。「完璧に自然な話し言葉だったので、詩人特有のもったいぶった感じがなく、聴いている人のなかにすっと言葉が入ってきた。こういう経験から、詩人の言葉ってすごいなと思うようになった」。

そこでグリーンは、そんな自然な語りの瞬間を再現するような形式の集まりをはじめてみた。これがモスだ。それから二〇年が経ち、モスはいまも二五の都市で開かれ、これまでに一万八〇〇〇もの物語が語られてきた。立ち見が出ることもよくある。

わたしはグリーンに人の集まりにおいて物語が力を発揮するのはなぜなのか、その瞬間はいつ訪れるかを聞いてみた。「物語が心に響くのは、人の弱さを語るときだ」とグリーンは言う。「成功談は心に響かない。トランプがそうだろう」。物語を通して自分の弱みを開示すると「聞いてる人たちの心に響くんだ。僕も経験した。相手が何を言いたいかがすごくよくわかる」。グリーンは何年もかけて物語の技術を学んだ。いい物語の要素を彼はこう教えてくれた。

物語とは君が下した決断についての話だ。君に降ってきた偶然の出来事の話じゃない。それを理解して、自分の弱い部分をさらし、その結果何が起こるかも受け入れることを決める……そういうことができれば直感的に自分のなかにあるすごい物語が見つかる。いい物語は聞き手にもすぐわかる。人間として共感できるんだ。肩書が気にならなくなる。自分と同じように辛いことを経験した本物の人間だってことがわかる。「その気持ちわかる」ってなるんだ。

暗いテーマで熱くなる

ゲストがお決まりの話しかしなかったり、経験ではなく理論しか語らない場合でも、主催者はそれに同調することもできる。そういうタイプの主催者は、会を明るい雰囲気にすることにこだわり、前向きなテーマを選びたがる。一方、実のある集まりを開きたいと真剣に考えている人たちは、暗いテーマを恐れない。

「15の乾杯」を思い出してほしい。わたしたちが選んだテーマは「いい人生」というかなり前向きなものだった。いま考えるとあまりいいテーマだったとは思えないし、たぶんゲストもそう感じていただろう。生の裏側にある死という言葉を持ち出して会話の方向性を変えたゲストが何人もいた。わたしたちは死について語ってほしいと頼んだわけではなかったが、人生の喜びについて話しているあいだに、生の裏側にあるものが自然に話題にのぼったのだ。死についての話が出るようになって、その夜の会話は一層深みを増した。人々はますます話にのめり込み、自分の死や愛する人の死が頭に浮かんだ。それによって濃く生々しい会話ができた。

レーベレヒトとわたしは、15の乾杯をほかの場所でも開催しながら、テーマを増やしていった。他者、信仰、幸福、何かのための犠牲、逃避、国境、敵、恐れ、リスク、反抗、恋愛、威厳、自分自身、教育、人生を変えた物語、仕事の終わり、美、紛争、プロトタイピング、真実、アメリカ、地域、旅人、起源、正しい問題、ディスラプション、第四次産業革命、勇気、そしてもちろん弱さ……。

やっているうちにわかってきたのは、乾杯が盛り上がるのは、幸福や恋愛といった甘いテーマのときではなく、どちらかというと暗い側面のあるテーマだった。たとえば、恐れ、敵、国境、他人などだ。人によって解釈が分かれるテーマ。人の弱い側面や、内面の混乱や未消化な部分を外に出すテーマや、倫理的に複雑なテーマ。そんなテーマの方が実りある会話ができた。

残念ながら、そうしたテーマは普通の集まりではタブーとされている。特に仕事関係の集まりでは、まるでカルトのように明るさが強調される。うまくいっていることや、協力、希望、未来ばかりに目が向けられる。でも、わたしたちの夕食会でゲストが望んでいたのは、ワクワクするような話題ではなく頭と心が刺激されるような話題について、いったん立ち止まって深く考えてみることだった。普通のカンファレンスでは、そんな機会はない。

クライアントや友人に、暗いテーマを選んでみることを勧めると、たいてい激しい抵抗に遭う。そこで彼らを説得するために究極の秘策を講じることにした。暗いテーマを持ち出しても大丈夫などころか、むしろ集まりには暗い側面が欠かせないことをあきらかにするために、わたしが頼ったのはあるSMの女王だった。

ステファニー・ゾーイ・ヴァルンケの名前をはじめに聞いたのは、ドイツ人のDJからだ。そのDJがわたしに、知り合いのSM女王に会ってみるといいよと勧めてくれたのだ。そのSM女王は、場やシーンをつくり上げる達人らしかった。わたしはSM女王と夜に人目を忍んで駐車場で会う場面を想像した。実際には、街なかのカフェでお茶をすることになって、ほっと（ちょっとがっかり）した。

ゾーイはもともと弁護士で、昼はデュッセルドルフの弁護士事務所のパートナーとして働き、夜はヨーロッパでも指折りのSMクラブで女王様になっていた。結局、弁護士を辞めてドイツからニューヨークに引っ越し、いまもSM女王として働いている。自分の仕事は、クライアントが安全な場所で暗い妄想を追いかけるのを助けることだと言う。

「人が安全なかたちで自分の隠れた側面を探求することを助けたいの」とゾーイは語っていた。この仕事に興味を持ったのは、おそらく生まれ育った環境のせいだろうと彼女は言う。家のなかで「自分の内面を表に出すことを許されなかった」からだ。

自分のなかの暗い部分を見つめるのがどうして大切なのかと聞いてみた。「その方が世の中がよくなるから」とゾーイは笑う。答えが少し単純すぎる。なぜ人々が自分の暗い側面を見つめると、世の中がよくなるの？

ゾーイは一瞬考え込んだ。「暗い側面を見つめると本当の自分がわかって、怒りや憎しみや悪い感情で補う必要がなくなるから」と彼女は答えた。

これは心理学で言う「影の統合」という概念だ。わたしは、『性的アウトサイダー　SM嗜好とコミュニティを理解する』を著した臨床心理学者のデビッド・M・オートマン博士に連絡をとり、ゾーイの仕事観について意見を聞いてみた。するとこんな返事が来た。「『影の統合』とはユングの言葉で、わたしたちの誰しもが影の部分（攻撃性、暴力性、合意のないことをしたいまたはされたいという願望）を抱えていることを認めることを意味します。こうした自己の側面を否定しても、暗い感情にうまく対処することはできないし、影の側面を否定したり無視したりすれば余計に暗い部分が大きくなっていく（無意識に増幅される）のです。ＳＭプレイは影の部分を表に出す、一つの技術です」。ゾーイについては、こう言っていた。「ご友人のＳＭ女王は、自分の仕事が何かをよく理解していますね。そこに治療としての意味があるとまで、踏み込んで語っています」。

ここまで読んだみなさんは、スタッフ会議や家族の集まりとＳＭに何の関係があるのかと首を傾げていることだろう。わたしはゾーイを雇えと勧めているわけではない。ただ、ゾーイの仕事にヒントがあるとは思っている。彼女の仕事に凝縮されたエッセンスを適度に薄めれば、あなたやわたしの集まりに使うことができる。自分のなかの暗さを認めるのはいいことだ。誰にでも暗い側面はある。あなたの集まりにも暗さはある。暗さを排除しようとしても、それが消えるわけではなく、逆にマイナスのかたちで現れる。

「知らない人」のパワー

ゲストに本心や弱さをさらけ出してもらうための、意外な方法の一つは、知らない人の割合を上げることだ。不思議に思うかもしれないが、相手を知らない方が自分をさらけ出しやすいものだ。知人であっても何らかの方法で相手を新鮮な目で見ることができれば、話がしやすくなる。

ニューヨークで開いた「15の乾杯」の夕食会のあと、あるゲストが動揺していたことがあった。自分の連れてきた親しい友人が、鬱で苦しんでいることをその夕食会で打ち明けたのだと言う。そのゲストはわたしを脇に呼んで、友人が自分に話したことのない話を他人に打ち明けたことで裏切られたような気がしたと言っていた。でも、それは普通だ。親しい人たちよりも、自分の人生に何の関わりもない他人の方が、秘密を打ち明けやすいものだ。

知らない人には、自分の隠れた側面を引き出してくれる力がある。知らない人がいると、過去の自分と未来の自分の関係が一時的に変わる。友人や家族はこれまでのあなたをよく知っているので、未来のあなたを勝手に決めつけてしまう。「君には歌手なんて向かないよ!」「生物が大嫌いだったおまえが、医者になれるわけないだろう!」「あなたがコメディをやるなんて想像もつかない」。しかし、自分の過去を知らず、将来も関わりのない人なら、新しい自分の側面を出しやすい。他人の前なら、未来の自分を一時的に試すことができる。これまでの自分とかけ離れたキャラを出すこともできる。他人になら、見せたい部分も隠したい部分も新しくつくり出す部分も自由に選ぶことができる。

こうした他人の力を信じて、知らない人だけを招いて集まりを開く人もいる。その一人がオックスフォード大学のセオドア・ゼルディン教授だ。フランス史の研究者としても哲学者としても有名なゼルディン教授は、白髪交じりのもじゃもじゃ頭がトレードマークだ。彼はある年、まったく知らない人たちを招いて誕生会を行うことにした。誕生会の日時をBBCで一般の人たちに告知し、知らない人とおしゃべりしたい人は誰でもロンドンのリージェントパークに来てほしいと呼びかけた。[5]

すると、数百人もの人たちがやってきた。ゲストは全員、知らない人とペアになって一対一で話すのが決まりだ。食事のメニューの代わりにゼルディン教授が準備したのが、六品の「会話のメニュー」だ。「前菜」には「あなたの人生の優先順位は年齢とともにどう変わってきましたか?」や「あなたの経歴や体験は人生にどう役立ったり、足かせになったりしましたか?」といった質問が並ぶ。「スープ」には「あなたの人生で時間の無駄だったことは?」という質問。「魚」には「これまで何かに反抗したことはありますか? いまあなたが反抗していることは何ですか?」。「サラダ」では「これは共感できないという限界は?」。

わたしが知らないあなたの話

知り合いばかりの会でも、意識的に他人目線を持ち込むことは可能だ。家族の夕食会やチーム会議においても、適切な質問と会の構成次第で、既知の人を新鮮な目で見ることができるようになる。

数年前、わたしと夫はインドにいる祖父母と親戚を訪ねた。そこで、どちらの側の家族も夕食に招くことにした。総勢で一七人。大家族での夕食は何度も経験していたので、もし何の工夫もしなければ、片方のいとこ同士がつるみ、年寄りは年寄り同士でかたまり、意味のない世間話で終わってしまうのはわかっていた。ただ、食べて、飲んで、眠くなって、家に帰るだけだ。それも悪くはないが、今回は特別な夜にしたかった。

その夜は「15の乾杯」を少し変えた形式にすることに決めた。どちらの家族にも人前で歌うのが好きな人たちがいたので、歌の罰ゲームはやめて、乾杯をした人が次の乾杯をする人を選ぶというルールにした。ハーバードのCANグループで使っていた「試練のとき」というテーマをヒントにして、「世界の見方が変わった」瞬間やそんな経験をみんなに話してもらうことにした。そこに一つ条件をつけた。そこに集まっていた人の知らない話にしてほしいということだ。友だちよりも血縁のつながりが濃いインド社会で、これはなかなかに難しいルールだった。でも、こうすれば、知らないことはないと思っていた人たちを新鮮な目で見ることができるようになると思ったのだ。

いとこの一人は、「子どもの誕生」について話しはじめた。ルールとその目的を理解していた親族たちは、すぐさまこう突っ込んだ。「そんなことみんな知ってるよ！」トップバッターがいきなりつまずいて、周囲がそれを正したので、次に続く人たちは感覚がつかめた。最も近しい人たちでさえも聞いたことがない話をしはじめたのだ。そこにいた一人か二人はその話自体を知っていても、その話が当人にどんな意味や影響があったのかはその夜にはじめて知ったという親類も多かった。

遺伝学者の叔母は、一〇代の頃に女性だから医師にはなれないと言われた話をしてくれた。叔母はその言葉にショックを受け、それから一層勉強に励んだ。もう一人の叔母は官僚で、インドの公務員試験に合格し、官僚研修を終えたのに、現場に出してもらえず、何カ月も市役所のなかで秘書のような仕事をやらされたという。どうして現場を回れないのかわからず、ある日勝手にトラックで現場を回ると、その土地の公務員から、女性である限りはどんなに賢くても男性と同じようには処遇されないと言われた。

乾杯が進むにつれて、何か素敵なことが起きていることに気がついた。もとはと言えば、この夕食会を開いたのは、わたしたちの結婚式をきっかけにつながったお互いの家族同士のつながりを深めてほしいと考えたからだ。でも、それよりはるかに面白いことが起きていた。父親と母親と息子と姪とが、お互いの意外な側面を知ることになったのだ。

九〇代の祖父は、五〇年前に大企業に勤めていたときの話をしてくれた。祖父は、自分が映画館に送っていた広告フィルムが映画館に届いていないか、届いていても上映されていないことに気がついた。そこで彼は一計を講じた。耳が遠いこともあっていつもは口数の少ない祖父のなかにいた、若くハツラツとしてアイデア豊富なビジネスマンが、突然みんなの目の前に現れたようだった。英語では話したがらない祖母が、ほんの数日前にわたしに話してくれた話をみんなにしていいかと聞いてきた。祖母はバラナシーという保守的な地域の出身で、一族の女性でははじめてバナラス・ヒンドゥー大学に進学したという。祖母は七人きょうだいの長女で、父親にかわいがられていた。その父親が、祖母に大学に入って授業を受けるように勧めたのだ。祖母の大学初日に、父親は遠方の親戚の結婚式に参加していたので地元にいなかった。近所の人たちは父親がタブーを破って娘を大学に行かせたことを批判していたが、父親はそこにいなかったので雑音は耳に入らなかった。父親が戻ってくる頃にはもう祖母は授業にも慣れていた。批判していた隣人に、娘に大学を辞めさせろと言うのかと、父は詰め寄った。たとえ女子が大学に入学するのは間違いだったとしても、途中で勉強を中断するのが本当に正しいのかと。この瞬間、祖母の父親に対する見方が変わり、世の中がどんなふうに変わっていくかを理解した（特権階級の人が挑戦者を守ることで、世の中はゆっくりと変わっていく）。

その夜何よりも心に残ったのは、みんなが進んでこの集まりを楽しもうとしていた姿だった。そして、何か新しいことを試そうとする姿だった。わたしたちは家族のさまざまな側面を新鮮な目で見はじめていた。祖母のなかにいた大胆な女子大学生を。祖父のなかにいた革新的な若きビジネスマンを。インド人の親族の集まりでいつも静かにみんなを見守っていた叔母のなかの、業界の先駆者の姿を。よく知っていると思っていた人たちにも、わたしの知らない部分がたくさんあるのだということを、改めて教えられた。

いつもの自分は脇に置く

最高の自分ではなくありのままの姿を出せるような集まりを開くためには、準備が必要だ。「15の乾杯」をやってみてわかったのは、オープニングが肝心だということと、ゲストに望むことと望まないことをはじめにはっきり伝えた方がいいということだった。

カンファレンスや偉い人たちの集まる会議のサイドイベントとして15の乾杯を主催するときには、歓迎の言葉のなかで、仕事や私生活でうまくいっている話を、この集まりには持ち込まないでほしいとお願いする。聞きたいのは、ゲストの迷いやとまどいだ。準備されたスピーチではなく、完成されていない言葉や考えを聞きたいと伝える。

家族の集まりで15の乾杯をするときには、仕事の集まりのときとは少し違うことを最初に伝える必要がある。親しい人との夕食会では誰も新しいことや意外なことを話さない。いつもと違う夕食会にしたいなら、別の工夫が必要になる。そこで、わたしは家族の話はやめて、自分の子どもたちさえ知らない側面を教えてほしいと頼む。

大規模な会議の前に15の乾杯を開くときには、別の問題がある。企業ではいつも同じメンツが同じ役割を担って、同じ方法で仕事をしている。そこで、歓迎の挨拶でそのことをまず指摘して、この夕食会の目的は、いつもと違う方法で一緒に時を過ごし、いつもと違う自分の側面を見せ、違う役割を務めることだと伝える。わたしの希望をはっきりと伝え、いつもの自分を脇に置いて別の何かを試してほしいとお願いすれば、たいていゲストも意図を理解してくれる。

ゲストへのお願いは、短くても強く心に残ればいい。初回の15の乾杯で、わたしはこの夕食会を会議でなく結婚式のような雰囲気にしたいと話した。すると、誰かが「誰が結婚するんだい?」と冗談を飛ばした。別のゲストが「じゃあ、夕食会の終わりに投票で決めよう!」と返し、みんなが笑った。それを聞いて、うまくいきそうだと思った。

それ以来いつも冒頭では「みんなが驚くような話をして」とか「成功談は禁止」とか、「自慢話はなしでお願い」などと言うことにしている。

もう一つ、気がついたことがある。みんながお互いのいい部分を見ていれば、自慢話をしなくてもよくなるということだ。人間誰しもいいところを見せたいものだし、特に仕事の場面では、弱みを見せたがらないものだ。でも、ホストのわたしが事前にゲスト個人やその組織の強みを認め、ほかのみんなに伝えれば、ゲストは自分をよく見せたいというプレッシャーからいくらか解放される。だから、いつもわたしはこんな感じではじめる。「ここには選りすぐりの人物だけをお呼びしています」。そのうえで、「ですが、今日はみなさんの経歴やどれほど成功なさっているかはお話ししていただく必要はありません。もう十分存じ上げていますから」と付け加えることにしている。

ホスト自身が率先して

正直にありのままの姿を出してほしければ、ゲストに望むことと望まないことを伝えるだけでは十分ではない。集まりのはじめに、ホストであるあなたがまず、お手本を示さなければならない。ゲストにそのやり方を教えてほしい。

ゲストにもっとリアルな姿を出してほしいと思ったら、あなたがリアルな自分を出さなければならない。わたしはいつも必ず、誰の乾杯でも一〇〇パーセント集中して聞くように心がけている。どの言葉にも深く耳を傾け、ゲストに望むことを率先してわたし自身が態度で示す。

最初の「15の乾杯」で初潮の話をしたときもそうだった。わたしにとってアウェーの場ではたいていい、そこに集まった人がしないような話をすることを心がける。相手に真剣に聞いてもらうために、意外な面を強調する。たとえば、エンジニアリングスクールに通っていることや、料理は苦手だといったことを。だとしても、よりによって初潮の話はどうだろう？　でも自分をさらけ出してゲストとつながりたいというわたしの気持ちを伝えるのに、あの場面であれ以上いい話はなかったのだ。

わたしの仕事仲間であるオランダ人のベルナルダス・ホルトロップは数百人の経営者を招いて信頼と支援の輪をつくるための会のファシリテーターを務めたことがある。彼はわたしたちにプロのコツを教えてくれた。参加者に弱みを見せてほしかったら、まずはファシリテーター自身が、参加者に期待する以上の秘密を打ち明けなければならない。ファシリテーターがどこまで自分をさらけ出せるかによって、参加者みんながどこまで深く自身をさらけ出せるかが決まる。ファシリテーターよりも少し浅いところまでしか、参加者はさらけ出してくれない。ファシリテーターもまた、参加者になる必要がある。

無理強いはしない

ゲストに意外な話をしてほしい、知らない側面を教えてほしいと頼むなら、リスクをとらせるような工夫が必要になる。たとえばそれは、もっと大胆になるように励ますことかもしれない。怖がっている人を安心させることかもしれない。

「15の乾杯」で試した歌の罰ゲームも、ゲストにリスクをとらせるための仕掛けだった。ゲストは早めに乾杯するか、歌を歌うかという二つのリスクを秤にかけて、どちらをとるかを決めなければならなくなった。また罰ゲームのおかげで会の終わりに向けて盛り上がりができた。最後に残った三、四人は突然、罰ゲームを思い出し、我先にグラスを鳴らしはじめた。

もう一つ、ホストにとって大切なのは、個性の異なる人たちのニーズを見極めることだ。どんなに外交的な人でも、無理やり打ち明け話をさせられたくはないものだ。そこでみんなが話せるテーマを選べば、そのテーマのなかでどこまで深いところまで打ち明けるかをゲスト自身が決められる。ゲスト全員に話してもらうにしろ、何をどこまで打ち明けるかはゲスト自身が決めればいい。ゲストが楽しんでいるか、ムッとしているかで、どこまで話すかは変わってくる。

友人のファシリテーターであり、米国聖公会の牧師でもあるレング・リムは、どこまで打ち明けられるかは人それぞれだということを、プールにたとえて話してくれた。リムはビジネススクールや農場などでさまざまな集まりを開いている。どの集まりでも親密なつながりが持てるように心がけているが、どこまで深くつながるかは参加者の自由だとはっきり伝えることにしている。「プールがあるとしよう。一方の端は深くて、一方は浅い。どちらからプールに入るかはあなたが選んでいい。心の奥深くにしまっていた秘密を話したければ、話せばいい。でも、浅い話をしたければそれでもいい。少し身体を濡らすくらいが楽なら、それでいい。あなたにとってのありのままを出せばそれでいい」とリムは語っていた。「深さは相手に任せること」が大切だとリムは言う。15の乾杯は、何をどれだけさらけ出すかをゲストに任せたことで、親密だが押し付けがましくない会になった。

第7章

白熱する議論

CAUSE GOOD CONTROVERSY

温かい集いをつくるための話はこれくらいにして、ここからは「熱い」集いについて話そう。

わたしはしばしば、「本物の」集まりをしたいという人たちにアドバイスを求められる。彼らは、温かみや心地よさより、刺激や熱い議論に興味がある。経験豊富なホストなら、ゲストに心を開いてもらい、つながりをつくる方法だけでなく上手に物議をかもす方法も心得ている。

この章では、対立を利用して集まりを盛り上げるにはどうしたらいいかを話していく。つまりそれは、熱量を上げる方法だ。賛否が分かれるテーマは、テーマとホストを上手に選べば、集まりに熱気と活気をもたらし、爽快感を生み出してくれる。またそれは、大きな問いに答えるヒントになる。あなたは何をしたいのか、あなたが守りたいものは何か、そしてあなたは何者か、といったことだ。

セックス・政治・宗教はタブーか?

人の集まる場所でセックスと政治と宗教の話はしてはいけない――そう言われて育った人も多いだろう。わたしもそうだ。深く危険な話題に触れるなという教えを誰もが心得ている。だがこの教えこそ、集まりをつまらなくしている元凶だ。

波風を立てたくないという感情は人類共通のものだ。会合できわどい話題を持ち出してはならない、というルールは少なくとも一七二三年にはできていた。当時、フリーメイソンは新興の秘密結社で、メンバーのジェームズ・アンダーソン牧師はイングランドのグランド・ロッジ〔国や州などを単位とする本部。地域単位のロッジを認証する。イングランドのグランド・ロッジが最古〕の最初の組織規定を書いていた。この規定には「失礼に当たることや、穏やかで自由な会話の妨げになるようなこと、調和を乱すこと、そしてわれわれの気高い目的を損なうことを話したり行ったりしてはいけない」と明記されている。[1] フリーメイソンが禁じた話題はその後、「タブー」として定着していった。違いを表に出してはならない。調和を乱してはならない。それが集まりのマナーとされた。

それから一五〇〇年以上経った一八八〇年、トーマス・エディ・ヒルが『社交とビジネスのマナー読本』を著し、きわどい話題に触れないことが世の常識だと改めて示した。[2]

「他人と政治や宗教の話をすべきではありません。人の考え方を変えることはできませんし、自分の考え方も変わらないからです。こうした話題を話し合っても、感情的になるだけで得るところはありません」

一九二二年、エミリー・ポストは著書の『エチケット』で、この教えを彼女流にアレンジし、暗い話を避けるようアドバイスした。[3]「聞き手が賛同してくれそうなことを話しましょう」とポストは書いた。「害悪、不遇、そのほか不快なことは話してはいけません。頭のいい人は敵をつくりやすいのです」。

これでは、集まりがどうしようもなく退屈なものになるのは無理もない。いまでも、メディアやオンラインの掲示板では同じアドバイスが繰り返されている。クオラという質問投稿サイトでは、「セックスや政治や宗教を話題にするのはどうしていけないの？」という問いに対して、「六歳のときから」エチケットの本を読んできたという女性がこう答えていた。「エチケットの基本は、人々を快適で温かい気持ちにすることです。わざわざケンカを売るようなことをしてはいけません」。[4]求人転職サイトのグラスドアでも、政治と宗教とセックスの話題を三大タブーとして警告している。「職場ではこの三つの話題には触れないようにしましょう。でないとキャリアを棒に振ってしまいます」。

面白いことに、いまでは誰もが無意識にこの教えに従っている。必ずしもこの考えに同意していなくても、たいていの集まりでは議論より調和が優先されている。対立する意見を戦わせる場だったはずの大学でも、意見が極端だったり物議をかもすと見なされると、講演が取りやめになる。

ジョージ・W・ブッシュ大統領のもとで国務長官を務めたコンドリーザ・ライスは、学生からの抗議を受けてラトガース大学の卒業スピーチをキャンセルすることになってしまった[5]。国際通貨基金の専務理事を務めたクリスティーヌ・ラガルドもスミス・カレッジの卒業スピーチをキャンセルした[6]。そんななかで大統領夫人だったミッシェル・オバマは、学生たちに「揉めごとから逃げず、立ち向かっていきなさい」と意見した[7]（ただし、オバマ夫人が勧めたのは、ミドルベリー・カレッジで起きたような暴力沙汰ではない。社会学者のチャールズ・マレー［共著書の『ベルカーブ』が人種間の知能の差を指摘したとされ、人種差別主義者として批判を受けている］はミドルベリー・カレッジに講演に招かれてやってきたが、学生たちはマレーが大学に入るのを身体を張って阻止し、もみ合いのなかで、招待者の女性教授が怪我をしてしまった[8]）。

物議が嫌われるのは大学だけではない。カンファレンスや業界の集まりにつきもののパネルディスカッションは、例外なく退屈だ。パネルディスカッションのトピックも、当たり障りのないものばかり。コラボレーション、パートナーシップ、繁栄、関係構築、新分野開拓、成長といったお決まりのトピックだ。いまだに誰もが、「調和を乱すような話題を避ける」という、フリーメイソンの決まりに従っている。モデレーターを選ぶ際も、波風を立てず、「相手を不快にさせない」人を選んでいるようだ。ほとんどのモデレーターは、パネリストに厳しい質問をせず、答えやすい質問ばかりしている。議論の価値のあるトピックをパネリストが本気で議論していることなどほとんどない。大学と同じで、パネルディスカッションも、本来なら議論の場であるはずなのに、実際には何が何でも衝突を避ける場になっている。

よくクライアントから、「草の根集会」のような会を開いて、参加者に本音を聞きたいと頼まれることがある。でも、わたしがすべてを仕切らない限り、草の根集会とは名ばかりで、当たり障りのないテーマが掲げられ、これまでとまったく同じルールのもとで会が開かれる。主催者を問い詰めると、きわどいテーマを取り上げるのは危険すぎると言われることがほとんどだ。

では炎上させないように、熱く議論を交わせるような会にするにはどうしたらいいだろう？どうしたら前向きに物議をかもし、集まりを意義あるものにできるだろう？

レスラー以外の人もリングへ上がらせる

調和を最優先させると、集まりはつまらなくなる。つまらないだけでなく、調和が目的化すると気づかないうちに会そのものが台無しになってしまう。わたしのクライアントの建築会社で起きたのは、まさにそれだった。

「プリヤ、もっと熱量を上げないと」。わたしの耳もとで、クライアントが神経質にささやいた。その建築会社の未来について、侃侃諤諤の議論が行われるはずだったのに、ふたを開けてみると、礼儀正しく穏やかな話し合いになってしまっていたのだ。わたしはファシリテーターとして、建築家のチームにその会社の長期的なビジョンについて考えてもらっていた。その朝は奇想天外な未来のシナリオを想像してみた。たとえば、この世の中から建物が一切消えてなくなるシナリオや、カトリック教会が最大のクライアントになるシナリオや、建築がサブスクリプション化するシナリオだ。こうした刺激的なシナリオを考えることで、問題の核心に迫るような議論を引き出すのが狙いだった。問題の核心とは、これまでと同じハコモノをつくる建築会社のままでいたいか、それとも体験をデザインする建築会社へと姿を変えたいかということだ。

この点について、社内には深刻な対立があった。そこでわたしが呼ばれて集まりを開くことになったのだ。それなのに、いざ議論がはじまってみると、何の対立も表に出てこない。そこにいたみんながニコニコと穏やかに話していた。パートナーが思い切って問題の核心に少し踏み込んでも、すぐに引いてしまう。

わたしは方向性を変えて、この会社を結びつけているものではなく、分断しているものは何かを聞くことにした。しかし「波風を立てない」企業文化が染み付いているらしく、みんなおとなしいままだ。そこにあるはずのさまざまな感情は表に出てこなかった。そこで、話のわかるクライアントの助けを借りることにした。わたしを雇ってくれたエグゼクティブは建築家ではないが経営陣の一人で、みんなが出払った昼休みに二人で秘密の作戦を練った。部屋のレイアウトを変え、タオルを何本か集めて、ユーチューブにあったロッキーのテーマ曲をかけることにした。格闘技の準備が整った。

建築家たちが部屋に戻ってくると、大きなポスターが二枚貼ってあった。片方は「ブレイン」というキャラクターで、もう片方は「ボディ」というキャラクター。どちらのポスターも身体は実在のレスラーのもので、首から上の部分だけフォトショップで建築家の顔に差し替えられていた。カリスマ性と遊び心があって弁の立つ建築家を参加者から選んで、彼らの顔写真をそこに使ったのだ。本人たちはポスターを見たとたんに爆笑した。二人を驚かせて考える余地を与えない作戦だった。

わたしは建築家のなかに飛び込んで、これから「ケージマッチ」を行いますと宣言した。ルールはこうだ。どちらのレスラーも一ラウンド三分で自分の主張を打ち出す。第一ラウンドでは、ボディがこの会社がこれからの一〇〇年間ハコモノづくりに特化した建築会社であり続けた方がいいと説得しなければならない。対してブレインは、この会社がハコモノよりも、たとえば病院内の動線をデザインしたり、空港内の業務フローを整理したりといった、このところ増えているハコモノ以外のデザイン会社になるべきだと説得しなければならない。現在の得意分野に引き続き注力するか、それとも時代と共に変わっていくか、二つに一つの選択だ。

参加者が乗ってくれるかどうか、自信はなかった。当の建築家二人も、仲間がこれに乗るかどうかを見極めようとしているようだった。わたしは自分の気分を盛り上げて、自信ありげな声を出し、みんなのためらいを消そうとした。

二人の「レスラー」にはそれぞれ一人ずつコーチが付き、白いタオルも渡された。コーチはレスラーの後ろに立って、肩を揉み、アドバイスを耳打ちしはじめた。どちらのレスラーもまるでいまから試合に臨むかのように首を回しはじめた。「ケージマッチ」とは言われたものの、それがどんな意味か、誰もわかっていなかった。殴り合いになるのだろうか？　一体何がどうなっているのだろう？

それからわたしはレスラー以外の参加者に役割を告げた。観客はレスラーの主張を聞いて、自分がもっともだと思う側を選ぶ。それからもう一つ、大切なルールをつけ加えた。中立はなし。必ずどちらかを選ぶこと。各ラウンド後に五分の休憩があり、レスラーはそのあいだに次のラウンドに向けてコーチからアドバイスを受けることができる。第二ラウンドでは、三分かけてもう一度自分の側の主張をする。

わたしは観客に歓声を上げてほしいと呼びかけた。レスラーに観客の応援が感じられるように、声援やヤジは大歓迎だと話した。第二ラウンドが終わったら、観客はどちらの側に付くかを最終的に決める。必ずどちらかの側を選んでほしいとわたしは重ねて頼んだ。というのも、このグループはあいまいな結論を好む傾向があったからだ。最後に、第三者の審判（その会の手伝いに入っていたエグゼクティブアシスタント）が勝敗を決める。

すると全員が興奮したように話しはじめた。ロッキーのテーマが流れると笑い声が起きた。ボディが立ち上がり、ブレインに向かって、やっつけてやると言わんばかりにファイティングポーズをとる。よし、みんな乗ってくれた。それから二〇分間、二人のレスラーのおかげで、保守的で真面目で穏やかな建築家の集団は、まったく違う未来を説く二人の熱のこもった鋭い主張に、大声を上げ、ブーイングし、笑い、冷やかし、耳を傾けた。どちらにも決めかねている建築家がいると、さっきまでおとなしかった建築家がこう声を上げた。「決めなきゃダメだろ！」論戦は激しく、熱く、対立があらわになった。まさにわたしたちが求めていたものだった。

念のために言っておくと勝ったのはボディだ。

この会社の問題は、わたしたちの多くが抱えている問題と同じだ。無礼なことを言いたくないと気を遣って、大切なことを口にしない習慣から抜けきれない。彼らは自分の考えを外に出せなくなっていた。そのせいで正直で深い会話ができず、意見の違いを表に出せず、大切な判断を全員で自信を持って下すことができなくなっていた。波風立てないことを優先し、本当に大切なことを避けてきたせいで、自分たちがいちばん答えなくてはならない問いに答えられなくなっていた。建築家も、会社も、自分たちの未来を先送りしていたのだ。

きわどい話題に危険はつきもので、収拾がつかなくなってしまうこともある。しかし、対立を避けていると、本当に大切な話題について、他者と心からつながり合うチャンスを逃してしまう。責任を持っていい意味の物議をかもすこと、つまり普段は避けている話題を工夫して慎重に話し合うことは、ホストとしての最も難しく複雑で大切な責任だ。それがうまくできたら、人生を変えるような集いになる。

予定調和にしないために

では「いい物議」とは何だろう？　それを話し合うことにリスクもメリットもあるけれど、自分にとって大切なことをよりじっくりと考える機会になるような、賛否の分かれる議論がいい物議だ。いい物議を積極的に受け入れるということは、調和を脇に置くことにほかならない。いい物議は、自分にとって大切なもの、たとえば自分の価値観、優先したいこと、譲れないことを改めて見つめ直す助けになる。そして、何かを妨げるのではなく、何かを生み出すものでもある。いい物議は現状の改善につながるような議論だ。コミュニティの前進を助けてくれるものでもあり、わたしたちを成長させてくれるものでもある。時には収拾がつかなくなることもあるかもしれない。でも、うまくいったときは爽快な気分にしてくれる。そしてつまらない予定調和を防いでくれる。

わたしの経験では、いい物議が自然に起きることはない。仕掛けと工夫が必要だ。平和すぎても、熱すぎても、集まりは失敗する。誰も本心を口に出さなくてもダメだし、逆に、突然本音をぶちまけ合ってもよい結果にはならない。

いい物議を起こす仕掛けとして、たとえば先ほどのケージマッチのようなものがある。わたしたちは格闘技という別世界をつくり出し、しこりが残らないように、正直に対立を議論し合った。

第4章に書いたその場限りのルールを使って、険悪になりがちな議論を遊び心のあるゲームに仕立てた。ケージマッチの最終的な目的は闘うことだ。いつもの仲良しグループの環境と常識のなかで議論を戦わせることがどうしてもできない場合には、一時的に環境と常識を変えなければならない。何を言っても許されるような環境をつくるために頼ったのが、ケージマッチだった。

ドゥ・サムシングという社会貢献組織でも、同じようなことを行っている。それが、毎年開かれる「ソーシャル・グッド・ケージ戦」だ（宣伝ポスターのコピーはこうだ。「社会貢献セクターのリーダーが、いま最も熱いトピックについて大バトルを繰り広げます。一つの組織が社会運動全体の手柄を独り占めしていいのか？　海外ボランティア事業は白人の優越感を助長しているのでは？　ソーシャルメディアキャンペーンは怠け者の自己満足？『認知度向上』は何の役にも立たない？」）。[9]ドゥ・サムシングは、社会貢献の分野でタブーとされているトピックを取り上げて、観客（と講演者）の前でそれらを堂々と議論していく。

どんな社会にも、独自のケージマッチがある。何らかの儀式を仕立てて、対立や衝突を表に出す場所をつくっている。そうすることで、別の場所から対立と衝突を取り除くことができるからだ。ペルーのチュンビビルカス郡では、クリスマスのお祝いに村人たちが集まってお互いに殴り合う。[10]この地方には信頼のおける司法システムがないので、一年の終わりに紛争を訴え解決する手段として、殴り合いが行われる。そうやって、すべてを水に流して年を越すのが習わしになっているのだ。南アフリカのチフディ村ではベンダ族の男性が定期的に集まってムサングウェと呼ばれる取っ組み合いを行う。(11) この取っ組み合いが、因縁の争いと緊張を解く助けにもなっていた。五六歳の教師であり父親でもあるツシリジ・ヌデバナは、ムサングウェを取り仕切る長だが、「ポイズン」というレスラー名を持つ。ヌデバナは、ニューヨーク・タイムズにこう語っている。「地域のなかで問題があったり、人々が争っていたりしたら、こう教えています。『ちょっと待て。喧嘩するな。ムサングウェに持ち込んで、そこで解決しよう』ってね」。

カルト的人気を集めた『ファイト・クラブ』は、一九九〇年代終わりの三〇代アメリカ人男性のあいだに漂っていた、マッチョさを失うことへの不安を捉えた映画だ。ファイト・クラブの舞台は毎週土曜の夜に開かれるボクシングの試合。地下のリングに集まった男たちが、ストレスを発散させる。ここでは「安っぽい人生に落ち着きたいという本能の奴隷にならなくてすむ」のだ。ファイト・クラブは、現代の男たちが仕事や私生活で表に出せない願望をすべて満たす場だ。殴り合い、攻撃性、痛みを感じること、他人に痛みを与えること。日常から切り離された空間で、負のエネルギーを安全に発散させることで、自分のなかの危険な側面を抑えるという考え方は昔からある。闘いのかたちはさまざまでも、そこには厳格なルールと慣習と決まりごとがあり、はじまりとあいだと終わりがある。ファイト・クラブやムサングウェは実際の殴り合いの場だが、目指すところはわたしたちのケージマッチと同じだ。対立を表に出し、ルールのもとで安全に、前向きなかたちで闘わせること。

とはいえ、儀式化された闘いが裏目に出るケースも少なくない。安全に熱気を吹き込むには、そのグループ内の隠れた争点を見つけ、それを中心に会話を組み立て、何らかの基本ルールで守るといい。わたしがある重要な議論で使ったのも、その方法だった。それは、十数名のリーダーが、政治的に最も意見の分かれる課題の一つについて議論する会だった。

「ヒートマップ」をつくる

ある日わたしは突然、イギリスで会議のファシリテーションをやってくれないかと頼まれた。それは、ヨーロッパの大物市民運動家が十数名ほど集まる会議で、リーダー全員が同じ喫緊の課題に取り組んでいたが、それぞれがまったく違う方向から解決策を模索していた。リーダーたちは表面的には同じ立場に立っていたが、それぞれに長く複雑な歴史があり、内部政治があった。彼らが招集されたのは、これまで一緒に取り組んできたあるグローバルプロジェクトを見直すためだ。このプロジェクトはもう行き詰まったと思われていたが、誰もその行き詰まりを認めようとしない。わたしは三週間の準備期間で、どうやってこの会議を運営するかを考えなくてはならなくなった。

会議の主催者は、穏やかにプロジェクトを終了させる動議をとった方がいいか、うまくいっているふりはやめて、組織や戦略の隠れた対立について深く話しあった方がいいか迷っていた。すべてがうまくいっているふりをした方が、グループのまとまりは保てるが、実際にこれまで目標は達成できていなかったし、そろそろ問題を表に出す潮時かもしれなかった。わたし自身はこの分野の素人で、参加者も知らなかった。そこでいい物議を起こすためにいつもやっていることからはじめた。それは「ヒートマップ」の作成だ。

どんな集団でも、たとえ他人同士でも、熱くなる議論のテーマがある。たとえば、対立、タブー、罪、力関係、偽善、人格崩壊といった話題は熱くなりやすい。わたしの仕事の一つは、その熱の源を突き止め、それをどう扱うかを決めることだ。教会で人々が熱くなるトピックといえば、同性婚かもしれないし、献金や募金の使い道かもしれない。報道局では、どのニュースをサイトの一面に持ってくるかが熱いトピックだが、今後のリストラもまた人々が熱くなる話題だろう。大学の事務局では縁故応募者の扱いや建物の改名が熱いトピックかもしれない。自分の恐れや欲望や自意識を刺激したり脅かしたりする話題に、人は熱くなる。こうした話題に注意深く触れることで、これまでとは違う集まりができる。こうしたトピックはいつもの会話では見えない基本的な価値観をあぶり出すことになるからだ。

熱いトピックを話し合うには、どこが熱くなるポイントかを知る必要がある。そこで役に立つのがヒートマップだ。ヒートマップをつくるために次の問いを自分（と参加者）に問うてみてほしい。人々が気づかないうちに避けていることは何か？　何が聖域とされているか？　みんなが口にしないことは何か？　守ろうとしていることは何か？　それはなぜか？

例の建築会社では、会議前の個人面談から、彼らが向き合うべきトピックは、この会社のアイデンティティだとわかった。将来どんな会社になりたいかが争点だった。今回の政治的な会議でも、彼らが熱くなるトピックは何か、そのなかで取り上げる価値のあるトピックはどれかを探すことからはじめた。

まず、参加者全員と電話で話した。参加者一人ひとりと信頼と共感を築くよう努力し、彼らから見て何がうまくいっていないのか、問題の核心は何かを聞き出した。ここから浮かび上がってきたことは二つあった。まず、このプロジェクトに今回集まる参加者が不満を持っていることが問題なのか、このプロジェクトへの賛成派と反対派の対立が問題なのかについて、意見が一致していなかった。次に、このプロジェクトに参加している組織の規模とリソースと知名度に差がありすぎて、その格差が参加者間の関係性に影響していることだった。

当然だが、力の弱い組織は、力の強い組織よりも、このプロジェクトの成り行きに不満を持っていた。しかし、格差に対する不満は表向きは別のかたちで噴出していた。たとえばパンフレットの文言、データの共有、誰が上座に座るか、どの国の新聞に声明を出すかといったことだ。そして、一見ささいなこうした判断は、より大きな問題を象徴するものとして、多くの人が気をもんでいた。

電話面談のあと、わたしはデジタル版のワークブックをつくり、参加者がいちばん問題だと思うことを聞き出した。会議に先立って全員にワークブックを埋めてもらい、わたしに戻してもらうようにしたのだ。彼らの答えは、会議のなかで匿名のかたちで読み上げられることも伝えた。

電話会議の中身は外に漏れないことがわかっていたが、このワークブックへの返答は匿名とはいえ公開される。公開を前提にすることでリスクは高まる。ワークブックには、参加者の生い立ちを問う質問を入れ、その人の核になる価値観との結びつきを考えた。たとえば、「幼い頃、あなたに大きな影響を与えた出来事で、もしかしたら今の仕事につながっているような体験を教えてください」といった質問だ。とはいえ、大半は、プロジェクトのうまくいってない点をあぶり出すためのものだった。「このプロセスまたはプロジェクトについて、表立って口にしにくいことやタブーがあるとしたら、何でしょう？」「参加者にとっていま最も必要な議論は何でしょう？」といった質問だ。

参加者はそれぞれ時間を割いて率直に、正直に答えてくれた。これで参加者の声と懸念がわかり、会話を導くための情報を手に入れることができた。今回はプロレスごっこをしなくても、前向きな対立を生み出すことができそうだった。

わたしはいつもの通り、前夜の夕食会にこだわった。いきなり会議に入って、きわどい話題に飛び込みたくなかったのだ。参加者を温めて心の準備をさせておきたかった。そこで「15の乾杯」形式の夕食会を開き、対立というテーマを選んだ。対立という言葉に慣れてもらい、そのなかにいくらか明るい側面があることを示したかったのだ。このテーマに最初は戸惑っていた参加者もすぐに慣れて、次々と乾杯がはじまった。そこからありとあらゆる対立が浮かび上がってきた。家族の対立も友達の対立もあった。だが、参加者がいちばん共感できたのは、自己の内面にある対立だった。そこにいるリーダーたちがこれまで見せたことのない側面が、乾杯を通してわかってきた。それこそが、最も大切な教えだった。リーダーたちは複雑で多くの側面を持ち合わせた人間で、すべてがうまくいっているわけではないことが、改めて見えてきた。それがわかったことは、翌日の会議にいい影響を与えるはずだった。いい対立は、これまでにない場所へと参加者を導いてくれる可能性がある。

ルールに従って対立を見える化する

会議の当日は丸一日かけて、全員で一つのグループとして話し合うことに決めた。多忙なリーダーたちが同じ場所に集うことは滅多にないし、全員が同じ部屋にいる機会はほとんどない。これまで本音が出るのはいつも、非公式の場か、会議場の外だった。この場所でこのグループが直面している問題をオープンに、なおかつ掘り下げて話し合えるかどうかを試してみたかった。そのために、わたしはまず基本ルールを決めることからはじめた。参加者に次のような問いを投げてみた。


この場所で安心して何でも話し合えると感じられるには、何が必要でしょう？

今日の話し合いで、このグループがリスクをとろうと思うには何が必要でしょう？

こうした質問に時間を割くことで、参加者がリスクをとれるように心の準備をさせ、これまでよりじっくりと相手の話に耳を傾けられるようにした。わたしがルールを決めるのではなく、ルールづくりにゲストを参加させることもまた、過去の失敗を認める一つのやり方だった。自分たちがつくったルールなら、参加者も信頼できるし、ファシリテーターは「これはあなたたちが望んだルールです」と言える。

基本ルールをつくったあと、意見を発表する仕事に取りかかった。まずはじめに、ワークブックに書いてもらったことを読み上げた。質問とテーマ別に答えをまとめて、絶対に誰の話かがわからないようにした。それから、参加者の個人的なストーリーを読み上げた。誰も知らないような幼少期の強烈な思い出を打ち明けてくれた参加者も多かった。そんな物語を聞くと、前夜の感動が蘇ってきた。ワークブックの質問は多岐にわたっていたが、わたしは特に時間をかけてタブーについての答えを読み上げた。参加者一人ひとりに付箋とペンを渡して心に残った答えを書き留めてもらった。わたしが答えを読み上げていると、参加者たちはすごい勢いでメモをとっていた。

答えを読み終えて、わたしは顔を上げた。リーダーたちはまだ背筋を伸ばして、わたしの言葉にじっと耳を傾けていた。妙な表情を浮かべている参加者もいた。わたしはそれ以上口を開かず、参加者一人ひとりに書き留めたフレーズを二つずつ発表してもらった。これでさらに胸の内があきらかになった。二〇分もすると、このグループのなかでこれまで決して口に出されなかったことの数々が、みんなの耳に次々と入ってきた。参加者はさまざまでも、印象に残った話は同じで、グループ内に共感が生み出されていることがわかった。それは絆創膏を剝がすような体験だった。会話を通して徐々に傷を表に出すのではなく、最初からすべてを出すことからはじめたのだ。九〇分も経った頃には、期待と安堵のまじった雰囲気が部屋中に流れていた。

その日の残りは、参加者の心に最も響いたタブーについて考えた。お互いに、自分の思い込みを打ち明けることに時間を費やした。そこからの六時間、わたしは持てる限りのスキルを使って会話を導いた。九〇分のセッションを休憩を挟んで何度か繰り返した。昼食のあいだも話を続けた。会話を独占しはじめる人がいれば、わたしがいったん話を止めて、必要なら基本ルールを指摘して、口数の少ない人を会話に入れるよう心がけた。重要なトピックで二人が衝突した場合、適切と判断したら、その場を収めるのではなく、さらに突っ込んで話をさせた。

ある時点で、二人の参加者のあいだの昔のわだかまりが表に出たことがあった。一方が、「わかった、あとでオフレコで話をつけよう」という意味のことを言った。すると、参加者の一人が、ほかのみんなも同じようなわだかまりを抱えているので、全員の前で話し合った方がみんなの役に立つと言った。ほかの人たちもそれに賛成したので、わだかまっていた二人の対話を全員の前でわたしがファシリテートした。

わたしは参加者に、話の背後にある思い込みや前提を掘り起こしてほしいと繰り返し迫った。議論が白熱してくると、一歩下がって「氷山の下にあるもの」を見るように参加者を手助けした。水面に出た特定の事件や出来事ではなく、こうした出来事によってどんな隠れた価値観や信条や欲求が表に出たかを訊ねた。そして、参加者の話に全員が耳を傾けられるように努力した。そうすることで、賛成できなくても、お互いの言い分を理解できるようにした。

その一日を通して、ケージマッチのときと同じように、参加者全員が一つのグループとして、対立を避けるのではなくいい意味で異論を闘わせるような力をつけることに努めた。わたしは折に触れてグループ全体と参加者個人の体調にも気をくばった。疲れが見えたら、休憩をとった。その日は、笑いもあったが緊張もあった。その二つが同時に起きることも多かった。比較的新しいメンバーが、会話の方向性に不満を漏らした。「どうしてずっと後ろ向きな話ばかりしてるんですか？　生産的だとは思えないんですけど」と言ったのだ。わたしはそこで話をやめた。言い訳をせず、しばらく待っていた。すると、年長のリーダーが優しく彼女に目をやって、こんなことを言ったのだ。「いや、そうじゃないよ。これが殻を破ることになる。二五年も対立を避けてきたんだからね」。

対立を表に出すことで、これまでとは違う、より生産的な関わり方が少しずつ見えてきた。どの点で協力するのが理にかなっているか、そうでないかが次第にあきらかになってきた。しかも、これまでの胸のつかえを下ろすこともできた。

話し合いが進むうち、参加者の多くがこれまでより大胆になったことにも気がついた。参加者は、ワークブックに書いたことをみんなの前で口にしはじめた。わたしとの電話インタビューで内々に語っていたことを、堂々と切り出す人も多かった。その日の終わりには、全員が一つのグループとして、さらにこの会話を深めていくことに同意していた。これは大きな前進だった。

リスクとリターン

どんな集まりでも、対立を持ち込むことには危険がつきまとう。だが、そこにある種のプロセスや仕組みを組み入れることができれば、大きな見返りが得られる。ただ、わたしはリターンがリスクを上回ると信じられるときだけしか、きわどい話題を持ち込まないようにしている。

この本を書く過程で、アイダ・ベネデットという女性に出会った。アイダはアンダーグラウンドで秘密の集まりを開いている人物だ。彼女の集まりでは、ゲストが普段はとれないリスクをとることができる。アイダとパートナーのN・D・オースティンは、自称「免罪コンサルタント」で、セクスタントワークスというデザイン会社の共同創業者でもある。ニューヨークにある給水塔で、ナイト・ヘロンという違法酒場を開いたこともある。

二人は毎年、ニューヨークの名門ホテル、ウォルドーフ・アストリアで「ティモシー・コンベンション」というフラッシュモブのような集まりを開いている。この「コンベンション」では、タキシードとドレス姿の一〇〇人のゲストが突然このホテルにやってきて、「罪のないいたずら」を仕掛けることになっている。たとえば、「宿泊客にルームサービスを届ける」「意外な場所でバスローブを着る」「チーム全員のためにウォルドーフのナイフやフォークを手に入れる」「宿泊客から名刺を二枚集める」「客室係のクローゼットでチーム写真を撮る」といったことだ。アイダとオースティンは「ニューヨークで最も大胆な違法イベントプランナー」と呼ばれ、彼らの開くイベントは「忘れられない夜」として有名になっている。

彼らの集まりは一見軽薄にも見えるが、アイダには深い考えがある。イベントを企画する前に、彼女は必ず二つのことを自問する。リスクは何か？　どんなリターンがあるか？「リスクをとらずにリターンは得られない」とアイダは語っていた。リスクとは「現状を脅かすものであり、現状を不安定にさせる何か」だと彼女は言う。アイダの集まりには、合法的で目に見えるリスクが組み入れられている。たとえば、廃屋に侵入するといったことだ。時には心理的なリスクを組み入れることもある。ティモシー・コンベンションは、ちょっとしたタブーを破ったり、社会常識に違反するような行為が取り入れられている。この会では、ゲストがいつもは「できない」と思い込んでいることに挑戦し、それによって「境界を超え」て「ニューヨークの楽しみ方を一変させ」ている。

あなたも次の集まりに前向きな対立を持ち込みたいと思ったら、アイダと同じように自問してみるといい。この話題を取り上げることで、どんなリターンがあるだろう？　そのリスクは何だろう？　リスクをとる価値はあるだろうか？　自分がそのリスクを慎重に取り扱うことはできるだろうか？

第8章

最高のクロージング

ACCEPT THAT THERE IS AN END

さて、夜も更けてきた。徹夜覚悟のゲストもいるかもしれないが、眠そうにしているゲストもいる。舞台では最後の卒業生が卒業証書を受け取った。カンファレンスの最終セッションになり、参加者はクロークですぐに荷物を出せるように、預かり証を取り出しはじめた。家族の集まりで、みんなが出発する前の最後の朝食のときが来た。

集まりを締めくくるにはどうしたらいいだろう？　最後に盛り上げて終わるにはどうしたらいいだろう？　優雅にお別れするにはどうしたらいいだろう？

お別れの挨拶

強烈なオープニングで人々を歓迎するのではなく、告知や事務連絡や企業スポンサーへの感謝の言葉で会をはじめるのは最悪だ。会の終わりにも同じ問題がある。きちんとしたクロージングのない会は、恋人に別れを切り出すことができず、ずるずると音信不通になってしまうようなものだ。相手を傷つけたくないからとか、おおげさにしたくないからという理由からそうする人もいるだろう。でも、ゲストにも恋人にも、お別れの挨拶は必要だ。

会の主催者はクロージングをないがしろにしているわけではなく、特に何もしなくても、太陽が沈むがごとく自然にお開きになると思っている。でも、そうはいかないこともある。

それは、ある財団がミネアポリスで開いた二日にわたるワークショップでのことだった。わたしはそこで共同ファシリテーターを務めていた。この財団が資金を提供したプロジェクトの効果に関する外部評価の方法を変えるのがその会の目的だった。退屈なトピックに聞こえるが、非営利の世界では、重要で賛否の分かれる問題だ。評価の対象と評価方法を変えると、結果も変わる。どの活動に効果があり、どれに効果がないかが変わると、財団の資金提供先も変わる。長期的には特定の非営利団体との関係を打ち切ることになったり、新しい活動への資金提供がはじまる可能性もある。評価法の見直しは、財団のあり方に影響を与え、アメリカのチャリティ界の生態系における資金提供者としての役割も変えることになる。

わたしたちは二日にわたって、評価者がこれまで使ってきた評価法を見直し、それを変えることに努めた。評価者に新しい見方を受け入れてもらい、信じてもらうことがわたしたちの仕事だった。

わたしたちファシリテーターは、ギリギリまでセッションの中身の準備に励んだ。ロールプレイを考え、複雑な会話の設定も準備した。ファシリテーター自身が完全には理解できていなかった専門的なトピックをファシリテーションする方法も考えた。すべてのセッション、つなぎ、休憩まであらゆる部分を分単位で綿密に構成した。だが、会の最後の一〇分だけは、考えていなかった。日が沈むように自然に終わりが訪れると思っていたのだ。

あっという間に二日が経ち、最後のセッションになった。イベントの終了まであと七分しかない。ワークショップをどう締めるかについて、三人のファシリテーターで打ち合わせていなかった。成り行きで、ファシリテーターのリーダーが壇上に上り、時計を見て、空港までの相乗りバスについて事務連絡をした。参加者たちはじっと彼女を見つめながら言葉を待っていた。そこには、何らかの期待があった。リーダーは、参加者を見つめた。セッションが終わったことはあきらかだと思っていたに違いない。でも参加者たちはまだ彼女から目をそらさず、何かの言葉を待っていた。そこで彼女は「では、ありがとうございました」と言った。それでもまだ、全員が彼女を見つめたままだ。「これで終わりです。以上！」ともう一度彼女が繰り返す。ぎこちない沈黙のあと、参加者たちはやっともう何も残っていないことに気づき、それぞれにおしゃべりをはじめ荷物を持って出ていった。

わたしたちは、参加者がこの二日間で学んだことをまとめることなく閉会してしまった。参加者がどのくらい新しい取り組みを受け入れていたかを確認しようともしなかった。ここで一緒に出した成果をこれからどう実行していくのかを話し合うこともなかった。それより何より、時間だけを終わりの合図にしてしまった。集まりのなかでいちばん大切な二つの瞬間の一つを、ぽっかりと大きな穴を開けたままにしてしまった。参加者たちは穴を埋める何かを求めていたのに、わたしたちはきちんと穴を埋めることができなかった。

こういう失敗はどこにでもある。招待状に終了時間一〇時と書いてあるからという理由で、一〇時になると急いで全員を追い出しにかかるパーティーもある。スケジュールに何も書いていないからといって、三時半に最後のセッションが終わるとずるずるとお開きになってしまうカンファレンスもある。朝の教室で始業のベルが鳴るとホームルームは打ち切られる。ホストが特別な締めの言葉を宣言して、きっちりとゲストを送り出すのではなく、それとなくイベントが尻つぼみになってしまうことは多い。それでは、集まりが終わったとは言えない。ただ止まっただけだ。

いい俳優と偉大な俳優の違い

かつてわたしはデイブ・ソウヤーという先生に即興劇を教わったことがある。いい俳優と偉大な俳優の違いは、登場の仕方ではなく、どう退場するかだとデイブは言っていた。いい俳優は劇的に登場し、役になりきり、セリフを言い、自分の出番が終わったらあわてて舞台から引っ込む。偉大な俳優は、登場と同じだけ時間をかけてどう退場するかを考える。偉大なホストも同じだ。

偉大なホストも、偉大な俳優と同じで、はじめ方と同じくらい、終わり方が人々の経験と意義と記憶に残ることを知っている。(1)

ネオ・マヤンガが、オペラのよし悪しは最初の一六小節で決まると言ったことを覚えているだろうか？　では曲の最後について、彼は何と言っていただろう？　オペラで二番目に大切なのが、楽譜の最後の四ページだと彼は言っていた。「作曲家にとって、最後の四ページは主旋律と副旋律を一気に締めくくり、自分の魔法でつくり出した別世界を深い穴に閉じこめ、聴衆にいつもの自分に戻ってもらう場所だ」と彼は言う。

集まりの主催者もまた別世界をつくり出している。そして、その別世界を閉じ、ゲストにどの経験を持ち帰りたいかを考えさせて、元の世界に戻っていく手助けをするのは主催者の仕事だ。

では、具体的にはどうしたらいいのだろう？　ある大学教授がサプライズで開いたテキーラパーティーの例を見てみよう。こんな単純なやり方もある。

バージニア大学で教鞭を執るマイケル・J・スミス教授は、上手なクロージングを心得ている。スミスはこの大学の「政治と社会思想研究科」の責任者として、毎年二〇人の学生に二年間みっちりと政治哲学を教えている。学生たちは研究の集大成を最終論文として提出する。学生は一年以上かけて論文を書き上げる。最後の週はみんな追い詰められて、徹夜が続く。ほとんどの学生にとっては、人生でこれほど頑張ったことはないというほど過酷な体験になる。

論文の提出期限は毎年四月の第二金曜の午後五時だ。その時間までに、一分の隙もない完璧な論文を教授の研究室に持参することになっている。普通の大学教授なら、研究室の外に論文提出用のボックスを置いておくものだ。学生はそのなかに論文を入れて、立ち去ればいい。スミスは事前に学生たちには知らせず、期限の時間に研究室のドアを開け、テキーラのグラスをお盆に乗せて学生を待っている。学生はできあがった論文のコピー二部を手に持って、研究室に向かう。投函口に論文を差し込む代わりに、教授にサプライズパーティーで迎え入れられ、論文の終了とこれからの人生のはじまりを祝ってもらえる。彼は、論文の提出という行動を、学生たちにとって忘れられない瞬間へと変えている。

別れを惜しみつつ別れに向き合う

上手なクロージングへの最初の一歩は、行動というより、どちらかというと気持ちの準備だ。何よりもまず、集まりには終わりがあるということを受け入れてほしい。集まりには寿命があるのだ。

そんなことは、誰でもわかっている。やってきたゲストは家に帰るものだし、ホストはお別れをするものだ。それを受け入れない人がいるのだろうか？

でも、ここでよく考えてみてほしい。どんな集まりでも、場が静まって終わりの予感が近づくと、ホストかゲストか、またはその両方が、それとない動きを見せて引き延ばしを図ろうとするものだ。別れを惜しむようなジェスチャーはありがたいものだし、それを心から喜ぶ人もいる。だが、引き延ばしのジェスチャーはたいていの場合、きっぱりとしたクロージングがないことの表れでもある。

結婚式で、バンドがサム・スミスの「ワン・ラスト・ソング」を三回も演奏しなければならなくなってしまうことがある。最後の曲がお見送りにならず、そのあとは風船がしぼんでいくように何度もだらだらと演奏し続けていることも多い。夕食会で、お開きにしたくないゲストがいると、誰かがうとうとしていても、全員が最後まで居残ってしまうこともある。カンファレンスのあとに、「あの感動を心に留める」ためにＳＮＳのチャットグループをつくることもある。さっと忘れた方がいいことでも、胸に留めようと約束を交わしてしまうのだ。

終わりがあることを受け入れるのは、集まりの技術の一つだ。それとなく引き延ばしを図ろうとすることは、現実を否定することであり、せっかくの集まりを人々の心に強く残すようなクロージングのチャンスを奪うことでもある。

わたしは以前、禅を実践している風変わりなカップルに会いにいったことがある。禅を教えるロバート・チョード・キャンベルとコーシン・パーレイ・エリソンが立ち上げたのが、瞑想を通して心の癒しを与えるニューヨーク・禅センターだ。このセンターでは、人々が死と向き合うことを助け、導き、禅の訓練も行っている。その斬新で深い考えに基づいた取り組みが注目されている。ここで、死という言葉に違和感を持った読者の方もいるはずだ。人生の終わりと会合の終わりに何の関係があるのか、と。でも、会をうまく締めくくることができないことの根っこには、終わりを避けたい気持ちがあるのはたしかだ。わたしたちがどうして終わりを避けるのか、どうしたら終わりを受け入れられるのかについていちばん深く考えているのは、死と真剣に向き合っている人たちだろう。キャンベルとエリソンの仕事の本質は、ものごとの終わりを避けたり、終わりに抵抗したりする人々が、終わりを受け入れられるように助けることだ。

この禅センターでは、瞑想のコースから、病気や喪失の悲しみに苦しむ人や死を待つ人たちのために瞑想を通したケアを与える研修コースまで、さまざまな取り組みを教えている。すべてのコースに一貫しているのは、死や終わりを避けるような風潮に抵抗することだ。たとえば、アメリカではお葬式で悲しんだり悼んだりするよりも、これを祝福の場にしようと考える人が増えている。二〇一〇年の調査では、回答者の四八パーセントがお葬式を「命を祝福する機会」にしたいと答え、「伝統的なお葬式」の方がいいと答えたのはわずか一一パーセントだった[2]。回答者の三分の一は、お葬式をしたくないと答えた。お葬式を祝福の場にしたいという考え方は、一見進歩的で思いやりがあるように聞こえるが、それは死と向き合い、死を受け入れる経験を奪うことにほかならないと二人は言う。このセンターでは正反対の哲学を提唱し、ものごとの終わりに向き合い、ありのままの現実を受け入れることを勧めている。たとえば、コミュニティのメンバーが亡くなると、家族が遺体を清めて遺体に衣装を着せて、エレベーターを使わずに階段を使って遺体を運び下ろすことを、二人は勧めている。死から目を背けるのではなく、死という事実に目を向けるように指導する。そして、家族が死を受け入れられるということを、二人は人々に示している。

禅センターの研修メニューのなかに、瞑想を通したケアの基本という九カ月のコースがある。このコースの狙いは、三〇人から四〇人の受講者たちに、「人生の転機に共感と思いやりを持って向き合う方法」を教えることだ。このコースに参加してものごとの終わりに心穏やかに向き合えるようになった受講者のなかに、コースの最終日を避ける人が出るのは、面白い現象だ。毎年、受講者たちはほとんど欠かさずにこのコースに出席している。それなのに必ず何人かが最終日に欠席する。いつも欠かさずやってくるのに最後の授業だけ来ない生徒が毎年必ずいるという。「病気になる人もいれば、急な仕事と言う人もいる。すごく面白いよ。いきなり何か用事ができるらしい。子どもの野球の試合を理由に来ない人が三、四人はいる。いつもは必ず出席しているのにね」とエリソンは言う。

延長してほしいと言ってくる生徒も多い。「どのグループでも、いつも、最後の週になるともう二週間延長してほしいという話が出る。でも、わたしはそのたびに『いいえ、これで終わりです。九カ月のコースですから、九カ月で終わりです』と答えるようにしている。どのグループも必ず延長を求めてくるから」。

二人は絶対に期間を延長しない。なぜなら「人生は延長できないから。命は有限なんだ。はじまりがあって、あいだがあって、終わりが来る。グループも同じだ。コースをひと通り終えて、それからどうする？　また同じことを繰り返す？　このグループを終わりにしたくないのはどうしてか、考えてみるといい」。

エリソンとキャンベルは、生徒たちが延長したがるのがわかっているので、コースを終える心の準備をさせようとする。九カ月のちょうど中頃で、グループとしての「折り返し地点」について生徒たちに話す。「改めて周りを見てみよう。どう感じる？　人間関係はどう変わってきただろう？　いまがちょうど中間地点で、あと四カ月半でこのグループも解散になる。これからの四カ月半で何をする必要があるだろう？　自分の引き際にパターンがあるだろうか？　いつもはどうしている？」エリソンは生徒たちに、このグループと、グループの一員としての経験を使って、自分が「いつもどのようにしてものごとを終わらせているか」を振り返らせている。

どうしてそんなことをするのだろう？　それは、「何にでも終わりがあるから」だとキャンベルは言う。「わたしたちの集まりにも、同じことが言える。いやでも集まりはいつか必ず終わる。九八歳のおばあちゃんとのホスピスで会う時間も、一週間も一日も、いつかは終わる。必ずね。誰であっても、例外はないんだ」。

二人は一〇〇〇人の医師に六〇分の講義をし、医師たちに隣に座っている人の方を向いて、じっと目を見つめ、少しのあいだ深くつながってみてほしいと頼む。それからその相手が年老いて弱々しくなった姿を想像させる。そこで、こう訊ねる。「いま会ったばかりの人の年老いた姿を想像すると、その人の印象とその人との関係はどう変わりますか？」エリソンは言う。「涙を流す人もいる。すごく感動的だ」。彼らが医療のプロにも一般人にも教えていることはすなわち、「どうしたら何も拒絶せず、すべてを受け入れることができるか」なのだ。

最終講義への出席といったささいなことにも、人々が死に対して感じるのと同じ抵抗があるというのは、面白い発見だ。二人の話を聞きながら、彼らが研修コースの最終回をきちんと終えるためにやっていることこそ、ホストが集まりを終えるときにやるべきことだとわたしは気づいた。それは、ゲストが感じている、終わりから目を背けたいという衝動と闘う手助けをすることだ。ホストとしてのあなたの仕事は、人々がものごとの終わりを避けずに対峙できるように、きちんとしたクロージングを行うことなのだ。

ラストオーダーのお時間です

上手なオープニングとクロージングは、鏡に映った像のように一対になっている。オープニングではゲストを招き入れる時間が必要だったように、クロージングではゲストに終わりの準備をさせる必要がある。それは、ラストオーダーを知らせることに似ている。

世界のどこでも、バーではバーテンダーが大声でラストオーダーを知らせる。なぜだろう？お客様に対して、その場所がお開きになることへの心の準備をさせるためだ。ラストオーダーだと知らせることで、そのバーで、まだすませていないことをすませる時間をお客様に与えている。

そのあいだに、人々は会計をすませたり、最後の一杯を頼んだり、知り合った男性の電話番号を聞いたりできる。ラストオーダーが知らされると、そこにいる人たちのなかでその夜が終わるという共通の認識が生まれる。家庭でも仕事場でもそれ以外の場所でも、どんな集まりも、このラストオーダーの裏にある考え方を取り入れるといい。

夕食会でもカンファレンスでも仕事の会議でも、ラストオーダーを知らせることで集まりを締めることができるとしたら、どうしてみんなそうしないのだろう？ 目ざといホストなら、会がだんだん盛り下がってきていることに気づくはずだ。眠そうに目をこすっているゲストがいたり、席を移動しはじめる人がいたり、パネリストへの質問が出なくなったりすれば、お開きが近いとわかる。しかし一方で、あと何時間でもいけそうな人がいることもある。ホストにとってはそんな状況が腕の見せどころだし、態度の分かれるところだ。少数のゲストが帰りたそうなそぶりを見せたところで、全体をお開きにするか？ それとも、パーティーがまだこれから盛り上がるかもしれないのに、終わりを宣言していいのか？ ゲストの望む通りにした方がいいのだろうか？

この点でわたしと夫は正反対だ。夫はゲストが長居したければいつまででもいる方がいいという派で、わたしは、ちょっと早めに終わりを告げて、ゲストを解放してあげたいと思う派だ。結婚したての頃、夕食会でわたしが唐突に「みなさん、今日はいらしてくださってありがとうございました」と切り出したので、夫は驚いていた。わたしはゲストを自由にしてあげたつもりだったた。夫にとっては、わたしがゲストを追い出しているように見えた。彼が育った家庭では、ゲストが帰り支度をするまでは、お開きにしなかった。わたしの家では、ホストが帰っていいと切り出すまで誰も帰れなかったのだ。

そんなわけで、わたしたちなりの独自のラストオーダーの切り出し方が生まれた。デザートのあとで、会話がだんだん途切れるようになってきたところで、わたしが一息入れてゲストのみんなに来てくれたことへの感謝を伝え、それからリビングルームに移って一杯飲みましょうと誘う。すると、疲れているゲストはここで帰ることができる。ここで「もちろんみなさんに残っていただきたいですが」と付け加えることも忘れない。リビングルームへの移動は、中締めのようなものなので、ラストオーダーの代わりになるものだ。そこで支払いをすませることもできるし、もう一杯頼むこともできる。疲れている人は失礼にならずに帰ることができるし、残りたい人は残れる。そして場所を変えて、こぢんまりとパーティーを再開できる。

ラストオーダーはクロージングではない。ゲストを送り出す時間のはじまりだ。ラストオーダーは言葉で伝えなくてもいい。ダリオ・チェッキーニは、客人に肉を振る舞ったあと、長い夕食会の終わりにカウベルを鳴らして、そろそろお開きが近いことを知らせる。会議が終わる五分前にわざとアシスタントに会議室をノックさせて、参加者に終わりが近いことを知らせる管理職もいる。終わりが近いことを知らせる合図だ。

いつ誰が鐘を鳴らすのか?

あなたもゲストに終わりを知らせることにためらいがあるかもしれない。たとえラストオーダーを伝えるのはいいアイデアだと思ったとしても、いつそれを切り出すかが問題だ。議事や進行の決まっていないカジュアルな集まりでは特にこのタイミングが難しい。座を白けさせてせっかくの雰囲気を台無しにはしたくない。でも、全員が飽き飽きするまで待っているのもよくない。

半世紀以上もエリザベス女王のパーティープランナーを務めてきたエリザベス・アンソンは、ダンスフロアに少なくとも二〇人はゲストが残っているあいだにパーティーをお開きした方がいいと言う。もちろん、アンソンの開くパーティーは特殊だとしても、この人数には理由がある。あまり待ちすぎると、ホストがパーティーを支配しているのではなく、パーティーに支配されているように見える。「流れに任せてズルズルと萎ませてしまうと、パーティーが死にます」[3]。アンソンはニューヨーク・タイムズにそう語っていた。これまででいちばん後悔したことは、ゲストにどうしてもと頼まれて、最後の曲のあとにもう一曲、楽団に演奏させてしまったことだ。「わたしのこれまでのすべてのキャリアのなかで失敗は一度だけです。それは、頼み込まれて演奏を再開させてしまったことでした。あれは大失敗でした」。

ここで自問してほしい。あなたにとって「ダンスフロアにゲストが二〇人残っているとき」とはどんな状態だろう？　パーティーに支配されるのではなく、パーティーを支配したまま終わるタイミングとはいつだろう？　自分が主導権を握ったままでお開きにできるのはいつだろう？　ゲストに満足してもらえるまで会を続けながら、盛り下がる前にやめるには、どのあたりでやめたらいいのだろう？

そして、誰がラストオーダーを呼びかけたらいいのだろう？

わたしたちは結婚式の前夜に、招待客の演芸会を開いた。たくさんの招待客がそこで芸を披露してくれた。インドにはサンギートという伝統があり、友人や親戚がみんなで振り付けのある踊りを踊る。演芸会のアイデアはそこから借りてきた。友達が芸を披露してくれ、お祭り気分が盛り上がり、みんなが踊りだしてダンスパーティーになった。ダンスパーティーの途中で、ビデオを見せてほしいと何人かが言いだした。そのビデオは、前日の少人数の夕食会で家族や親しい友人に見せたものだ。ダンスフロアを見渡すと、みんな踊りを楽しんでいるようだった。でもビデオをどうしても見たいと言う人も数人いる。もともとの予定はなかったが、わたしは「もし見たい人がいるなら……」という気持ちで賛成した。そこで音楽を止めて、ビデオを上映した。楽しいビデオだし、ちょっと休憩を挟んでまた踊ればいいと思ったのだ。でも、一五分のビデオが終わる頃にはゲストは帰り支度に入っていた。パーティーはそこでお開きになった。わたしは自分以外の誰かに、思いがけずラストオーダーを宣言させてしまったのだ。

とはいっても、ゲストに終わりを決めさせた方がいい場合もある。以前にシンガポールで企画した夕食会でのことだ。この会は、深刻な対立をあぶり出すことが狙いだった。夜が更けてきたせいか、ワインのせいか、疲れのせいか、一一時半になってそろそろお開きかなとわたしが思った矢先に、やっと、ゲストたちは本音を話しはじめた。わたしはもうお別れの準備として、ゲスト一人ひとりに締めの言葉をお願いしていた。すると、ゲストの一人がわたしを遮ってこう言った。「やっと何かに到達しそうなところだったのに。いまお開きにして、ぐっすり寝てから明日の朝シャワーを浴びてさっぱりしてここに戻ってきたら、こじ開けられそうだった扉が閉まってしまう。ここで扉を閉じずにこの会話を続けたい」。その言葉にみんなが頷いたので、わたしはラストオーダーを撤回し、そのまま九〇分話を続けて、午前一時半に会を終えた。疲れ切ってはいたが、参加者は殻を破ることができた。

クロージングを分解する

強烈なクロージングには、二つの段階がある。それはゲストが抱える二つのニーズに応じるものだ。一つは内側に目を向けること。もう一つは外に目を向けることだ。まずは一息入れて、いま自分の気持ちを盛り上げてくれたものや、グループとしての絆をつくり出したものが何だったのかを理解し、思い出し、認め、じっくりと振り返るのが、内省の段階だ。次に、お互いに別れを告げて、外の世界にある自分の居場所をもう一度取り戻す準備をするのが、外に目を向ける段階だ。

意義を確認しもう一度つながり合う

最後に一息入れて、そこで何が起きたかをじっくり振り返ってみることで、どんな集まりも格段に充実したものになる。人が集まる瞬間は、それ以外の時間を変える可能性に満ちている。その可能性を高めるにはクロージングで集まりの意義を確認することが欠かせない。ここで何が起きたのか？　それがなぜ大切なのか？

集まりの最中にゲストみんなで意義を確認する場面がなかったとしても、個人がそれぞれ自分で意義を確認することはできる。自分はどう思ったか？　この体験をほかの人たちにどう話したらいい？　優れたホストなら、この内省のプロセスをゲスト任せにはしない。何らかのかたちでグループとしての体験を振り返ることができるように、ゲストを導くだろう。

たとえば、ＴＥＤの主催者は長い一日の終わりを、一五分のラップでコメディアンに締めくくってもらうこともある。この締めの仕事は、簡単なものではない。その週のあいだずっと話をしっかりと聞いたうえで、同じ体験をした数百人の聴衆の前で、さまざまな瞬間から意義を抽出し、ユーモアと洞察を交えて要約を披露しなければならないからだ。夕食の席で母親が子どもに、その日何があったかということだけでなく、「いちばんうれしかったことは？」と「いちばん嫌だったことは?」を聞くのは、出来事に意味を見出す手助けをしようとしているからだ。バンド対決の最後に、グループが舞台に戻って観客がすでに聴いた曲のマッシュアップを演奏するとき、バンドは観客がその日の体験をもう一度味わい直す助けをしている。

だが、体験を振り返ることは、一つの側面でしかない。もう一つの側面は、最後にもう一度みんなとつながり合うことだ。そして、ここでしたことだけでなく、ここにいた人たちをしっかりと心に刻む時間を持つことだ。

会の終わりにゲスト同士を上手につなげているのが、「ルネッサンス・ウィークエンド」というイベントだ。第一回は、一九八一年。フィリップとリンダのレイダー夫妻が、自分たちが最も注目している思想家を招いて自宅でパーティーを開いたのがきっかけだった。レイダー夫妻は仕事において自分たちの視野がどんどん狭くなってきたように感じていた。そこで、大晦日にいつもと違うことをやろうと考え、全国のさまざまな分野で働く友人知人から六〇家族をサウスカロライナのヒルトンヘッドに招いて、共に一週間過ごすことにした。やってくる友人にそれぞれ、みんなと共有できる何かを持ち寄るように頼んだ。何年間も比較的目立たないかたちで毎年同じ会を開いていたが、クリントン夫妻が長年この会に参加していたことがわかって、全国的な注目を浴びるようになった。この週末だけの会は二五年後には組織化され、エグゼクティブディレクターがいくつものイベントを運営し、全国で毎年五回も恒例の週末行事が開かれている。新年の集まりはいま、サウスカロライナのチャールストンで開かれ、参加者は一〇〇〇人近くにのぼっている。

主催者によると、この会の目的は、人種や宗教や年齢や職業や政治的信条の違う人々のあいだに橋をかけ、お互いに敬意を持って賛成したり反対したりできるようにすることだという。参加者の平等を徹底し、この価値観を会の構成にも反映している。たとえば、六歳以上の参加者（そう、六歳だ）は少なくとも一度はパネルに参加することを義務づけたり、基調講演をなくしたりしている。会の内容はその週末にやってくる参加者それぞれの興味に基づいて、毎回ゼロからつくり上げる。「リャマ［ラクダ科の動物］について話したいという人が三人いればそれがテーマになります」とエグゼクティブ・ディレクターのアリソン・ゲールズは教えてくれた。

四日半にわたるイベントのあいだに、参加者のなかにある種の親密さが生まれる。それは、参加者が家族連れでやってきて、家族もまたイベントへの貢献者と見なされるからでもあり、参加者たちがいつもとは違う側面をここで見せるように促されるからでもある。安全保障の専門家に安全保障について聞くのではなく、愛から学んだことについて聞くと、本人も思いもよらなかった話をすることになり、それが聞き手にとっても面白いのだ、とゲールズは言う。

ではこれほど力を入れて親密さと探究心を刺激したあと、どうやって参加者を一つにまとめ、最後にもう一度新しいグループとしての一体感を刻んでいるのだろう？

答えは、クロージングのセッションにある。最後のセッションのタイトルは、「もしこれがわたしの最後の言葉だったら」だ。ここでは、二〇人の参加者が二分ずつ全員に向けて、人生の最後に何を話すかを語る。詩を読む人もいれば、信仰について打ち明け話をする人もいる。疑いを告白する人もいれば、人生に起きたさまざまな悲劇を思い出す人もいる。「ここで気持ちが高ぶり、感動し、悲嘆し、そしてある種の絆が生まれます」とゲールズは語る。参加者に実際の死を考えさせることで、それとなくものごとの終わりに対峙させることになる。何よりも、別れる前に、劇的なかたちでグループとしての自分たちを目の前に突きつけられることになる。ここにはこんな人たちがいた、と確認することになる。心が広く、弱みがあり、思慮深く、面白く、複雑な人間がいたことを、参加者は改めて胸に刻む。集団としての一体感をつくり出すことが集った意味になる。

別れと再出発

振り返りが終わり、最後にもう一度仲間とつながり合ったら、クロージングの第二段階に入っていい。この段階は、ゲストたちがもと来た世界へと戻っていくための段階だ。ここでは次の問いを自問してほしい。この集まりのどの部分を、もとの世界に持ち帰りたいか？

集まりが現実の世界からかけ離れていればいるほど、ゲストを現実世界に戻すには、強烈で明確なエンディングをつくり出すことが必要になる。集まりでお互いが強くつながり、仲間としての一体感が高まれば高まるほど、その一体感をほどいてゲストにほかの仲間に入る準備をさせることが大切になる。

ここで、「シーズ・オブ・ピース（平和の種）」の例を見てみよう。シーズ・オブ・ピースは中東とそれ以外の地域での紛争と苦しみを減らすことを狙いとしたサマーキャンプだ。一九九三年以来、毎年七月にイスラエル、パレスチナ、エジプト、ヨルダンなどの紛争地域や、インド、パキスタンの若者数十人がメイン州のオーティスフィールドに集まる。敵とされ、憎しみの対象とされている相手たちとこれまでにない世界をつくり出すことができるかを、若者たちは三週間をかけて慎重に計画されたルールに従って考える。[4]

シーズ・オブ・ピースでは、キャンプのカウンセラーがホスト役を務める。その多くはかつてこのキャンプに参加した卒業生だ。もちろんほかの多くのサマーキャンプと同じように、湖でカヌーを漕いだり、アートに触れたり、サッカーをプレーしたりもできる。しかし、違うのは、毎日必ずファシリテーターがついて少人数で一一〇分にわたる集中的な討論を行うことだ。ここでは紛争状態にある双方の地域から若者が参加して、深く関わり合う。

キャンプを通して、若者たちの多くははじめて「敵」と対面し、そこで相手に対する見方が変わりはじめる。三週間が終わって帰国のためにバスに乗り込む頃には、それまで敵だと思っていた人たちが離れがたい親友になっている。そこで、カウンセラーたちには大仕事が任される。それは、キャンプとは違う現実世界へと回帰《リエントリー》するスキルを、若者たちに与えることだ。

紛争解決の世界で使われる「回帰」とは、敵との対話という強烈な体験をした人がもとの世界に戻ることを意味する。兵士が戦争から戻ってくるときも、犯罪者が懲役を終えたときにも、同じ言葉が使われる。しかし、日常的な普通の集まりのなかにも、回帰の要素はある。ゲストと同じ体験をしたホストは、現実世界に戻っていくゲストが、何を持ち帰るかを考える手助けができる。シーズ・オブ・ピースの場合には、キャンプを通して「シード（種）」となった若者たちが、荒れた厳しい土地にどう根を下ろすかが問題になる。

回帰のプロセスは、キャンプ最終日の三日前からはじまる。演芸会の終わりに監督責任者のレズリー・ルウィンが大講堂の舞台に立ち、閉会のスピーチをする。すると途中で突然灯りが消える。最初はちょっとした停電か何かだと思っていると、急にメタリカの「エンター・サンドマン」が流れはじめる。暗闇のなかで、青と緑の蛍光スティックを腕と頭に巻きつけた十数人のカウンセラーが、大講堂になだれ込んでくる。カウンセラーたちは狂ったように踊り、それから大講堂を駆け抜けて湖の方に走っていく。その瞬間、二人のディレクターが舞台に飛び乗って、わけのわからない参加者に、これから何が起きるかを説明する。ディレクターの一人がまずこんなふうに切り出す。「カラーゲームにようこそ！　これからの数日間はいろいろな追い出しイベントが続く。まずは二つのチームに分かれてもらうが、これまでコミュニティとして培った価値観はそのまま持ち続けて、その価値観に従って行動してほしい。緑と青のチームに分かれたら、新しいことに挑戦し、自分の殻を打ち破るチャンスにしてほしい」。参加者たちにはわかっていないが、外の世界への「回帰」プロセスがここではじまる。

それから二日間、ロッククライミングからカヌーレースから、演芸会から「ハジメ」と呼ばれるリレー競走まで、さまざまな競技活動が続く。このカラーゲーム期間に、ランダムに割り振られた「青組」と「緑組」の新しいアイデンティティが参加者に刷り込まれていく。「何年もあとになって卒業生と話をすると、このカラーゲームで自分がいちばん変わったと言う人が多い。青組だったか緑組だったかを確実に覚えているし、勝ったか負けたかも忘れていない」。ディレクターの一人、カイル・ギブソンはそう語る。

カラーゲームのクライマックスは表彰式だ。全員が湖畔に集まり、勝ったチームが発表される。勝ったチームがはじめに湖に入り、それから全員が湖に入る。びしょ濡れのままでみんなで湖畔に戻り、自分のそれぞれのカラーのTシャツを最後に脱ぎ捨て、最初に着ていた深緑のロゴ入りTシャツに着替える。

カラーゲームでは、参加者が母国の生活に戻ることを助けるために、すべての活動が組み立てられている。参加者は楽しく競争しながら、Tシャツを着替えるように、アイデンティティも簡単につけたり外したりできることを学ぶ。

表彰式の夜、参加者はそのお揃いのロゴ入りTシャツで集まり、「ふたたび全員が対等になる」。ここで参加者たちがゲームのなかで体験してきたアイデンティティづくりについて、カウンセラーがはじめてはっきりと言葉にする。

君たちがどれだけあっという間にアイデンティティを固めたかを振り返ってほしい。二日前は口もきかなかった人たちが、いまではチームの仲間として永遠に記憶に刻まれている。そしてあれほど必死にチームの一員として戦ったのに、チームはもうなくなったことを思い出してほしい。チームも目的もつくられたものだが、そのつくられたアイデンティティがあっという間に君たちに刷り込まれ、君たちが一体になったことを、考えてほしい。

カウンセラーはこの話を社会に結びつけて語る。「人は集団思考に陥るものだ。青組と緑組のように、これがいい方向に働くこともある。でも、悪い方向に働いて、憎悪や不信が刷り込まれることもある」。カラーゲームを通して、若者たちはこのサマーキャンプの核になる教えの一つを胸に刻む。それは、アイデンティティはどうつくられるかということだ。

サマーキャンプの最後の夜の最終イベントは「ライフ・アズ・シーズ」、つまり「種として生きること」だ。カウンセラーたちは、参加者が帰国後に経験するかもしれない悩みについて語る。すでに「回帰」の体験を経た二年目の参加者が、少人数のディスカッションのリーダーになり、次のような問いを考える手助けをする。

・帰国するとどうなる？
・いまどんなふうに感じている？

・何が不安なのだろう？
・何を待ち望んでいるのだろう？
・これからどんな問題にぶつかるのだろう？

このセッションで、若者たちはこの数週間を振り返り、ここでの体験とこれから戻っていく世界とを融合させはじめる。翌朝、迎えのバスが来ると、若者たちは最後の「整列」をする。この三週間半というもの、日に三度の「整列」が習慣だった。そして、いよいよ本当の別れがやってくる。何人かがスピーチをし、二年目の参加者が詩を朗読し、閉会する。ここ何年も、キャンプのディレクターは寮のシャワーハウスの裏に描かれていた詩を朗読していた。

その夜わたしは見知らぬ人に会った。彼のランプの灯りは消えていた。わたしは立ち止まり、
自分のランプの火を彼に分けた
その後嵐が吹き荒れ、世界を揺らした。嵐がやんだとき、わたしのランプの灯りは消えていた
するとあの見知らぬ人が、煌々と輝くランプを手に戻ってきた
彼はわたしにその貴重な炎を分け与え、わたしのランプをふたたび灯してくれた

ここで解散になり、若者たちは空港行きのバスに乗り込んでいく。泣きながらハグを交わし、

別れの言葉を口にする人も多い。一カ月もすればまた仲間に再会できるのはわかっている。そのことが、帰国してもここで得たアイデンティティを持ち続ける勇気を与えてくれる。そしてバスがキャンプから出ていくと、最後にもう一度鐘が鳴る。

自分と世界をつなぐ糸

シーズ・オブ・ピースの例は美しいが、自分のちょっとしたガーデンパーティーとは縁遠く感じられるかもしれない。イスラエル人とアラブ人の集いではなくて、友だちが集まるだけだとしたら？

極端な例も、日常的なイベントも、本質はそれほど変わらない。ただ、極端な例の方が、効果が見えやすいだけだ。どれほど日常的な集まりであっても、グループをつくり、一時的な別世界をつくり出したら、集まった人たちが「舞台を降りて」もとの世界に戻れるような手助けをホストは考えるべきだ。そして、ゲストたちが次の問いに答えられるよう、直接間接に助けなければならない。「ここでグループとして一緒に何かを体験した。その外ではどう振る舞えばいいのだろう？　ここで起きたことを、外の人にどう伝えたらいいだろう？　この体験のなかの何を持ち帰ればいいだろう？」

たとえば、社外研修に一部の人だけが集まったとき、また会社に戻って上司や部下やインターンと混ざり合う準備をどうさせたらいいだろう？

　家族だけの集まりで、配偶者がそばにいるときにはできないような親密な絆をいとこと築いたとしたら、配偶者やそのほかの大勢の人たちと混ざり合う次の集まりでは、このいとことどう接したらいいだろう？

　もとの世界にゲストを戻す準備の一つは、集まりと外の世界をつなぐ糸を見つける手助けをすることだ。その糸は言葉かもしれないし、誓いの書面かもしれない。最近はカンファレンスの閉会式でそうした誓いが交わされることもある。たとえばゲストはみんなの前でこれからはいままでと違う自分になることを誓い、壁にその誓いを書き記す。あるいは、ゲスト全員に未来の自分に宛てて手紙を書いてもらい、ホストがそれを一カ月後に投函する。また、何らかのかたちで二つの世界をつなぐ目に見えるしるしがあってもいい。わたしの母は、「サークル・オブ・フレンズ」という集まりで、そんなしるしを準備していた。

　わたしが一五歳のとき、母はわたしと同じ高校の友だち一一人を週に一度集めて、女性としてのアイデンティティと変遷について考える会を開いていた。人類学者だった母は自らの経験をわたしたちと共有し、少女から女性への変わり目にあったわたしたちの手助けをしようとしていた。

　わたしだけに話をしてくれることもできたが、グループで話す方が強烈な体験になることが、母にはわかっていた。わたしはその友だち全員と毎日学校で顔を合わせていたけれど、地下室で一二個の枕を並べて語り合うのは、まったく違う経験だった。六週間にわたってわたしたち一二人は絆を育み、秘密や不安を打ち明け、呼吸法やその他の身体テクニックを学んだ。それは、学校でもわたしたちの安心感につながった。最後の回で、母はみんなに色鮮やかなかわいい編み込みブレスレットをくれた。そのときはなにげなく、みんな手首にそれを巻きつけた。

翌朝わたしはブレスレットをつけたまま学校に行った。グループの友だちもみんなつけていた。ブレスレットのおかげで、独りじゃないと自信が持てたし、一緒に学んだことをいくつか思い出して実践することができた。そのブレスレットが、友だちとの特別な夕べと現実の生活との架け橋になっていた。

それから二〇年後、同じグループにいた友だちのジェナ・パイログが、その会から受けた影響についてこんなふうに振り返ってくれた。

三五歳のいまになって振り返ると、高校時代に自分たちがどんな環境にいたかがよく見えるわ。大学時代や職場とくらべると、みんな従順で、大人に守られていた。

でも地下室に枕を並べて横たわっていた一五歳のわたしたちは、外の世界を知らなかったし、どこに自分の居場所をつくったらいいのかわからず不安でたまらなかった。あの瞑想のグループには、いろんな友だちがいた。一人はクラスいちばんの人気者だった。わたしは彼女と親しくなりたくて仕方がなかった。もう一人はすごく成績がよくて、わたしじゃ物足りないと思われそうで、なかなか話しかけられなかった。あと、男子とよくふざけていた子もいたし、大人になったら何をしたいかをしっかり自覚している子もいた。

だけど、一緒に床に横たわって、そのあとキッチンでクラッカーを食べていると、気持ちが落ち着いて、みんな同じだと思えたし、同じ目的でそこにいると感じられた。瞑想が共通の話題にもなったし、共通点ができたと思えた。


母の地下室にできあがったつかの間の別世界での奇妙な活動を通して、学校生活でも新しいつながりができた。家と学校。二つの世界は糸でつながっていた。

パーティーの記念品はありきたりでないものを考えよう。子どもの誕生日であれ、職場のイベントであれ、次に記念品を配るときには、このイベントを永遠に記憶に残すには、どんな贈り物がいいのか考えてみよう。以前に、デトロイトで緊迫した会議のファシリテーターを務めたあと、クライアントから船積コンテナのスクラップをもらったことがある。そのクライアントは、デトロイトで育った人たちの物語に光を当てて、市内の荒廃した地域でホテルを開業し、投資を呼び込んで地域を活性化しようとしていた。彼女からもらったコンテナのスクラップは何年もわたしの机の上にあった。それが、彼女の地域再生の夢を思い出させてくれた。

感謝の伝え方

さて、あと数分でこの集まりもお開きだ。どうしたら、インパクトを与えて終われるだろう？まずはやってはいけないことから話そう。事務連絡や感謝の言葉からはじめる習慣を捨てるのが難しいのはわかっている。終わりが近づき、感謝の言葉や事務連絡がまだアナウンスされていなければ、最後にそれを入れたくなるだろう。

でも、絶対にやめてほしい。事務連絡から集まりをはじめてはいけないのと同じで、事務連絡で終わってはいけない。感謝の言葉もよくない。わたしは以前に二人の親友の結婚式の立会人を頼まれた。親友とわたしとで一緒に考えたセレモニーのリハーサルを、花嫁の両親や花婿や花婿の家族と花嫁の自宅で行った。最後の数分のところで、彼らのメモに「お知らせ」と書いてあるのに気がついた。そこで、何のことかと聞いてみた。すると花婿がこう答えた。「式の最後に、『宴会場に食事を準備したので、どうぞみなさんご一緒に』って言おうと思って」。

わたしは凍りついた。

花婿としては、式の終わりに感謝（お食事をご用意しています！）と事務連絡（宴会場はこちらです！）を両方入れたかったのだろう。でも、クロージングもオープニングと同じで、ここはゲストにインパクトを与え、集まりを記憶に残す瞬間だ。わたしは花嫁花婿に、ゲストが式場を一歩出たら食べ物がどこにあるかはすぐにわかる（隣の部屋だった）と説得した。二人も納得してくれて、式の最後で新郎新婦はキスを交わし、みんなに夫婦としての姿を見せ、曲に合わせてドラマチックに退場することに決めた。そのあとに両親が退場し、残りのゲストが退場することにした。何年もあとになって、その男性がわたしにこう話してくれた。「いまはもう絶対に最後に事務連絡で終わらないよ。プレゼンテーションの終わりに『ありがとうございました』のスライドも入れないくらいだ」。それを聞いて、わたしは飛び上がるほどうれしかった。

感謝を表すのがいけないわけではない。ただし、それがクロージングでなくてもいい。ではどうするか？　クロージングの直前にやればいいのだ。

わたしの息子の音楽の先生、ジェシー・ゴールドマンは、週に数回、小学生の音楽の授業を受け持っている。彼は子どもたちに大人気の先生で、シンガーソングライターでもある。四五分の授業の終わりに、お別れの曲を弾きはじめる。これが子どもたちに授業が終わることを知らせる彼流のラストオーダーの呼びかけだ。そして最初の音で曲を止めたまま事務連絡を伝える。出席カードを出してない人は出してね。来週は授業はないよ。先週上着の忘れ物があったよ。こうした事務連絡を、最後の曲の出だしの音と次の音の間に伝える。事務連絡が終わったら、お別れの曲を再開する。さりげないが見事なクロージングだ。

ラストオーダー、事務連絡、そしてドラマチックな締め。ラストソングの出だしと次の音のあいだをうまく利用しているジェシーを見習って、わたしたちも自分流の事務連絡法を生み出すことができるはずだ。

それからさらにもう一つ。感謝の気持ちを表すのにちょうどいいタイミングを見つけたら、文字通り「感謝します」と口にするのは避けた方がいい。むしろ、相手を称えよう。人々が立ち上がって次から次へと感謝の言葉を述べはじめると、そろそろお開きが近い雰囲気になる。問題は、感謝を述べている人の目が泳いでいることだ。原稿を読んでいると特にそうなってしまう。集まりで感謝を述べてはいけないわけではないが、そのタイミングだけでなく、やり方も考えた方がいい。

謝辞の時間に担当の紹介をしないでほしい。たとえば「レイチェル率いる制作チームのおかげで、滞りなく運営できました。ＡＶ担当のスコット、ロジ担当のサラにも感謝します」といった感謝の言葉ではなく、レイチェル、スコット、サラその人を称える方法を見つけてほしい。そうすれば、感謝される人にとってもゲストにとっても意味のある時間になる。

世界中の何十もの都市で開かれている、「デイブレーカー」という朝のダンスパーティーに参加したことがある。そこで、イベントの終わり近くに、素敵な感謝の時間を体験できた。このイベントには数百人が朝六時に集まって、出勤前に完全なシラフの状態で陶酔したように踊りまくる。この会が開かれるのはたいてい秘密の場所だ。わたしが参加したのは、ニューヨークの観光名所にもなっているヘラルド・スクエアのメイシーズデパートの地下だった。

三時間のパーティーには、サンタクロース夫妻、ニューオーリンズのブラスバンド、ブレークダンサーなどが登場し、蛍光トレーナーを着ている人もいれば、巨大な青い駒の仮装をして現れた人もいた。最後に主催者の一人、ラドハ・アグラワルがマイクをつかんで、全員に座るように告げた。ラドハはメイシーズのチームメンバーの名前を挙げて、彼らがリスクを背負って羽目外しのイベントを許してくれたことを教えてくれた。彼らは前夜、フロアの片付けで徹夜していた。そして、見ず知らずの三〇〇人が盗みを働くようなことはないと信頼し、思い切って受け入れてくれた。非凡なことを成し遂げるにはリスクをとる必要があることを彼女は教えてくれた。それはわたしたちゲストにとっても実生活に活かせる教えだった。

ラドハは、ゲストには見えにくい、イベントを開くまでの苦労を称えることで、感謝に意義を持たせていた。そして謝辞を通してゲストに教訓を伝えてくれた。だから、型通りの謝辞には聞こえなかった。お礼でイベントを終えることもなかった。クロージングには、彼女はいつもディブレーカーの締めに配っている詩のコピーをみんなに手渡した。新鮮な気分で終えることがどれほど大切かを、彼女は理解していた。

この本のクロージングの前に

この本も謝辞で終えるようなことはしない。お開きの前に少し立ち止まって、この「集まり」を助けてくれた人たちを称えたい。

エージェントのゾーイ・パグナメンタは、最初からわたしとこの本を信じてくれた。疲れ知らずの編集者、ジェイク・モリッシーはこの本の中身が落ち着くべき場所に落ち着くまで、何度も原稿の書き直しに付き合ってくれた。ジェーン・フランソンは、わたしの周りのすべてを整理し、応援団としてわたしを支え、最前線でわたしを守ってくれた。ライティングのグループメンバー、アン・ブラック・ワイス、ミンディ・フリラブ、モーラ・スピーゲル、ジャック・ソール、ケリ・ハーディング、ジム・ギルバート、そしてサイモン・フォーティンは、毎週金曜の朝に「ごった煮精神」を思い出させてくれた。親友と家族のみんな、ルクミニ・ギリドハラダス、トム・ファーガソン、モー・ムレン、ケイト・クロンティリス、ルイ・アラウジョは、原稿を隅々まで読んでくれた。リバーヘッドのチーム全員、特にケイティ・フリーマン、ジニー・ディリング・マーティン、リディア・ハート、ケビン・マーフィーはすべてに熱意と創造性と著者への敬意を持って取り組んでくれた。みなさんと仕事ができたのは、すごくうれしいことだ。仕事仲間たち、特にエイミー・フォックスとモビウス・エグゼクティブ・リーダーシップはわたしの頭と心を鋭く柔軟な状態に保ってくれ、力と愛を体現してくれた。六人の両親はいつもわたしを応援してくれた。夫のアナンド・ギリドハラダスはこの本がまだ種のときから収穫のときまでずっと寄り添ってくれた。故ハロルド〝ハル〟サンダースは、わたしだけでなく世界中のたくさんの人たちに、集まり方を変えるとすべてが変わることを教えてくれた。

もう一度目的を思い出そう

さて、いよいよ終わりが近づいたあたりで、この本がはじまった場所、つまり集まりの目的に一瞬だけ立ち戻ってみよう。クロージングの前で、そもそもこの集まりがどうしてはじまったのかをゲストにそれとなく思い出させてほしい。

友人のエミリーがNGOへのボランティアでジャマイカに旅したときに、こんなことがあったと話してくれた。ある日エミリーたちは、ジャマイカの農村部の子どものためにプールパーティーを開いた。終わりが近づいたが、特に何の「クロージング」も予定していなかった。エミリーはそれが気になっていた。終わりが近づいていた。というのも、旅に出る前に、わたしから締めが大切だと聞いていたからだ。しかも、その日は普通のプールパーティーとは違う、強烈な思い出になった一日だった。海に囲まれた国に住んでいるというのに、子どもたちの多くはそれまで一度も泳いだことがなかった。植民地時代には奴隷が逃げるのを防ぐために泳ぎが法律で禁止されていて、その名残がまだあったのだ。エミリーもほかのボランティアも、子どもたち自身もあきらかに感動していて、その一日がいま終わろうとしていた。それなのに、記念になるような締めがなかったのだ。

外にはスクールバスが待っている。あと数分で子どもたちはバスに乗り込み、四時間かけてデコボコ道を家に戻っていくことになる。エミリーはできるだけたくさんのボランティアたちを集めて、玄関前に並ばせて子どもたちが出てくるのを待った。最初の子どもがやってくるとボランティアたちは拍手と声援とハイファイブとハグで迎えた。

「子どもたちは驚いて戸惑っていたけれど、ここで知り合って親しくなったボランティアにそんなふうに祝ってもらってすごくうれしそうだったわ」とエミリーは教えてくれた。このクロージングはその会の目的を目に見えるかたちで表していた。子どもたちに、彼らが大切だと伝えたのだ。

夫の父親は、受け持ちの授業の終わりに、彼流の強烈な方法で授業の目的をもう一度思い出させる。義父はワシントンDCにあるジョージワシントン大学のビジネススクールの教授だ。毎学期の終わりに、彼は学生に三枚のスライドを見せる。一枚目は「ワークライフ・バランス」について、二枚目は「人生の意義」について。そして三枚目は詩で、義父が声を出してその詩を読み上げる。学期の最終授業ではまず、これまでの授業の中身（経営コンサルティング）をまとめるのではなく、コンサルティング業界の誘惑を警告し、人生の意義とバランスを忘れてしまうことの危険について語る。

「バランスのとれた人生を送る努力を先送りしてはいけないと生徒に忠告するんだ」と彼は言う。「いつ何どきでも人生のバランスをとり続けることはできないけれど、目の前の優先順位を考えて、一八カ月から二四カ月のあいだに人生の手綱を握るように学生には強く勧めている」と語る。それから、トランプの手品を学生に見せて、手品にはタネがあるがスキルがあればそれが魔法のように見えることを学生に教える。だから授業で習ったスキルを完全に身につけて、人生の魔法を見せてほしいと伝える。最後に、アイルランドの詩人ジョン・オドノヒューの「門出に」という詩を読み上げ、「美しいはじまりに向かっていきなさい」と学生の背中を押す。最後の最後に、授業のはじまりでしたように、一瞬の沈黙を捧げるよう学生たちに頼んで講義を終える。

コンサルティングの授業でどうしてそんなことをやるのだろう？　学生たちは毎年心底感動し、最後に涙を流すこともよくあるという（義父は優れた教師としてよく表彰されている）。どうして最終講義にそんな話をするのかを聞いてみた。すると、彼の見送りの儀式は学生にこの授業の目的を思い出させるだけでなく、自分自身に教師としての目的を思い出させるためのものだと言った。彼が教師を続けるのは、それが「世界に羽ばたく人材に投資する仕事」だからだ。まずその目的が先にあり、授業の中身は目的についてくる。だから、一学期間コンサルティングの細かいスキルを学んだあとに、なぜ自分がここにいるのか、なぜ学生たちがここにいるのかを思い出してもらいたいと義父は話していた。

そんなクロージングの瞬間は集まりと世界をつなぐ時間にもなる。

ニューヨークで葬儀の運営者を務めるエイミー・カニンガムは、お葬式の終わりに家族の悲しみと、外の世界の人々の悲しみを一つにつなげることを心がけている。最後に、「心の平穏が、ご家族の皆様に与えられますよう。そして悲しみの最中にあるすべての人々に平穏が訪れますよう」と言って葬儀を締めくくる。カニンガムは、個人的な苦しみと、より大きな世界に存在する苦しみとをつなぎ、共感を引き出している。

見送りの言葉

本書の第5章で、こちらの世界とあちらの世界に一線を引き、ホストはゲストがその一線を越えることを助ける、という話をしたことを覚えておいでだろうか。クロージングにも同じ考え方が使える。

ゲストたちが集まりを立ち去るとき、もう一度境界線を引くといい。ホストはゲストがその線を越えるのをふたたび助けなければならない。いい集まりの最後の瞬間は、その線を越えるための時間だ。線を越えたら、会は本当に終わりになる。いわばクロージングのクロージングだ。それは終わりを心に刻み、感情を解き放つようなものでなければならない。その形式はさまざまだ。

出口の線は物理的なものでもいいし、象徴的なものでもいい。プリンストン大学の学生は卒業式の最後にフィッツランドルフ門をくぐり抜ける。在学生は卒業式の日までこの門をくぐらないものとされている。くぐってしまうと卒業できないというジンクスがあるからだ。そのジンクスがあるおかげで、決まった日にその門をくぐるという儀式に意味が生まれる。卒業式の日はいつもとは違うことがはっきりと胸に刻まれ、大学生活が終わったことが自覚される。

コロンビアのある地方では、年末に「アニョ・ビエボ（古い年）」と呼ばれる等身大のわら人形を焼いて、年越しを祝う。この人形は、焼き捨ててしまいたいこの一年の悪いことを象徴するものだ。村人たちは人形を着飾らせ、変な名前をつけ、大晦日に人形を焼く。人形があってもなくても、その年は終わる。しかし、出口の線は終わりを強調し、それを適切なクロージングに転換してくれる。

出口を言葉で表すこともできる。わたしのラボでは、活動のいちばん最後に全員を立たせて輪になってもらう。それからオープニングと同じことをする。オープニングでは事前に書き込んだワークブックやインタビューからの参加者の言葉を読み上げた。クロージングで読み上げるのは事前に書き込んだことではなく、ラボでの活動中に起きたことだ。わたしは一日中、参加者の発言を聞きながら、気になったフレーズや告白やひらめきや冗談や大切だと思った一言を書き留めておく。

クロージングでは、みんなの発言が終わったあとに全員に立ち上がってもらい、お互いを見ながら、わたしの読み上げを聞いてもらう。わたしは参加者が前日までに言ったことを読み上げる。それまでの活動の順番に沿って自分自身の言葉を聞くことで、参加者は全員でやったことを思い出す。そうやって、彼らの言葉をわたしがじっくり聞いていたことと、彼らの言葉がいつまでも記憶に残ることをそれとなく伝える。そして締めに最後の言葉を引用する（たいていは、参加者がその数分前にクロージングで言った言葉を引き合いに出す）。そして、それまで読んでいたｉＰａｄなりノートなりを閉じる。それから、その時どきに応じたクロージングのセリフを宣言する。そして拍手をし、「これでおしまいです」と告げる。はっきりとしるしを残して終わる。すると参加者は解放される。いつも全員が拍手をはじめる。それでお開きになる（普通のパーティーではそこまでやらないので、安心してほしい）。

クロージングは本音でなければならないし、集まりの文脈において意味のあるものでなければならない。

エイミー・カニンガムは葬儀会社で働きはじめた頃、どうしたらゲストが葬儀を立ち去る助けになれるかわからずに悩んだ。葬儀のあとは辛く気まずいもので、ほとんどの人はどうしていいかわからずにいる。ただ外に出ればいいのだろうか？　待っていた方がいいのか？　全員にさようならの挨拶をして回るべきだろうか？　それとも、挨拶回りはおめでたいときだけの方がいい？　退出の順番はどうしたらいいだろう？

カニンガムはさまざまに文化が違う場所での葬儀の慣習を調べ、そこからひらめきを得た。そこで、ユダヤ教のお葬式で使われている方法を使うことにした。ユダヤ教の葬儀では、葬儀を取り仕切る人の指示で、家族以外の参列者全員に二列になって向き合ってもらう。お墓から車寄せまで人の列が続き、人間トンネルのようになる。それからラビが家族に、お墓に背を向けて参列者のあいだを歩くように告げる。家族は歩きながら、「継続と愛の拠り所となっている」友人たちの目を見る。カニンガムによると、これによって「家族たちが旅の次のステージに迎え入れられ、悲しみも次の段階へと進む」。家族がトンネルを進むにつれて、お墓に近い方の人から家族に続いて歩き、みんながゆっくりと墓地を出ていくことができる。シンプルなやり方だが、こうすることで、みんなが一つになり、整然と退出できる。同時に、支えを必要とする人たちと、そこにいる人がつながり、共に前に進むことができる。

意義を感じられるような、いいクロージングには、特定のルールやかたちがあるわけではない。集まりの精神をとどめながら、あなた自身がどのくらい最後をドラマチックにしたいかにしたがって、あなたがつくっていくものだ。毎週の営業会議だからといって、クロージングがおおげさすぎたり、いつもと違いすぎるといけないわけではない。会議の終わりにみんなで寄り集まって「現場が大事！」と声を上げれば、そこにいる人たちが営業の仕事を選んだ意義を改めて胸に刻むかもしれない。友だちとの軽い夕食会に、クロージングがあってもいい。帰り際にお土産のチョコレートを渡すといった簡単でさりげないことでも心に残る。シンプルにとどめたければ、その会で起きたことをおさらいしてゲストとお別れすることはできる。

クロージングの達人はどこにでもいる。彼らはさりげなくも強烈な印象に残るような方法で集まりを締めくくる。たとえば、ヨガのクラスの終わりに全員で「オーム［ヨガで唱えるマントラ］」と唱えさせるインストラクター。授業の終わりに宿題ではなく、物語を伝える先生。お客様にただ帰ってもらうのではなく、玄関まで一緒に歩いて送り出すホスト。その場で起きたことを考えるために一瞬立ち止まったり、沈黙したり、ぎゅっと抱きしめるだけでもいい。

どんなルールにも例外がある。わたしの友人たちは、わたしがずっと唱えてきたことと正反対のクロージングで集まりを締めくくっていたが、とても素敵だった。その友人たちはさよならを言いたくないと考えた。そこで、夜が更けてきたところで、何の挨拶も儀式も知らせもなく、おのおのが帰りたいときに帰ることにした。全員が幽霊になって消えるような終わり方だった。わたしのちょっとしたルールには反するやり方だが、大きな原則の一つにはぴったりと合っている。その友人たちは、「この集まりはほかのどの集まりとも違う」ということを、ゲストたちに上手に印象づけたのだから。

たちのコミュニティから教育者を集めて大人の対話を行うプログラムも開催している。詳細はこちらを参照：https://www.seedsofpeace.org.

www.dosomething.org, accessed September 20, 2017, https://dsannualmeeting2016.splashthat.com.
10. Thomas Morton, "Takanakuy," *Vice*, March 12, 2012, https://www.vice.com/sv/article/avnexa/takanakuy-part-1.
11. Ben C. Solomon, "Musangwe Fight Club: A Vicious Venda Tradition," *The New York Times*, February 26, 2016, https://www.nytimes.com/2016/02/27/sports/musangwe-fight-club-a-vicious-venda-tradition.html.

第８章

1. 行動経済学者のダニエル・カーネマンは、「記憶の自己」と「経験の自己」について書いたり話したりしている。2010年のTEDトークで、カーネマンは大腸内視鏡検査を受けた２人の患者について話している。検査時間の長かった（痛みの時間が長かった）患者の方が、検査時間の短かった患者よりも検査が楽だったと答えていた。その理由は、終わり方がよかったからだ。「変化、重大な出来事、そして終わりによって、物語が決まる。だから、終わり方はとても重要だ」と言っていた。こちらを参照：https://www.ted.com/talks/daniel_kahneman_the_riddle_of_experience_vs_memory?language=de#t-383109. この講演のもとになった研究はこちら：Daniel Kahneman, Barbara L. Fredrickson, Charles A. Schreiber, and Donald A. Redelmeier, "When More Pain Is Preferred to Less: Adding a Better End," *Psychological Science* 4, no.6 (November 1993): 401–5.
2. "New Funeralwise.com Survey Shows Contrasting Funeral Choices," Funeralwise, December 8, 2010, https://www.funeralwise.com/about/press-releases/funeral-choices-survey/.
3. Courtney Rubin, "Queen Elizabeth's Party Planner Is Proud to Wear $35 Shoes," *The New York Times*, April 23, 2016, https://www.nytimes.com/2016/04/24/style/queen-party-planner-lady-elizabeth-anson.html.
4. シーズ・オブ・ピースも、多くのプログラムと同じように時間の経過と共に進化し、いまではアメリカとイギリスの若者も参加するようになった。アメリカの若者だけを集めた２週間半のプログラムや、キャンパー

crucibles_b_8071678.html.
5. "Party Puts Conversation on the Menu," BBC, August 22, 2009, http://news.bbc.co.uk/2/hi/uk_news/england/london/8215738.stm.

第7章

1. James Anderson and Benjamin Franklin, "The Constitutions of the Free-Masons (1734): An Online Electronic Edition," edited by Paul Royster, Faculty Publications, University of Nebraska—Lincoln Libraries, 25, http://digitalcommons.unl.edu/cgi/viewcontent.cgi?article=1028&context=libraryscience.
2. Thomas Edie Hill, *Hill's Manual of Social and Business Forms: A Guide to Correct Writing,* (Chicago: Standard Book Co., 1883), 153.
3. Emily Post, *Etiquette: In Society, in Business, in Politics and at Home* (New York: Funk & Wagnalls Company, 1922), 55.
4. Anne Brown, August 11, 2015, answer on the question, "Why is it considered rude to discuss sex, politics, and religion?," Quora, https://www.quora.com/Why-is-it-considered-rude-to-discuss-sex-politics-and-religion?share=1.
5. Kelly Heyboer, "Condoleezza Rice Pulls Out of Giving Rutgers Commencement Speech," NJ.com, May 3, 2014, http://www.nj.com/education/2014/05/condoleezza_rice_pulls_out_of_giving_rutgers_commencement_speech.html.
6. Alexandra Sifferlin, "IMF Chief Withdraws as Commencement Speaker," Time.com, May 12, 2014, http://time.com/96501/imf-chief-withdraws-as-smith-college-commencement-speaker/.
7. White House Remarks by the First Lady at Oberlin College Commencement Address, 2015, accessed November 30, 2017, available at https://obamawhitehouse.archives.gov/the-press-office/2015/05/25/remarks-first-lady-oberlin-college-commencement-address.
8. Peter Beinart, "A Violent Attack on Free Speech at Middlebury," *Atlantic,* March 6, 2017, https://www.theatlantic.com/politics/archive/2017/03/middlebury-free-speech -violence/518667/.
9. "You're Invited to DOSOMETHING.ORG's 2016 Annual Meeting,"

hollywoodreporter.com/rambling-reporter/i-love-dick-cast-inherits-transparents-emotional-exercise-997344.
13. 同上
14. 同上
15. Kelly Schremph, "The Unexpected Way 'Transparent' and Jill Soloway Are Changing How Great TV Is Made," Bustle.com, September 23, 2016, https://www.bustle.com/articles/184353-the-unexpected-way-transparent-jill-soloway-are-changing-how-great-tv-is-made.
16. 同上
17. Jason McBride, "Jill Soloway's New Family," Vulture.com, July 25, 2016, http://www.vulture.com/2016/07/jill-soloway-i-love-dick-c-v-r.html.
18. "Atul Guwande's 'Checklist' for Surgery Success," Steve Inskeep, *Morning Edition,* National Public Radio, accessed November 2017 https://www.npr.org/templates/story/story.php?storyId=122226184.
19. "How Spark Camp Came About," Spark Camp, accessed August 30, 2017, http://sparkcamp.com/about/.

第6章

1. "1,500 World Leaders, Pioneers and Experts Volunteer to Tackle Global Challenges," World Economic Forum, accessed September 25, 2017, https://www.weforum.org/press/2014/09/1500-world-leaders-pioneers-and-experts-volunteer-to-tackle-global-challenges/.
2. Lynda Gratton, "Global Agenda Council on New Models of Leadership," World Economic Forum, 2012, http://reports.weforum.org/global-agenda-council-on-new-models-of-leadership/.
3. Brené Brown, *Daring Greatly: How the Courage to Be Vulnerable Transforms the Way We Live, Love, Parent, and Lead* (New York: Gotham Books, 2012), 2. 邦訳は『本当の勇気は「弱さ」を認めること』(ブレネー・ブラウン著、門脇陽子訳、サンマーク出版、2013年)
4. Bill George, "Coping with Crucibles," *Huffington Post,* September 1, 2015, https://www.huffingtonpost.com/bill-george/coping-with-

3. David Colman, "Mystery Worker," *New York Times,* April 29, 2011, http://www.nytimes.com/2011/05/01/fashion/01 POSSESSED.html.
4. Brooks Barnes, " '*Star Wars: The Force Awakens*' Has World Premiere, No Expense Spared," *New York Times,* December 15, 2015, https://www.nytimes.com/2015/12/16/business/media/star-wars-the-force-awakens-premiere.html?_r=0.
5. Sarah Lyall, "Starring Me! A Surreal Dive into Immersive Theater," *New York Times,* January 7, 2016, https://www.nytimes.com/2016/01/08/theater/starring-me-a-surreal-dive-into-immersive-theater.html.
6. "Conceptual Art," *MoMA Learning,* accessed September 12, 2017, https://www.moma.org/learn/moma_learning/themes/conceptual-art/performance-into-art.
7. Jacob Slattery, "Hypnotic Wonderment: Marina Abramovic´ and Igor Levit's *Goldberg Variations* at Park Avenue Armory," *Bachtrack,* December 10, 2015, https://bachtrack.com/review-goldberg-variations-abramovic-levit-park-avenue-armory-new-york-december-2015.
8. Neal Hartmann, "Community Strategy and Structure; Persuasion and Ethics," MIT Sloan School of Management, September 10, 2013. See also Daniel Kahneman studies.
9. Micah Sifry, "[#PDF15 Theme] Imagine All the People: The Future of Civic Tech," *techPresident,* March 17, 2015, http://techpresident.com/news/25488/pdf15-theme-imagine-all-people-future-civic-tech.
10. "Tough Mudder Facts & Trivia," Tough Mudder, accessed November 27, 2017, https://mudder-guide.com/guide/tough-mudder-facts-and-trivia/#pledge.
11. Dan Schawbel, "Will Dean: How to Build a Tribe Around Your Business," Forbes.com, September 12, 2017, https://www.forbes.com/sites/danschawbel/2017/09/12/will-dean-how-to-build-a-tribe-around-your-business/#1e9757224005.
12. Chris Gardner, " 'I Love Dick' Cast Inherits 'Transparent's' Emotional Exercise," *Hollywood Reporter,* May 4, 2017, https://www.

20. Alexandra Gill, "Dîner en Blanc Is Overrated. Try Ce Soir Noir, Vancouver's Playful Alternative," *Globe and Mail,* August 26, 2016, https://www.theglobeandmail.com/news/british-columbia/ce-soir-noir-vancouvers-playful-subsititute-for-diner-en-blanc/article31585611/.
21. Jennifer Picht, "This Is What Happens When You Go to Dîner en Blanc in NYC," *Time Out,* September 16, 2016, https://www.timeout.com/newyork/blog/this-is-what-happens-when-you-go-to-diner-en-blanc-in-nyc-091616.
22. Shane Harris, "D.C.'s Snobbery-Free 'Diner en Blanc' Showed Washington at Its Partying Best," *Daily Beast,* August 31, 2015, https://www.thedailybeast.com/dcs-snobbery-free-diner-en-blanc-showed-washington-at-its-partying-best.
23. "2017 Global Mobile Consumer Survey: US Edition," Deloitte Development LLC. https://www2.deloitte.com/content/dam/Deloitte/us/Documents/technology-media-telecommunications/us-tmt-2017-global-mobile-consumer-survey-executive-summary.pdf.
24. Bianca Bosker, "The Binge Breaker," *Atlantic,* November 2016, https://www.theatlantic.com/magazine/archive/2016/11/the-binge-breaker/501122/?utm_source=atltw.
25. "A Brief User's Guide to Open Space Technology," Open Space World, accessed November 30, 2017, http://www.openspaceworld.com/users_guide.htm.
26. "Opening Space for Emerging Order," Open Space World, accessed November 30, 2017, http://www.openspaceworld.com/brief_history.htm.

第5章

1. "Party-Planning Guide," Martha Stewart.com, accessed August 30, 2017, https://www.marthastewart.com/275412/party-planning-guide.
2. Rashelle Isip, "The 10 Lists You Need to Make to Plan a Great Party or Event," Lifehack, accessed August 30, 2017, http://www.lifehack.org/articles/lifestyle/the-10-lists-you-need-make-plan-great-party-event.html.

得る必要がある。

11. このルールには反対の声も多く、東京では強制しなかった。「たとえば東京では、同性のペア（ゲイやレズビアンに限らず、同性の友だちと一緒にパーティーに参加したい人たち）に、このルールを課さなかった」。東京でディネ・アン・ブランを開催したクミ・イシハラはそう語っていた。
12. Dîner en Blanc, "Dîner en Blanc 2015 Official Video," YouTube video, posted on October 15, 2015, https://www.youtube.com/watch?v=x4Er5bWJeY8.
13. 性別で座席を振り分けるこのルールは、反対意見の多いもののひとつだ。クミ・イシハラと日本の運営者は、文化的な理由から、本部の許可を得てこのルールに従わず、同性でも異性でも連れてきていいことにした。
14. Walter Lim, "The Dîner en Blanc Debacle," Cooler Insights, August 25, 2012, http://coolerinsights.com/2012/08/the-diner-en-blanc-debacle/.
15. Rendall, August 25, 2012, comment on "SINGAPORE TAU HUAY TOO LOW CLASS FOR FRENCH UPSCALE EVENT DINER EN BLANC?!" *Moonberry Blog,* August 24, 2012, http://blog.moonberry.com/singapore-tau-huay-too-low-class-for-french-upscale-event/.
16. Allison Baker, "Why I'm Not Going to Dîner en Blanc," *Nuts to Soup* (blog), July 28, 2012, https://nutstosoup.wordpress.com/2012/07/28/why-im-not-going-to-diner-en-blanc/.
17. Maura Judkis, "Why Do People Hate Dîner en Blanc? The Word 'Pretentious' Keeps Coming Up," *The Washington Post,* August 26, 2016, https://www.washingtonpost.com/lifestyle/food/why-do-people-hate-diner-en-blanc-the-word-pretentious-keeps-coming-up/2016/08/24/3639f2c6-6629-11e6-be4e-23fc4d4d12b4_story.html?utm_term=.458b82f6d226.
18. Kevin Allman, "Le Dîner en Blanc: *The Great Doucheby,*" *Gambit,* April 4, 2013, https://www.bestofneworleans.com/blogofneworleans/archives/2013/04/04/le-diner-en-blanc-the -great-doucheby.
19. Sabrina Maddeaux, "Toronto's Most Stupidly Snobbish Food-Meets-Fashion Event Returns," *Now Toronto,* August 5, 2015, https://nowtoronto.com/lifestyle/t/.

nytimes.com/2016/11/21/fashion/black-and-white-ball-anniversary-truman-capote.html.

第４章

1. Kat Trofimova, "Ways to Spice Up Your Next Dinner Party," SheKnows.com, December 2, 2013, http://www.sheknows.com/food-and-recipes/articles/1064647/ways-to-spice-up-a-dinner-party.
2. "5 Ways to Spice Up Your Office Party," Evite.com, retrieved August 26, 2017, https://webcache.google-usercontent.com/search?q=cache:4Z5QBG-pOjcJ:https://ideas.evite.com/planning/5-ways-to-spice-up-your-office-party/+&cd=1&hl=en&ct=clnk&gl=us&client=safari.
3. Sophia Lucero, "Holding a Conference? Spice It Up with These Geeky Ideas," Wisdump.com, January 21, 2011, https://www.wisdump.com/web-experience/geeky-conference-ideas/.
4. Eric Gallagher, "Twelve Ways to Spice Up Your Next Youth Group Breakfast," *Catholic Youth Ministry Hub,* March 23, 2011, https://cymhub.com/twelve-ways-to-spice-up-your-next-youth-group-breakfast/.
5. "How to Plan a Jeffersonian Dinner," The Generosity Network, accessed August 25, 2017, http://www.thegenerosi-tynetwork.com/resources/jeffersonian-dinners.
6. "Junior Cotillion: 5th–8th Grade," National League of Junior Cotillions, accessed August 30, 2017, http://nljc.com/programs/junior-cotillion-5th-8th-grade/.
7. Philip Dormer Stanhope, *Letters to His Son on the Fine Art of Becoming a Man of the World and a Gentleman* (Toronto: M. W. Dunne, 1901), 302. 邦訳は『わが息子よ、君はどう生きるか』（フィリップ・チェスターフィールド著、竹内均訳、三笠書房、2016年）
8. "History," National League of Junior Cotillions, accessed August 30, 2017, http://nljc.com/about/history/.
9. 同上
10. 参加者にとってはサプライズだが、各都市の主催者は地元で事前許可を

3. Chris Anderson, *TED Talks: The Official TED Guide to Public Speaking* (New York: Houghton Mifflin Harcourt, 2016), 190. 邦訳は『TED TALKS スーパープレゼンを学ぶ TED 公式ガイド』（クリス・アンダーソン著、関美和訳、日経 BP、2016 年）
4. Jessica P.Ogilvie, "Amy Schumer's Irvine Set Disrupted by Lady Heckler," *Los Angeles Magazine,* October 12, 2015, http://www.lamag.com/culturefiles/amy-schumers-irvine-set-disrupted-by-lady-heckler/.
5. Alamo Drafthouse, "Don't Talk PSA," YouTube video, 1:46, posted June 2011, https://www.youtube.com/watch?v=1L3eeC2lJZs.1
6. Tim League, "Alamo Drafthouse: Them's the Rules," CNN.com, June 10, 2011, http://www.cnn.com/2011/SHOWBIZ/Movies/06/10/alamo.drafthouse.league/index.html.
7. Lucia Stanton, *Spring Dinner at Monticello, April 13, 1986, in Memory of Thomas Jefferson* (Charlottesville, VA: Thomas Jefferson Memorial Foundation), 1–9.
8. Stanton, *Spring Dinner at Monticello.*
9. "Remarks by the President at a Town Hall on Manufacturing," Office of the Press Secretary, the White House, published October 3, 2014, https://obamawhitehouse.archives.gov/the-press-office/2014/10/03/remarks-president-town-hall-manufacturing.
10. "Text from President's speech, Q&A at Benedict College," WYFF4.COM, March 6, 2015, http://www.wyff4.com/article/text-from-president-s-speech-q-a-at-benedict-college/7013346.
11. 2014 年の年末記者会見で、オバマ大統領はさらにこのポリシーを進めて、女性ジャーナリストの質問にだけ答えた。こちらを参照：Kathleen Hennessey, "Obama Takes Questions Only from Women, Apparently a White House First," *Los Angeles Times,* December 19, 2014, http://www.latimes.com/nation/politics/politicsnow/la-pn-obama-reporters-women-20141219-story.html.
12 Deborah Davis, *Party of the Century: The Fabulous Story of Truman Capote and His Black and White Ball* (New York: Wiley, 2006).
13. Guy Trebay, "50 Years Ago, Truman Capote Hosted the Best Party Ever," *The New York Times,* November 21, 2016, https://www.

10. Eric Pfanner and *International Herald Tribune*, "Failure of Alcatel-Lucent Merger Talks Is Laid to National Sensitivity in the U.S.: Of Pride and Prejudices," *New York Times,* May 31, 2001, http://www.nytimes.com/2001/05/31/news/failure-of-alcatellucent-merger-talks-is-laid-to-national-sensitivity.html.
11. "Alcatel-Lucent Merger Is Off," *BBC News*, May 30, 2001, http://news.bbc.co.uk/2/hi/business/1358535.stm.
12. Vikas Bajaj, "Merger Deal Is Reached with Lucent and Alcatel," *New York Times,* April 3, 2006, http://www.nytimes.com/2006/04/03/business/merger-deal-is-reached-with-lucent-and-alcatel.html.
13. Patrick Leigh Fermor, *Mani: Travels in the Southern Peloponnese* (New York: NYRB Classics, 1958), 31.
14. Richard B. Woodward, "Patrick Leigh Fermor, Travel Writer, Dies at 96," *New York Times,* June 11, 2011, http://www.nytimes.com/2011/06/11/books/patrick-leigh-fermor-travel-writer-dies-at-96.html.
15. "Ed Cooke—Memory Techniques for Learning," *The Conference,* August 19, 2014, http://videos.theconference.se/ed-cooke-memory-techniques-for-learning.
16. Maxwell Ryan, "Party Architecture: #1—Density," *Apartment Therapy,* December 15, 2008, https://www.apartmenttherapy.com/party-architecture-density-how-to-plan-a-party-5359.

第３章

1. 別名マフィアとも呼ばれる人狼ゲームは、冷戦時代にモスクワ大学で心理学を教えていたディミトリ・ダビドフによってつくられ、欧州とアメリカに広がった。アメリカでは、テクノロジー会議の余興として徹夜で行われるほど人気になっている。こちらの記事を参照：Margaret Robertson, "Werewolf: How a Parlour Game Became a Tech Phenomenon," *Wired UK*, February 4, 2010, http://www.wired.co.uk/article/werewolf.
2. Alana Massey, "Against Chill," *Medium*, April 1, 2015, https://medium.com/matter/against-chill-930dfb60a577.

9. Kyle Massey, "The Old Page 1 Meeting, R.I.P.: Updating a Times Tradition for the Digital Age," *The New York Times*, May 12, 2015, https://www.nytimes.com/times-insider/2015/05/12/the-old-page-1-meeting-r-i-p-updating-a-times-tradition-for-the-digital-age/?_r=1.
10. A. G. Sulzberger, *The Innovation Report* (New York: *The New York Times,* March 2014), http://www.niemanlab.org/2014/05/the-leaked-new-york-times-innovation-report-is-one-of-the-key-documents-of-this-media-age/.
11. Massey, "The Old Page 1 Meeting."

第2章

1. Barak Obama, *Dreams from My Father* (New York: Crown, 2004), 337. 邦訳は『マイ・ドリーム—バラク・オバマ自伝』(バラク・オバマ著、木内裕也・白倉三紀子訳、ダイヤモンド社、2007年)
2. Heather Hansman, "College Students Are Living Rent-Free in a Cleveland Retirement Home," Smithsonian.com, October 16, 2015, https://www.smithsonianmag.com/innovation/college-students-are-living -rent-free-in-cleveland-retirement-home-180956930/.
3. 同上
4. Carey Reed, "Dutch Nursing Home Offers Rent-Free Housing to Students," *PBS News Hour*, April 5, 2015, https://www.pbs.org/newshour/world/dutch-retirement-home-offers-rent-free-housing-students-one-condition.
5. "Music Students Living at Cleveland Retirement Home," YouTube video, 3:09, posted by "The National," November 9, 2015, https://www.youtube.com/watch?v=hW2KNGgRNX8.
6. 同上
7. 同上
8. Colin Cowherd, *The Thundering Herd with Colin Cowherd*, Podcast audio, June 4, 2015, 25:08, bit.ly/ 1IgyxQf.
9. Nikhil Deogun, Dennis K. Berman, and Kevin Delaney, "Alcatel Nears Deal to Acquire Lucent for About $23.5 Billion in Stock," *Wall Street Journal*, May 29, 2001, https://www.wsj.com/articles/SB991078731679373566.

いる。「わたしたちは『祝福をもって讃える』ことを、『パーティーを開いて祝う』ことだと誤解している。残念ながら、葬儀にもその風潮が見られる」と彼は書いている。

3. この司法センターはニューヨーク州統合法廷システムと、法廷イノベーションセンターの協力によってつくられた。法廷イノベーションセンターは、ニューヨーク市と世界の司法システム改革を目指す非営利組織である。
4. "Alex Calabrese, Judge, Red Hook Community Justice Center: Interview," accessed October 17, 2017, https://www.courtinnovation.org/publications/alex-calabrese-judge-red-hook-community-justice-center-0.
5. Jim Dwyer, "A Court Keeps People Out of Rikers While Remaining Tough," *The New York Times*, June 11, 2015, https://www.nytimes.com/2015/06/12/nyregion/a-court-keeps-people-out-of-rikers-while-remaining-tough.html?_r=0.
6 Cynthia G.Lee, Fred L. Cheesman II, David Rottman, Rachel Swaner, Suvi Hynynen Lambson, Michael Rempel, and Ric Curtis, *A Community Court Grows in Brooklyn: A Comprehensive Evaluation of the Red Hook Community Justice Center*. (Williamsburg, VA: National Center for State Courts, 2013), accessed November 15, 2017, https://www.courtinnovation.org/sites/default/files/documents/RH%20Evaluation%20Final%20Report.pdf.
7. Alex Calabrese in *Red Hook Justice*, 7:18.
8. Mitali Saran, "I Take This Man/Woman with a Pinch of Salt," *Business Standard*, December 6, 2014, http://www.business-standard.com/article/opinion/mitali-saran-i-take-this-man-woman-with-a-pinch-of-salt-114120600014_1.html; Sejal Kapadia Pocha, "From Sexist Traditions to Mammoth Costs, Why It's Time We Modernised Asian Wedding Ceremonies," Stylist.co.uk, June 23, 2015, https://www.stylist.co.uk/life/bride-groom-cost-traditions-why-it-s-time-asian-indian-weddings-changed-modernised/60667; Jui Mukherjee, "Mom and Dad, You're Not Invited to My Wedding," *India Opines,* November 13, 2014, http://indiaopines.com/sexist-indian-wedding-rituals/.

原注

イントロダクション

1. Duncan Green, "Conference Rage: 'How Did Awful Panel Discussions Become the Default Format?'" *Guardian*, June 2, 2016, https://www.theguardian.com/global-development-professionals-network/2016/jun/02/conference-rage-how-did-awful-panel-discussions-become-the-default-format.
2. Harris Poll, (Lehi, UT: Workfront, 2015), accessed October 10, 2017, https://resources.workfront.com/ebooks-whitepapers/the-state-of-enterprise-work.
3. Tim Walker and Alia McKee, *The State of Friendship in America 2013: A Crisis of Confidence* (Brooklyn: LifeBoat, 2013), accessed October 10, 2017, https://static1.squarespace.com/static/5560cec6e4b0cc18bc63ed3c/t/55625cabe4b0077f89b718ec/1432509611410/lifeboat-report.pdf.
4. Angie Thurston and Casper ter Kuile, *How We Gather* (Cambridge: Crestwood Foundation, 2015), accessed May 15, 2015, https://caspertk.files.wordpress.com/2015/04/how-we-gather.pdf.

第 1 章

1. カーンアカデミーのようなオンライン学習プラットフォームは「反転学習」モデルを世の中に広めた。反転学習とは、生徒がオンライン動画で自習することによって、先生が学びを阻害することなくむしろファシリテーターとなるモデルである。
2. Alan D. Wolfelt, *Creating Meaningful Funeral Ceremonies* (Fort Collins, CO: Companion Press), 1. Funeralwise.com が 2010 年に行った調査によると、回答者の 31 パーセントはお葬式をしてほしくないと言っていた。コロラド州フォートコリンズでセンター・フォー・ロス・アンド・ライフ・トランジションを運営するアラン・ウォルフェルトは、本物の葬儀の目的について、詳しく書いている。人々が葬儀の目的を忘れていると彼は感じ、「伝統的な」葬儀より「命の祝福」を求める風潮を懸念して

プリヤ・パーカー

Priya Parker

プロフェッショナルファシリテーター。戦略アドバイザー。ＭＩＴで組織デザイン、ハーバード大学ケネディスクールで公共政策、バージニア大学で政治・社会思想を学ぶ。15 年以上、人種問題や紛争解決など複雑な対話のファシリテーションを行ってきた。著書『最高の集い方（The Art of Gathering）』は、2018 年にアマゾン、フィナンシャルタイムズなどでベストビジネスブックオブザイヤーに選ばれた。世界経済フォーラムのグローバルアジェンダ委員会のメンバー。TED メインステージのスピーカーでもあり、TEDx の動画の再生回数は 100 万回以上。ニューヨーク在住。https://priyaparker.com

関 美和

Miwa Seki

翻訳家。杏林大学外国語学部准教授。アジア女子大学支援財団理事。慶應義塾大学文学部・法学部卒業。電通、スミス・バーニー勤務の後、ハーバード・ビジネス・スクールで MBA 取得。モルガン・スタンレー投資銀行を経てクレイ・フィンレイ投資顧問東京支店長を務める。

最高の集い方

2019年10月13日　第1刷発行
2024年 3 月 3 日　第2刷発行

著　者　　プリヤ・パーカー
訳　者　　関　美和
発行者　　鈴木勝彦
発行所　　株式会社プレジデント社
〒102-8641　東京都千代田区平河町2-16-1
電話 編集（03）3237-3732
販売（03）3237-3731
装丁　　HOLON
本文・DTP　　アーティザンカンパニー株式会社
編集　　中嶋 愛
制作　　関 結香
販売　　桂木栄一　高橋徹　川井田美景　森田巌　末吉秀樹
印刷・製本　　TOPPAN株式会社

ISBN978-4-8334-2339-7
Printed in Japan